자동차로 떠나는 미국 서부 가족여행

자동차로 떠나는 미국 서부 가족여행

발행일   2019년 2월 27일

지은이   김 영
펴낸이   손형국
펴낸곳   (주)북랩
편집인   선일영   편집   오경진, 권혁신, 최승헌, 최예은, 김경무
디자인   이현수, 김민하, 한수희, 김윤주, 허지혜   제작   박기성, 황동현, 구성우, 정성배
마케팅   김회란, 박진관, 조하라
출판등록 2004. 12. 1(제2012-000051호)
주소   서울시 금천구 가산디지털 1로 168, 우림라이온스밸리 B동 B113, 114호
홈페이지 www.book.co.kr
전화번호 (02)2026-5777   팩스   (02)2026-5747

ISBN   979-11-6299-550-1 03940 (종이책)   979-11-6299-551-8 05940 (전자책)

이 도서의 국립중앙도서관 출판예정도서목록(CIP)은 서지정보유통지원시스템 홈페이지(http://seoji.nl.go.kr)와
국가자료공동목록시스템(http://www.nl.go.kr/kolisnet)에서 이용하실 수 있습니다.
(CIP제어번호: CIP2019006128)

(주)북랩 성공출판의 파트너

북랩 홈페이지와 패밀리 사이트에서 다양한 출판 솔루션을 만나 보세요!

홈페이지 book.co.kr • **블로그** blog.naver.com/essaybook • **원고모집** book@book.co.kr

미 서부로 떠난
직장인 아빠의 렌터카 가족여행 프로젝트 Ⅲ

자동차로 떠나는

미국 서부

가족여행

글/사진 **김 영**

북미 대륙을 종단하는 로키산에서 지구의 역사가 숨 쉬는 그랜드 캐니언까지
신이 빚은 위대한 걸작품 **미 서부 대자연 탐방기**

북랩 **book** Lab

인생은 하나의 긴 여행이다.

인생을 여행처럼 살아간다면,
그 삶은 건강하고 아름다운 그림이 될 것이다.

만일 가족과 함께 여행을 할 수 있다면,
보다 더 아름다운 그림이 되고 추억이 새겨질 것이다.

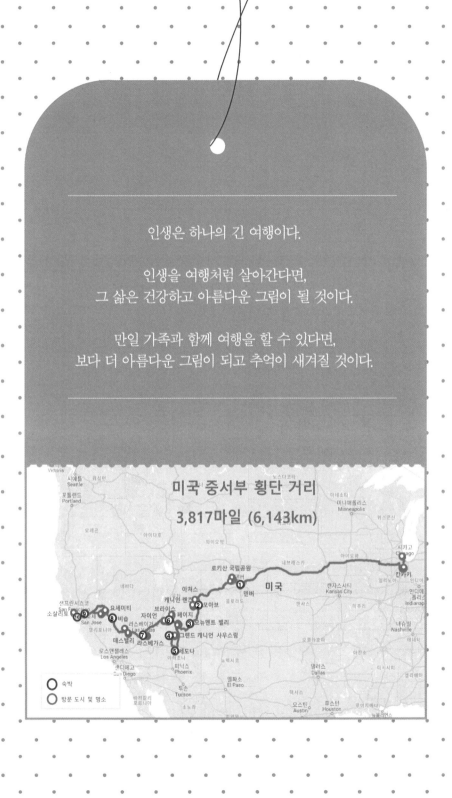

미국 중서부 횡단 거리
3,817마일 (6,143km)

○ 숙박
○ 방문 도시 및 명소

프롤로그

주인을 잃어버린 린과 예린의 방이 휑하다. 집안에 사람이 있고 없고의 차이, 특히 아이들이 있고 없는 차이는 더욱 크다. 집안 분위기가 휑한 상태를 넘어 백지장 같은 세상처럼 느껴졌다. 동기 부여가 되지 않는 일상에 모든 의욕까지 말라버리는 것 같다.

일상에서 부모라는 존재가 자녀로부터 동기 부여를 얻는 것은 생물학적 본능이자, 분명한 진리다. 이것을 린과 예린이 떠난 후에야 알았다.

유학을 보내면서 '과연, 이렇게까지 해야만 하는 것일까?'라는 생각을 해 보곤 하였다. 아이들을 보내기 전에는 약한 모습을 보이지 말라며 아내와 린, 예린을 나무랐다. 막상 떠나는 날이 되자 린과 예린은 놀러 가는 표정을 보이며 들뜬 듯했다. 하지만 이전까지 강했던 나는 그들이 가버린 이후에 마음 둘 곳 없는 사람처럼 넋을 놓는 일들이 잦아졌다. 어른들이 하시는 말씀 중에 "자식은 품에 끼고 살아야 한다."는 말의 의미를 깨닫는 순간이었다.

"자식을 키워 봐야 부모의 마음을 안다."는 말도 그렇다. 가끔 불효했던 일들이 불효인 줄 모르고 어머니께 사전에 상의도 없이 내 마음대로 했던 기억이 아련히 떠올랐다. 아마도 가장 큰 불효는 멋대로 입대하였던 것인 듯하다. 남자라면 한번 겪어 봐야 한다는 신념이 강했던 젊은 나이라 무턱대고 입대한 군부대는 상상도 못 했던 세계였다. 이런 세계를 이미 알고 계셨던 아버지께서는 뇌경색 후유증으로 언어 장애가 있음에도 불구하고 한숨을 내쉬며 위험한 부대에 갔다는 말씀을 많이 하셨다고 한다. 아버지께서는 한국전쟁 직후에 입대하여 대구 통신 학교에서 9년 동안 직업 군인으로 복무하셨기에 우리나라 군 체제에 대하여 잘 아셨을 것이다. 아버지께서 이러하신데, 어머니께서는 얼마나 힘드셨을지 그 아팠던 마음을 어찌 헤아릴 수 있을까? 그 시절, 나는 곧바로 철책 근무에 투입되는 부대에서 초병 생활을 시작하였다. 그 부대에서는 신병에게 본인의 머리카락과 손톱을 잘라 편지 봉투에 담도록 하고, 그것을 소대장이 보관하였다. 만일 변고가 생겨 시신을 찾지 못하게 되면, 유골을 대신하여 그 편지 봉투를 부모님께 보낸다고 하였다. 이제 와 생각하니 섬뜩한 말이다. 어머니께서 이 사실을 아셨다면 기가 막혀서 병석에 누우셨을 것이다.

아이들을 떠나보내고 나서야 부모님들이 자식을 걱정하는 마음을 이해하게 되었다.

아이들의 유학을 결정한 배경 중 하나는 내 생활의 피로였다.

아내는 직업 특성상 집안일은 둘째 치고 아이들의 학교나 학원에 대한 정보 수집 등 학부모로서 해야 할 일을 할 시간조차 없었다. 결국 교육이나 가사에 대한 일들은 나의 몫이라 해도 과언이 아닐 듯싶었다. 직장인으로서 사는 삶 자체가 일종의 구속 생활이라는 것은 이 시대를 사는 모든 이가 공감하는 바일 것이다. 더불어 가사와 자녀를 관리하는 복수의 일까지 하려면 더욱 버겁게 느껴질 것이다. 많은 학부모가 그렇듯 직장 생활보다 자녀와 가사에서 오는 피로가 더 크다고 말하는 부류도 많으리라 생각한다. 이렇듯 일상의 피로가 누적되다 보니 내 생활을 찾고자 하는 출구 전략이 필요했고, 영어만큼은 아이들에게 편하고 자연스럽게 배울 수 있는 환경을 제공하고 싶은 마음도 컸다. 영어를 잘하지 못하는 사람이 내가 하는 영어를 보면 잘하는 것처럼 보인다고 한다. 하지만 사실 나는 빠른 혀를 굴리며 속사포로 말하는 원어민 앞에만 서면 거의 알아들을 수가 없다. 이런 나의 영어 실력은 아무리 오랫동안 영어 공부를 해도 전혀 나아지지 않았다. 우리 아이들도 이렇게 영어를 배우면 고생은 고생대로 하고, 원어민 같은 수준의 영어 습득은 제대로 되지 않는다는 것을 너무도 잘 알기에 오래전부터 아이들에게 영어를 편하게 습득할 수 있는 환경을 제공하고 싶다는 마음이 있었다. 이런 이유로 린과 예린에게 먼 길을 떠나야 하는 유학을 제안하고 실천까지 하게 되었다.

린과 예린이 떠난 1년여의 시간은 쏜살같이 흘러갔다. 아이들이 없는 동안에는 여유로움을 누리며 여러 가지 취미를 즐길 수 있으리라 생각했다. 그렇지만 예상은 완전히 빗나갔다. 오히려 아내와 함께 걱정과 근심으로 보낸 시간이 많았다. 그러나 세 번에 걸친 미국 여행은 가족들과 함께한 소중한 추억을 만들어 주었다. 그중에서도 마지막 여행이었던 미국 서부는 자연이 만든 아름답고 환상적인 풍경을 마음껏 감상할 기회였다. 이전까지 나에게 있어 여행이라는 것은 인간이 만들어 놓은 인공 구조물을 보고 감상하는 것이 중심이었다. 다시 말해 그 나라의 문명을 감상하면서 공부하는 견학이라고 할 수 있는 부분이 컸는데, 이번만큼은 대자연을 직접 눈으로 보고 그 위대함을 깨닫는 계기가 되었다. 유구한 인류의 역사를 뛰어넘어 지구의 역사를 생각하노라니 한 인간의 짧은 삶은 너무도 보잘것없어 보인다. 잠시만이라도 이런 점을 생각할 수 있는 시간을 갖게 된 것으로 우리 삶에 겸손한 마음을 가질 수 있는 계기가 되었다.

미 서부(미국 서부)를 여행하게 된 배경은 다음과 같다.

지난해 8월 말, 조기 유학은 아니지만, 정통 현지 영어를 배우고자 린(중학교 1학년), 예린(초등학교 6학년)의 미국행이 전격적으로 이루어졌다. 이후, 많은 우여곡절을 겪으며 3번에 걸쳐 홈스테이 집에 다녀왔고, 이제 아이들을 데려오기 위해 네 번째 시카고행을 하게 되었다.

평생 미국을 단 한 번이라도 가 봤으면 좋겠다는 사람들도 많은데, 아이들 덕분에 우리 부부의 미국행은 너무 잦은 편이 아니었나 생각해 본다. 미국 여행이 부담스러운 것은 비행시간이 길고, 비자를 받아야 한다는 점이다. 지금은 대사관에 가지 않고 인터넷에 접속하여 전자 비자(ESTA)를 만들어 90일 이내의 여행은 쉽게 할 수 있는 나라가 되었으나, 10년 전만 해도 비자를 받기 위해 미국 대사관까지 가야 하는 수고와 번거로움이 있었다. 어쨌든 미국을 4번이나 방문하게 된 이유는 미국 학교의 학사 일정 중간에 있는 1~2주의 방학 때문이었다. 미국 학교는 크리스마스와 새해로 연결되는 기간 동안 1주일 정도의 방학이 있고, 부활절에는 1주일 혹은 그 이상의 방학을 하게 된다. 린, 예린이 다니고 있는 칸카키 트리니티 아카데미(Kankakee Trinity Academy)는 지난 12월 마지막 주와 3월 말에 1주일씩 쉰다. 방학을 하게 되면 홈스테이에서 아이들은 특별히 할 일 없이 무료하게 시간을 보낼 것이었다. 아내와 나는 아이들이 시카고와 1시간 거리에 있는 세인트 앤 카운티(St. Anne County) 시골구석에 묻혀 있는 것보다 그 기간을 활용하여 미국 문화 탐방을 함께하는 편이 좋으리라 판단하였다.

첫 번째 방문은 학교와 홈스테이의 환경과 생활을 둘러보고 아이들이 생활하는 모습을 확인하고자 하는 차원이었다. 두 번째 방문은 크리스마스 방학 기간에 따뜻한 플로리다 올랜도(시카고에서 왕복 약 4,000㎞)까지 차로 가서, 디즈니 월드와 유니버설 스튜디오를 탐방하며 가족이 함께 휴가를 보내는 것이었다. 세 번째 방문 때(3월 말 부활절 방학 시즌)는 시카고, 나이아가라 폭포, 뉴욕, 워싱턴 등의 미 동부(미국 동부)를 방문하여 미국 도시 문명을 견학하는 여행이었다. 그리고 마지막 네 번째 방문은 린과 예린이 유학을 마치고 돌아오기 전에 렌터카로 미 서부를 여행한 뒤 함께 귀국하는 일정으로 2개월 만에 다시 시카고를 향해 떠나게 된 것이다.

목차

많이 걷고/보고
즐기고/느꼈던

미국서부
가족여행
BEST 5

No. 1 아치스 공원

델리케이트 아치는 아치스 공원의 상징이면서 미국에서 가장 상징적인 자연 지표인 덕분에 책, 사진, 엽서와 달력의 표지를 주로 장식한다.

1 델리케이트 아치

비바람에 의해 바위의 약한 퇴적층은 깎여나가고 단단한 퇴적층만 오래도록 남게 되면서 아치가 만들어지게 된다. 그렇게 탄생한 아치는 계속되는 세월의 비바람에 결국 무너지게 된다. 하지만 또 다른 아치들이 새롭게 생성되어 다음 세대를 잇게 된다.

2 랜드스케이프 아치

1 에메랄드 레이크

에메랄드 트레일은 그 이상의 가치 있는 아름다운 풍경을 선물한다. 눈앞에 펼쳐진 호수들은 그 이름에 걸맞은 환상적인 그림을 연출하고 있다.

2 베어 레이크

초록색 나무와 회색 바위로 덮인 산과 파란 하늘 그리고 이 풍경을 수면 아래에서 비추는 호수가 어우러져 한 폭의 수채화 같다.

이 풍경에 매료된 인디언들이 '우-와!'라는 감탄사가 저절로 나온다고 하여 우와 포인트 라고 불렀다.

1 우와 포인트

콜로라도강이 굽이치며 돌아가는 곳에 말발굽처럼 생긴 바위가 형성되었다.

2 말굽 협곡

1 포레스트 검프 포인트

포레스트 검프는 목적도 없이 달렸지만 달리면서 그의 인생을 이야기할 수 있는 의미가 있었고, 많은 이에게 영감을 주었다.

2 모뉴먼트 밸리

나바호 인디언 부족들은 이곳을 성지로 여기고 있다. 그들은 모든 것이 하나로 연결되어 있다고 믿으며, 지나가는 것들은 사라지는 것이 아니라 바로 이곳 모뉴먼트 밸리에 존재 한다고 믿고 있다.

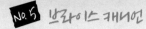

No. 5 브라이스 캐니언

1 선라이즈 포인트

선라이즈 포인트에서 시작해 '후두의 빌딩 숲속'을 한 바퀴 돌아오는 트레일 코스는 가까이서 후두를 볼 수 있는 최고의 방법이다.

2 인스퍼레이션 포인트

Part 1.

여행 준비

1. 미국 서부 여행에 앞서

✈️

　미국 서부 여행을 계획한다면 여행의 테마를 정하는 일이 선행되어야 한다. 태평양 연안에 들어선 대도시 LA와 샌프란시스코를 중심으로 하는 캘리포니아 해변 투어와 라스베가스(라스베이거스)에서 시작하여 대자연의 중심에 있는 그랜드 캐니언을 감상하는 투어가 대표적인 테마 정하기의 예라고 할 수 있다.

　그다음 조건을 본다면 여행자에게 주어진 시간이다. 만일 시간이 넉넉한 여행자라면 미국 서부 구석구석을 시나브로 섭렵해 가면서 여행의 만족도를 높이는 힐링 프로그램을 만들 수 있겠지만, 직장이라는 굴레에 구속된 직장인이라면 알찬 비지 트래블러(Busy Traveller) 프로그램을 만드는 편이 좋을 것이다. 나는 여유로울 수 없는 직장인이기 때문에 후자를 선택하여 여행을 준비하였다.

　결국, 이번 미국 서부 여행도 역대 최고라 할 수 있는 체력전을 감수해야 하는 설계를 하였다. 대륙의 융기와 침식 작용으로 형성된 굵직한 캐니언(Canyon, 협곡)들을 둘러보기 위해서 시간이 부족한 여행자는 어쩔 수 없이 바쁘게 움직이는 일정을 만들어야 했다.

　마지막으로 위 조건을 수용하는 미국 서부 여행 경로를 살펴봐야 한다. 며칠씩 캠핑하면서 트레일(Trail, 산길)을 즐길 수 없는 바쁜 여행자들은 캐니언 루프를 따라 동선을 만들어야 한다. 부록에서 소개하듯이 미국 서부 여행자들의 일반적인 동선은 라스베가스에서 시작하여 시계 방향 혹은 반대 방향으로 그려진다. 그리고 동선에 포함되는 자이언(Zion), 브라이스(Bryce), 캐니언 랜즈(Canyonlands), 아치스(Arches), 모뉴먼트 밸리(Monument Valley), 앤털로프(Antelope), 사우스 림(South Rim), 웨스트 림(West Rim), 후버 댐(Hoover Dam)이 주요 방문지가 된다. 하지만 시카고에서 여정을 시작해야 하는 우리 가족은 콜로라도 덴버를 여행의 기점으로 삼아 로키산(Rocky Mountain)부터 미국 서부 여행을 시작하게 되었다.

2. 항공권 구매

대부분의 여행자는 여행할 장소와 일시에 따라 항공권을 결정하게 되지만, 우리는 린과 예린의 항공권 변경이 선행되어야 했다. 1년 전 유학원에서 시카고 왕복권을 구매했던 탓에 시카고가 아닌 샌프란시스코에서 출국 가능 여부를 먼저 확인하고 항공권을 변경하였다. 그리고 이 일정에 맞춰 우리 부부의 항공권을 구매하였다. 벌써 네 번째 항공권을 구매해 보니 최적의 요금과 시간을 파악하는 일도 쉬워졌다. 특정 신용카드로 스카이스캐너와 인터파크에서 할인을 받는 항공권을 비교한 뒤, 일주일 정도 가격 변동을 확인하였고, 여행 3개월 전에 만족할 만한 가격으로 직항 항공권을 사두었다.

◉ 항공편: 대한항공

◉ 예약일: 2018년 2월 28일 예약(여행 3개월 전)

◉ 왕복 2인 금액: 1,740,000원(여행자 보험료 별도: 2인 9만 원)

	비행	출발 일시	도착 시각	총 소요 시간
출국	인천(ICN)→시카고(오헤어)	6월 1일(금) 10시 40분	6월 1일(금) 9시 40분	13시간 00분
귀국	샌프란시스코(SFO)→인천(ICN)	6월 12일(화) 12시 45분	6월 13일(수) 17시 25분	12시간 40분

3. 숙박 예약

일정에 따른 여러 조건(시간, 위치, 금액, 퀄리티 등)에 맞춰 숙소를 결정해야 한다. 따라서 경로를 고려한 위치와 가성비(가격 대비 성능) 조건을 검토해야 하는데, 상당한 시간이 소요될 수도 있다. 나는 지난 3월에 미국 동부 여행을 하면서 이미 미국 숙소의 특징을 파악했던지라 선별하는 과정에서 고민은 크지 않았다. 여러 예약 사이트 중 그동안 자주 이용하고 인지도가 높은 부킹닷컴에서 거의 모든 숙소를 예약하였다. 단, 그랜드 캐니언 빌리지 숙소와 모뉴먼트 밸리의 더 뷰 호텔은 자체 홈페이지에 접속하여 예약해야 한다.

1 덴버(Denver): 슈퍼 8(Super 8 by Wyndham Henderson North East Denver)

시카고에서 덴버까지 15시간 이상 밤새도록 운전하여야 하므로 빨리 쉴 수 있는 지리적 여건과 오후 2시부터 체크인이 가능한 이곳을 고민 끝에 예약하였다. 만일 시간과 체력에 여유가 있다면 덴버에 금방 다녀올 수 있고, 1시간 반이면 로키산에 갈 수 있는 거리라 다음날 일정을 안배하는 데도 좋은 지리적 장점이 있는 숙소다. 또한, 덴버 주변은 숙박비가 비싼 편인 데 비해, 이곳은 좋은 가성비를 제공한다.

Super 8 by Wyndham Henderson North East Denver *	체크인	체크아웃
예약 번호: 1836030384	**2**	**3**
₩98,869 US$88	6월 2018 토요일	6월 2018 일요일

2 모압(Moab): 레드 스톤 인(Red Stone Inn)

아치스 국립공원에서 일출을 보기 위해서는 모압에 숙소를 정해야 한다. 모압 시내 숙소는 대부분 비싼 편이다. 그나마 레드 스톤 인이 저렴한 편이고 시설도 괜찮았다.

레드 스톤 인 ★★	체크인	체크아웃
예약 번호: 1018317070	**3**	**4**
₩126,956 US$113	6월 2018 일요일	6월 2018 월요일

3 모뉴먼트 밸리(Monument Valley): 굴딩스 롯지(Goulding's Lodge)

모뉴먼트 밸리에서 일출과 일몰을 보고자 한다면 '더 뷰 호텔'이 가장 좋다고 한다. 숙박비가 상당히 비싸지만 몇 개월 전에 예약하지 않으면 예약 자체도 어렵다. 그 대안으로 모뉴먼트 밸리에서 약 10분 거리에 있는 굴딩스 롯지(로지)를 예약할 수 있었는데, 더 뷰 호텔에 비해 꽤 저렴하고 나름대로 전망도 좋다. (더 뷰 호텔은 자체 홈페이지에서 예약이 가능하다)

굴딩스 롯지 ★★★	체크인	체크아웃
예약 번호: 1606283175	**4**	**5**
₩230,543 US$205.20	6월 2018 월요일	6월 2018 화요일

④ 그랜드 캐니언 사우스 림(South Rim): 매스윅 롯지(Maswik Lodge)

그랜드 캐니언 빌리지에서 숙박하려면 적어도 3개월 전에는 예약해야 하는 것 같다. 내가 원하는 날짜에는 매스윅 롯지만 잔여 객실이 남아있었다. 조금 비싸더라도 사우스림에서 일출과 일몰을 보려면 그랜드 캐니언 빌리지 인근에 숙소를 정해야 한다. 이 숙소에는 에어컨과 냉장고가 없다.

Check-In Tuesday 6/5/2018 after 3:00 p.m.
Check-Out Wednesday 6/6/2018 by 11:00 a.m.
Room Type Standard 2 Queen South
Adults/Children 2/2
Rate/Package Maswik Lodge Internet Rate
Nightly Rate $112.00

⑤ 세도나(Sedona): 스카이 랜치 롯지(Sky Ranch Lodge)

기(氣)가 가장 많고 선셋(Sunset, 해넘이)이 아름답기로 유명한 에어포트 오버룩에서 가까운 곳이다. 나중에 알고 보니 스카이 랜치 롯지도 기가 많다고 한다.

스카이 랜치 로지 ★★	체크인	체크아웃
예약 번호: 1279227052	**6**	**7**
₩148,292 US$131.99	6월 2018 수요일	6월 2018 목요일

6 브라이스 캐니언(Bryce Canyon): 해치 스테이션(Hatch station)

이동 시간 안배를 해야 하는 점을 고려해서 브라이스(브라이스 뷰 롯지)와 해치(해치 스테이션) 중 어느 지역을 숙소로 정할지 고민이 많았다. 우선 두 곳 모두 예약해 두었다가 이틀 전날 해치로 결정하고 브라이스는 취소하였다. 해치에서 브라이스까지는 약 30분 정도의 시간이 소요되는데, 새벽에 30분 일찍 일어나서 브라이스 캐니언의 일출을 보기로 하였다.

해치 스테이션 브라이스 캐년 ★★★ 예약 번호: 1902583197 ₩95,498 US$85	체크인 **7** 6월 2018 목요일	체크아웃 **8** 6월 2018 금요일

7 라스베가스(Las Vegas): 엑스칼리버 호텔(Excalibur Hotel)

비교적 비용이 저렴한 후터스 카지노 호텔(Hooters Casino Hotel)을 예약했다가 도착 이틀 전에 엑스칼리버 호텔(Excalibur Hotel)로 변경하였다. 비용이 더 들더라도 예린이가 좋아할 것 같았기 때문이었는데, 막상 입실해 보니 오래된 객실이라 실망이 컸다. 더욱이 냉장고도 없어서 제빙기에서 얼음을 가져다 음식을 보관해야 했다.

엑스칼리버르 ★★★ 예약 번호: 1287650191 ₩77,207 US$68.72	체크인 **8** 6월 2018 금요일	체크아웃 **9** 6월 2018 토요일

8 비숍(Bishop): 타운 하우스 모텔(Town House Motel)

데스밸리에서 2시간 반 정도 가면 되고, 요세미티 국립공원 입구까지 1시간이면 갈 수 있다. 이동 시간 안배를 위해 중간 기착지로서 찾은 도시인데 다른 마을의 숙소에 비해 가성비가 좋다.

Townhouse Motel *	체크인	체크아웃
예약 번호: 1308550967	**9**	**10**
₩123,586 US$110	6월 2018 토요일	6월 2018 일요일

9 만테카(Manteca): 트래블러스 인 만테카(Travelers Inn Manteca)

요세미티 인근이나 샌프란시스코는 숙박비가 비싼 편이다. 이 숙소는 요세미티와 샌프란시스코 중간에 있어 중간 기착지로서 좋고, 다른 숙소에 비해 저렴한 편인 데다 깨끗하다.

Travelers Inn Manteca **	체크인	체크아웃
예약 번호: 1451603714	**10**	**11**
₩95,498 US$85	6월 2018 일요일	6월 2018 월요일

10 오클랜드(Oakland): 데이즈 호텔 에어포트-콜리세움(Days Hotel by Wyndham Oakland Airport-Coliseum)

샌프란시스코 시내 숙소는 비싼 데다 호텔 주차비도 별도다. 렌터카가 있기 때문에 샌프란시스코에서 20여 분 거리에 있는 오클랜드에 숙소를 정함으로써 숙박 비용을 줄이고 숙소의 질은 높였다. 샌프란시스코에서 머무는 시간이 하루이기 때문에 렌터카로 도시를 빠르게 둘러보는 것이 효과적이고 편할 것으로 예상하였는데, 옳은 판단이었다.

데이즈 호텔 오클랜드 에어포트-콜리세움 ★★	체크인	체크아웃
예약 번호: 1583623350	**11**	**12**
₩110,879 US$98.69	6월 2018 월요일	6월 2018 화요일

4. 렌터카

　9개월 전에 미국을 방문했을 때는 인터넷 중개 사이트를 통해 렌터카를 예약하였다. 시카고 현지에 도착해서 보니 비교적 작은 규모의 렌터카 회사였다. 문제는 계약서 여러 곳에 사인을 하도록 유도하는데, 급한 마음에 제대로 읽어보지 않고서 사인했다는 점이다. 계약서를 나중에 천천히 읽어보니 보험이나 부가 서비스에 대한 옵션 비용이 포함되어 있었다. 저렴한 가격에 빌렸다고 좋아했는데, 엉뚱한 계약 내용으로 인해 예상 밖의 지출이 더 컸다. 이후로 미국을 방문할 때는 메이저 회사인 허츠(Hertz)에서 예약한다. 모든 렌트 비용과 보험료를 허츠에서 결제하므로 현지에서 문제의 소지가 없다. 또한, 사고가 났을 때는 꼼꼼하고 정확한 대화가 필요하므로 인터프리터(Interpreter) 서비스를 이용하면 문제 해결이 수월할 것 같다. 이번 여행 시 덴버에 도착하여 렌터카 앞 유리창에 금이 가 있는 것을 발견하였는데, 즉시 인터프리터 서비스를 이용하여 상황을 알렸기 때문에 차량을 반납할 때는 아무런 문제 제기가 없었다.

　또한, 메이저 회사는 보유 차량이 많아 선택의 폭이 넓다. 홈스테이에 가면 아이들의 짐까지 모두 챙겨 실어야 하므로 세단보다 짐을 많이 실을 수 있는 SUV 차량을 원했다. 주차장에서 주인을 기다리는 많은 차 중에 마침 쉐보레 이쿼녹스가 있어 주저 없이 선택했다.

미국의 렌터카 회사의 차량은 모두 새 차다. 이유는 자동차 회사에서 광고 목적으로 렌터카 회사에 저가로 차를 제공하기 때문이다. 그리고 일정 시간이 지나면 중고차로 시장에 내놓는다고 한다. 덕분에 미국에서 차를 빌릴 때는 항상 새 차를 배정받게 된다.

TIP

◉ 톨비(톨게이트 비용) 관련: 렌터카에 달린 '이지 패스(EZ Pass)' 박스는 1일 사용료가 있으므로 오픈하지 말고, 유인 정산 시스템을 이용하는 편이 저렴할 수 있다(지난번 여행 시, 저가 렌터카 회사를 이용했을 때 1일 사용료로 9달러씩 5일간 총 45달러가 결제되는 금전적 손실이 있었다).

◉ 블루투스 스피커: 운전 중에 지루함을 달래기 위해 음악을 들을 수 있고 유심 데이터가 무제한일 경우, 국내 라디오 애플리케이션을 다운받아 라디오를 청취할 수 있다.

◉ 렌트 시 필수 준비물: 국제 운전면허증, 국내 면허증, 여권.

◉ 햇빛 가리개: 미국 차들은 선팅이 되어 있지 않으므로 뒷좌석에 유용하게 활용할 수 있다.

5. 내비게이션

　미리 구매한 시직(Sygic) 내비게이션 프로그램을 스마트폰 2대와 갤럭시노트 10.1에 설치하였고, 이번 여행에서는 구글 맵을 동시에 활용해 보기로 했다. 근래에는 구글 맵이 더욱 정확하게 길을 안내한다고 한다. 그러나 데이터가 차단되는 경우 구글 맵은 무용지물이 된다. 물론 미리 오프라인 지도를 다운받아서 사용할 수도 있지만, 스마트폰의 특성에 따라 잘 안 될 수도 있다. 이런 경우 내비게이션에 전적으로 의지하는 방법밖에 없으므로 시직 등의 내비게이션을 미리 준비해 놓는 것이 좋다. 또한, 여행 전 내비게이션과 함께 준비해야 할 사항은 목적지를 즐겨찾기에 추가해 놓는 일이다. 현지에서 목적지를 검색하느라 시간을 낭비하지 않도록 미리 준비해 두면 좋다.

TIP

⊙ 시직 내비게이션 프로그램은 블랙프라이데이를 이용하여 약 40유로(70% 할인된 금액)에 평생권(lifetime)을 구매했다.

구글 플레이스토어에서 'Sygic'을 검색하여 설치한 뒤, 7일 동안 무료 사용도 가능하다.

⊙ 내비게이션의 종류
- 애플리케이션을 설치하는 프로그램 방식(예: 시직, 히어(Here) 등)
- 내비게이션 기기 방식(예: 톰톰 내비게이션, 가민 내비게이션 등)

6. 준비물 체크 리스트

구분	준비 항목	준비 상태	설명
서류 등	여권 및 비자		반드시 사본 준비, 이메일에도 보관한다.
	항공권		여러 사이트를 비교하고 조기 발권하면 저렴하다 (장거리는 가급적 직항을 이용하는 것이 좋다).
	신분증		언제 어디서 신분을 확인할 필요가 있을지 모른다.
	명함		필요할 수 있다.
	돈/신용카드		300만 원(달러화)/VISA, BC 신용카드의 해외 사용 한도는 미리 확인해 놓아야 한다.
	여행자 보험		인터넷 여행자 보험 가입.
	가이드 북		가이드북을 별도로 정리하여 직접 가이드북 제작.
가방 / 침낭	짐		이민용 가방 2개, 캐리어 4개, 기내용 캐리어 2개, 아이스박스 1개.
			여권 가방 1개, 허리 벨트 백 1개.
	담요		휴대용 담요 2개.
의류 / 신발 등	신발		하이킹이 잦으므로 운동화(등산화)를 준비한다. 트레킹화도 유용하다.
	샌들		기내 혹은 숙소에서 사용할 슬리퍼 개인당 1켤레씩을 준비한다.
	의류		계절에 맞는 필요한 여벌 옷(고산 지역은 추우므로 두꺼운 옷도 필요하다).
전자제품	카메라		DSLR(캐논 60D), 미러리스 카메라 1대, 콤팩트 카메라 1대.
	전자기기		스마트폰 3대, 갤럭시노트10.1, 노트북, 이어폰.

잡화류	전기 쿠커		여행 중 라면과 누룽지 등을 끓이고 필요시에는 물도 데울 수 있다.
	선글라스/ 모자		햇볕이 강렬해서 선글라스와 모자 필수.
	자외선 차단제		자외선 차단제 필수.
	세면 도구		면도기(기내 반입 금지), 치약, 칫솔 등.
	우산/ 우의		접이식 우산 2개, 우의 2벌.
	필기 도구		대부분의 기록은 스마트폰으로 찍어서 기록한다. 볼펜과 메모장 필수.
	다용도 칼		과일용 혹은 다용도 칼(맥가이버 칼)
	바늘, 실		간단한 반짇고리 등을 준비하면 비상시에 용이하다.
	안대/ 에어 베개		이동 시 수면할 때 필수.
	호루라기		호신용 또는 응급상황 발생 시 필요할 수 있다.
	멀티어댑터/ 연장선, USB 케이블		USB 케이블의 경우, 여유분 준비가 필수다. 숙소에 들어가면 각종 전자기기를 동시에 충전해야 한다. 같은 맥락에서 멀티탭 또한 필수.
	소형보온병		렌터카 내에서 따뜻한 커피가 생각날 때 좋다(장거리 운전 시 유용함).
	잡화류 기타		물티슈, 화장지, 수저, 나무젓가락, 휴대용 그릇, 비닐 팩, 큰 비닐봉지, 플라스틱 컵, 스카치테이프.
약품	구급약/ 체온계		소화제, 변비약, 지사제, 종합 감기약, 일회용 밴드, 물파스, 상처 치료제, 진통제 등. 그리고 이것들을 정리할 수 있는 구급낭이나 구급함도 필요하다.
선물	선물용품		전통 문양 손수건, 소형 고려청자, 전통 무늬 실내등, 태극무늬 숟가락·젓가락 세트.
식량	식량		라면 60봉, 3분 카레 6개, 3분 짜장 10개, 햇반 40개, 누룽지 2㎏, 어묵국 20팩, 멸치볶음, 볶은 김치, 김 가루, 김, 마른오징어, 쥐포, 비타민 알약.
비고			

7. 여행 경로 및 일정

구분	일차	요일	지역(도시)	일정 (시간대별)
1일	1	금	비행	인천 출발(10:40) → 도착(9:30) / 렌트, 이동(1시간 30분) / 이동
2일	2	토	덴버	이동(13시간 28분, 924마일) / 시카고 홈스테이(짐 정리) / 덴버(숙소) → 덴버 다운타운(DownTown) / 모임
3일	3	일	로키산 모레인	이동(2시간 11분, 122마일) / 로키산 드라이브&트레일(로키산 국립공원) / 이동(5시간 50분, 340마일)(로키산 → 모압) / 숙소
4일	4	월	캐니언 랜즈 모뉴먼트 밸리	이동(40분) / 아치스 국립공원(델리케이트 아치, 데빌스 가든 트레일) / 이동(40분) / 모압(점심) / 이동(50분) / 캐니언 랜즈 국립공원(그린 리버 오버룩, 그랜드 뷰 포인트) / 모압(쇼핑) / 이동(2시간 30분) / 모뉴먼트 밸리 / 숙소
5일	5	화	모뉴먼트 밸리 앤털로프 캐니언 사우스 림	모뉴먼트 밸리(밸리 드라이브) / 조식 / 이동(1시간 53분, 119마일) / 로워 앤털로프 캐니언(Ken's Tour 11시 20분 예약) 홀슈 밴드(Horseshoe Bend) / 이동(1시간 55분, 116마일) / 이동(2시간 30분) / 사우스 림(대지릿 뷰, 그랜드 뷰, 특아웃 스튜디오)
6일	6	수	사우스 림 세도나	예아포트 캐니언 국립공원 사우스 림(예아포트 포인트, 야키 포인트) / 성 십자가 예배당 / 이동(2시간 40분, 120마일) / 세도나 / 숙소
7일	7	목	세도나 글렌 댐	예아포트 메사 메사 일출(데발스 브리지 트레일) / 벨 록, 코트하우스 뷰트 / 이동(3시간, 167마일) / 글렌 댐 / 이동(2시간, 120마일) / 숙소(페이지 스테이션)
8일	8	금	브라이스 캐니언 자이언 국립공원 라스베가스	이동(35분, 28마일) / 브라이스 캐니언(선라이즈 포인트, 퀸스 가든 트레일, 인스퍼레이션 포인트, 선셋 포인트) / 이동(1시간 52마일) / 캐니언 오버룩 트레일(1시간) / 자이언 캐니언(리버사이드 워크 트레일, 내로우 트레일) / 이동(2시간 40분, 165마일) / 라스베가스 숙소(엑스칼리버 호텔), 저녁 식사(아이홉) / 숙소
9일	9	토	라스베가스 데스밸리	라스베가스(스트립 거리 도보 여행) / 이동(2시간 20분, 119마일) / 단테 뷰, 자브리스키 포인트, 배드워터 베이신 / 이동(2시간 30분, 140마일) / 멘타카 숙소
10일	10	일	요세미티	조식 / 이동(1시간, 66마일) / 티오가 패스(티오가호수, 옴스테드 포인트) / 이동(30분) / 요세미티 밸리(터널 전망대, 미라 레이크) / 이동(2시간 30분, 116마일) / 석식(아이홉) / 멘티카 숙소
11일	11	월	소살리토 샌프란시스코	조식 / 이동(1시간 37분, 90.8마일) / 오클랜드 숙소(짐 보관 서비스) / 드라이브(보너타 등대 / 마린 헤드랜드 비스타 포인트 / 배터리 스펜서 / 금문교 / 트윈 피크스 / 라스안 힐 / 피셔맨 워프) / 석식 / 이동(30분) / 오클랜드 숙소
12일	12	화	샌프란시스코공항 인천공항	샌프란시스코공항 출발(10:40) / 34분(17.4마일) / 유나이티드 출발(12:30) 대한항공 출발(12:30) / 비행
13일	13	수	인천공항	비행 / 유나이티드 도착(14:50) / 대한항공 도착(17:25) / 인천공항 도착(17:25)

Part 2.

아이들이 기다리는
시카고를 향해
(여행 1일 차)

🚏 우여곡절

2018년 6월 1일 금요일, 야간 근무를 마치자마자 아침 일찍 집으로 가서 전날 꾸려 놓은 캐리어 1개와 이민 가방 2개를 끌고 아내와 함께 길을 나섰다. 서울 광진구 자양동 집 앞 공항버스 정류장에서 인천공항까지는 대략 1시간 정도 걸린다. 지난 1월부터 영업을 시작한 인천공항 제2터미널에서 대한항공 비행기를 이용하게되었다. 비행기 탑승까지 2시간도 남지 않은 상황이라 비행기를 놓칠까 봐 조금 불안했지만, 공항에 도착해 보니 걱정했던 우려는 사라졌다. 새로 개항한 터미널이라 한산해서 수화물 보내기, 출국 심사 등의 절차가 빠르게 이루어졌다.

지난해 9월 홈스테이 집을 방문했고, 12월 말 크리스마스 시즌에는 플로리다 올랜도에 다녀왔다. 그리고 3월 말에는 미국 농부여행을 하였다. 벌써 시카고에 네 번째 가는 길이다. 하지만 처음갈 때와 같은 긴장과 설렘은 매번 똑같이 일어난다. 특히 분실해서새로 만든 린과 예린의 여권을 갖고서 아이들을 데리고 귀국해야하므로 더욱 그랬다. 사소한 문제라도 발생하지 않도록 철저히 준비한다고 하였으나, 혹시라도 예상하지 못한 상황이 발생할지 몰라 긴장감이 감돌았다. 비행기 의자에 자리를 잡고 앉아 아내의손을 꼭 쥐며 이렇게 말했다. "이제 다 끝났어. 별 일없이 아이들을잘 데려올 수 있을 거야. 다시는 아이들을 떼어 놓지 말자."

이 말에 아내는 어수선한 마음을 가라앉혔는지 이전보다 편안해 보였다.

사실, 이번 여행을 준비하면서 아이들의 여권 문제를 해결하느라 신경을 많이 썼던 탓에 나는 심신이 지쳐있었다.

사건은 2개월 전 미국 동부 여행을 할 때 발생하였다. 당초에 캐나다를 포함하는 방문 계획을 세워두었으나, 홈스테이 집에 도착하던 날 밤에 아이들의 여권이 사라진 것을 알게 되었다. 방 구석구석, 천장, 침대 밑까지 샅샅이 뒤져 보았지만, 여권은 보이지 않았다. 여권이 없으니 미국을 떠날 수 없는 상황이 되었다. 물론 영사관에 가서 급히 여행 증명서를 발부받을 수도 있겠지만, 여권에는 아이들 학생비자도 함께 붙어있었기 때문에 미국을 떠나면 다시 미국으로 입국할 수 없는 상황이 되어버린 것이다. 이로 인해 당시 첫날밤에는 극도로 심한 스트레스 때문에 한숨도 자지 못하고 여행을 시작하게 되었다. 결국 캐나다 일정은 모두 취소하고 나이아가라와 뉴욕 일정을 늘리는 방향으로 계획을 변경하였다.

이후 귀국한 후에도 분실한 여권을 다시 만드는 문제는 해결하기가 쉽지 않았다. 아이들이 미국에 있기 때문에 미국 영사관에서 여권을 만들어야 한다는 것을 뒤늦게 알았기 때문이다. 시카고 영사관은 보호자가 직접 방문해야 한다고 한다. 혹시나 해서 처형이 사는 시애틀 영사관에도 문의해 보았다. 다행히 시애틀에서는 이모가 가족임을 증명하는 가족관계증명서와 부모의 인감 증명서가 있으면 발급해 줄 수 있다고 하였다. 곧바로 여권에 필요한 관련 서류를 만들어 시애틀로 보냈고, 특별한 차질 없이 새 여권을 발급받았다. 그리고 여행 2주 전에 시애틀로부터 국제우편으로 새 여권이 내 손에 들어오게 되었다. 여권에 붙어 있어서 함께 잃어버린 비자 문제는 다음과 같은 결론이 났다. 비자는 미국에 입국할 때 필요한 것이고, 출국할 때는 없어도 된다고 하니 큰 짐을 벗는 듯하였다. 하지만 혹시라도 잘못될지도 모른다는 생각에 샌프란시스코, 시카고, 시애틀 영사관에 각각 확인까지 해 보았다.

여권 분실 사건으로 인해 미국 사정을 잘 아는 사람들에게서 들어서 알게 된 사실이 있다. 미국엔 불법 체류자가 많다고 한다. 이들은 미국 비자가 있는 여권을 매우 유용하게 사용할 수 있으므로 이를 불법으로 거래하는 브로커들이 있다고 한다. 아마도 호스트 집에 들렀던 외부인 중 누군가가 가져갔을 것으로 추측하는 의견들이 지배적이었다.

가장 신경 쓰였던 여권 문제를 해결한 후, 어수선했던 여행 준비를 출발 5일 전부터 일사천리로 진행하였다. 유럽 여행 경험이 다양한 노하우를 만들기도 하였지만, 벌써 두 번이나 미국 여행을 다녀왔기에 준비에 많은 시간이 필요하지는 않았다.

🚏 시카고 오헤어 공항

인천공항에서 오전 10시 40분에 이륙한 비행기는 13시간의 긴 비행 끝에 시카고 오헤어 공항에 도착했다. 서울보다 14시간이 늦는 시카고에 도착하는 시각은 같은 날 오전 9시이므로 타임머신을 타고 2시간을 거꾸로 간 셈이 된다.

시카고 오헤어 공항 셔틀버스 정류장

매번 그렇지만, 미국 공항에서의 입국 심사는 썩 유쾌한 일이 아니다. 미국에 입국하는 외국인들은 긴 시간 동안 줄을 서서 심사를 기다려야 한다. 보통 1시간

허츠 렌터카

이상은 기다리는 것 같다. 이른 아침에 도착해서인지 이번에는 30여 분 만에 입국 심사를 받게 되었다. 입국 심사관의 태도는 친절과는 거리가 멀다. 입국자들의 기다림에도 아랑곳하지 않고, 자기 할 일부터 먼저 해 가며 옆 직원들과 큰 소리로 이야기를 주고받기도 하면서 여유로운 정도를 떠나 느긋하게 일을 한다. 미국 첫 방문 시 쨰려보듯이 말하던 직원의 눈빛이 내 기분을 망쳐 놓았던 기억이 입국 심사 때마다 떠오른다. 처음에는 어수룩할 수밖에 없던 상황이었기에 주눅이 들었으나, 두 번째 방문부터는 직원의 태도

가 어떻든 간에 한결 여유로운 마음으로 입국 심사를 받게 되었다. 그래서인지 직원들의 태도가 처음보다 딱딱해 보이지는 않는 것 같다. 테러가 많고 불법 체류자가 많은 미국의 특성을 생각하면 까다로운 입국 절차와 딱딱한 직원들의 업무 태도를 이해할 수는 있겠으나 여행자의 기분도 고려할 필요가 있지 않을까 생각해 본다.

입국 심사를 마치고 나면 공항 앞으로 나와 렌터카 정류장으로 가서 렌터카 회사에서 제공하는 무료 셔틀버스를 타고 렌터카 회사로 향한다. 렌터카가 없으면 미국 여행은 거의 불가능하다고 봐야 한다. 특히 도시 외곽으로 가는 대중교통은 없다고 봐야 하므로 렌터카를 이용하거나 누군가가 픽업을 나오는 것 외에는 다른 이동 방도를 찾기가 힘들다.

렌터카 회사 선택에 있어서 처음에는 비용 측면을 고려해서 인터넷 중개 사이트를 이용하여 어드벤티지(Advantage)라는 중소 회사에서 렌트를 하였다. 그런데 무슨 계약 내용인지 잘 모르는 상태에서 온갖 옵션을 다 끼워 넣고 계약서에 사인을 유도당한 탓에 낭패를 보았다. 약관이 한글로 쓰여 있다 하더라도 자세한 설명을 해 주지 않으면 제대로 이해할 수 없는 요소들이 더러 있곤 한데, 하물며 영어로 써진 약관은 어떠할까? 렌터카 직원에게 계약서에 무슨 내용이 적혀 있는지 물어보니 대부분 필요하고 중요하다고 하였다. 그러니 사인을 안 할 수가 없었던 것이다. 렌트할 때 일반적인 것들에 대한 설명이겠거니 하고 대충 읽어 보고 사인하였는데, 실은 사인마다 부가 비용을 지불해야 하는 것들이었다. 귀국하고 나서 계약서를 꼼꼼히 살펴본 후에야 이 사실을 알게 되었다. 손해(?)를 보게 된 내용을 보면, 인터넷 중개 사이트에서 보험에 가입하고 현지 렌터카 회사에서도 함으로써 보험을 이중으로 가입하였고, 쓸데없는 옵션(EZ pass, 하이패스의 개념으로 1일 1만 원으로 무제한 이용 가능)으로 인해 20만 원 이상의 추가 비용이 나왔다. 속이 쓰렸으나 호스트 집에서 호스트가 내 차를 들이받아 그만큼 렌터카 회사가 보험료를 치르도록 하는 상황이 발생했다. 비용을 줄이는 것도 중요할 수 있겠으나, 여행 경험이 더해질수록 신뢰와 안전 확보가 더 중요하다는 것을 느끼게 된다. 뭐든지 예상 비용이 초과될 경우, 안전 보장 비용이라고 생각하면 마음이 편해질 뿐만 아니라, 실제 염려스러웠던 안전에 따른 긴장과 스트레스가 줄어든다. 여하튼 그 이후로 나는 세계적인 렌터카 회사인 허츠를 이용하게 되었다.

허츠 렌터카 회사에서 차를 렌트하는 것은 간단하다. 여권과 국제 운전면허증, 국내 면허증을 보여 주고 예약한 배기량의 차가 있는 주차장에 가서 맘에 드는 차를 고르면 된다. 특별히 계약 내역을 다시 확인하지 않아도 되고, 사고 등 이례 상황이 발생했을 때 정확한 의사소통이 어려우면 한국어 인터프리터(Interpreter) 서비스를 제공해 준다. 실제 이번 여행에서도 차 창문에 금이 가서 정확한 입장 정리가 필요하여 인터프리터 서비스를 이용하였다. 호스트 집에 있는 아이들의 짐을 싣는 것을 고려했을 때, 큰 차를 빌려야 하므로 상황이 여의치 않으면 카니발급 차량으로 업그레이드

할까 생각하였는데, 주차된 세단 사이로 이쿼녹스가 눈에 들어왔다. 이쿼녹스 정도의 크기라면 짐을 모두 실을 수 있을 것 같았다. 안내하는 직원에게 나의 상황을 전달하며 이쿼녹스 차량을 가져가도 되는지 물어보니, "문제없다(No problem)."는 답변을 받았다.

가장 염려스러웠던 문제점 하나가 해소되면서 여행이 순조로울 것 같은 예감이 들었다. 원하는 차량을 렌트했으니 이번 여행의 목적지들을 즐겨찾기 해 놓은 시직(Sygic) 내비게이션을 운전석 앞쪽에 설치하고, 시카고 외곽고속도로를 달리기 시작했다. 해외 렌터카 여행은 내비게이션이 필수다. 구글 맵, 차량에 장착된 내비게이션 혹은 국내에서 빌릴 수 있는 내비게이션(가민, 톰톰 등)을 사용할 수 있으나, 예상치 못한 변수를 고려하면 최소 2개의 스마트 기기에 내비게이션 맵을 설치하고 미리 목적지를 즐겨찾기 해 놓는 것이 안전할 것 같다는 생각이 든다. 이렇게 만반의 준비를 해야만 현지에서 시간 낭비를 최소화할 수 있을 것이다.

시카고 오헤어 공항에서 홈스테이가 있는 칸카키까지는 1시간 반 정도의 거리다. 시카고 근교를 달릴

칸카키 홈스테이 집

호스트 집 앞의 밀밭

때, 끝없이 이어지는 평지를 보면 놀랍게 느껴진다. 우리나라가 이렇게 넓은 땅을 갖고 있었다면 과거에 가난이 덜했을 것이라고 생각하면서 미국이란 나라가 왜 축복받았다고 하는지 실감케 된다. 고속도로 주변의 땅은 온통 밀과 옥수수가 재배되고 있고, 간간이 미국 농촌의 전형적인 주택들이 눈에 들어온다. 지난 세 번의 미국 방문은 내비게이션 없이도 홈스테이까지 갈 수 있는 기억을 만들어 주었다.

🪧 작은 마을 칸카키(홈스테이)

서울 자양동에서 출발하여 20시간 동안 세 가지 교통수단(버스, 비행기, 렌터카)을 이용하여 달린 끝에 홈스테이 집에 도착하였다. 린과 예린이가 집에서 뛰어나와 엄마, 아빠를 반겼다. 두 달 만의 상봉이라 예린이는 엄마 품에 안겨 떨어질 줄 모른다. 잠시 후, 브렌트(Brent, 호스트)와 룩(Luke, 호스트의 아들)도 나와서 우리를 반겼다. 직업이 간호사인 하이디(Heidi, 호스트)는 직장에 출근하여 17시쯤 퇴근한다고 한다. 분실했던 아이들의 여권과 비자 문제 등에 대하여 브렌트도 많이 염려하였기 때문에, 여권 재발급 과정과 그간 있었던 이야기를 한참 동안 나누었다.

아내는 곧바로 아이들 짐을 정리하는 작업에 들어갔고, 나는 밤새 운전하는 스케줄을 소화해야 하므로 저녁 식사 전까지 잠을 자기로 했다. 그동안 린, 예린, 룩은 함께할 수 있는 마지막 시간을 보냈다.

저녁 무렵에 일어나 보니, 하이디가 집에 와 있었다. 그녀는 나보다 10살이 많고, 차분한 성격에 세계 문화와 사회 문제에 해박하여 여러 가지 다양한 주제에 대하여 조곤조곤하게 자기 생각을 말하는 것을 좋아하며 대화를 즐긴다. 또한 친절한 매너와 에티켓의 소유자로서 그녀의 차분한 성격은 린과 예린의 정서에도 좋은 영향을 주었으리라 여겨진다.

나와 하이디는 방문할 때마다 체감하는 집 주변의 환경, 미국과 한국의 역사와 문화 그리고 경제와 정치적 상호 관계에 대하여 많은 대화를 나누면서 그만큼 친해져 있었다. 평소에도 린과 예린에 대하여 SNS를 통해 대화를 이어오고 있었다.

하이디는 나에게 '비지 트래블러(Busy Traveller)'라는 애칭을 만들어 주었다. 짧은 시간에 많은 문화를 보기 위해 바쁘게 움직이는 내 여행의 특징을 보고, 놀랍고 대단하다는 말을 자주 했다. 아마 전 미국인의 80%보다 미국 곳곳을 더 많이 다니고 잘 아는 사람이 되었을 것이라고 한다. 미국인들 중에는 자신이 사는 주(State)를 떠나 본 적이 없는 사람들도 많다고 한다. 또한 내가 하이디와 대화를 많이 하였던 주제는 주로 여행이었다. 젊은 시절에 많은 여행을 즐겼던 그녀는 미국 대부분의 국립공원을 하이킹으로 즐겼고, 배낭을 메고 유럽이나 동남아시아를 몇 번이고 방문했던 터라 그곳에서 보고 느끼고 들었던 이야기를 많이 해 주었다. 하이디란 이름에서 나는 만화 주인공인 〈알프스 소녀 하이디〉의 하이디를 연상하였다. 어렸을 때, 재미있게 보았던 〈알프스 소녀 하이디〉 이야기를 하면서 주인공인 하이디에 관하여 물어보았으나, 그녀는 전혀 알지 못했다. 우리나라에서만 인기가 있었나 보다.

호스트 가족은 할아버지와 할머니도 함께 살고 계신다. 할아버지는 90세의 나이에도 건강을 유지하며 바이올린을 즐겨 켜시지만, 할머니는 고령으로 많이 쇠약해지셨다. 독일 출신의 이민 2세대인 할아버지는 한국에 대한 특별한 감정을 갖고 계셨다. 할아버지에게는 형이 있었는데, 그 형이 한국전쟁에 참전하여 강원도 어느 지역에서 전사하셨다고 한다. 그 말씀을 하실 때마다 눈물을 흘리셨다. 타국의 전쟁에 참전하여 허망하게 돌아가신 형(20대 초반)의 흑백 사진이 집의 거실에 걸려있었다. 나는 할아버지의 손을 잡고서 감사하다는 말을 몇 번이고 반복하였다.

"미군과 UN군이 도와주었기에 세계의 경제 대국으로 성장한 오늘날의 대한민국이 존재할 수 있었고, 내가 태어날 수 있었습니다. 할아버지 형님께 정말 감사드립니다."

할아버지는 우리 가족과의 만남이 형에 대한 회상을 많이 하는 계기가 되었던지, 지난 3월에 아이들을 홈스테이 집에 남겨 두고 떠날 때는 할아버지와 할머니께서 눈물을 많이 보이셨다. 물론 아내도 울고, 예린이도 울었다. 아마도 할아버지는 형 생각에 나와 헤어짐이 무척 아쉽고 허전한 마음이 드는 것 같아 보였다.

가족들이 모두 모여 함께 저녁 식사를 하고 마지막으로 대화하는 시간을 가졌다. 린과 예린이가 그동안 홈스테이에서 보낸 시간을 하이디가 틈틈이 사진으로 찍어 앨범과 액자를 만들어 선물로 주었다. 또한 가족들 모두가 엽서에 함께 지낸 일 년을 추억하는 글을 써서 주었고, 린과 예린이 좋아했던 여러 가지 물건이나 독특한 과자도 선물로 주었다. 아내와 나는 감사의 의미로 한국의 소형 고려청자와 사군자가 그려진 침실 조명등, 조선 후기 화가들의 작품이 그려진 손수건을 전달하였는데, 준비한 선물이 받은 것에 비해 약소하게 느껴졌다.

칸카키 트리니티 아카데미

칸카키 트리니티 아카데미 교실

　　밤 10시가 될 무렵 우리 가족은 홈스테이 집을 떠났다. 하이디 가족은 린, 예린과 이별을 아쉬워하며 몇 번이고 끌어안았다. 나는 그레다(Greda)와 룩(Luke)이 대학생이 되면 한국에 한 번쯤 여행 오길 권하였고, 린과 예린도 대학생이 되면 시카고에 와서 하이디 이모를 다시 찾아오겠다고 약속하였다. 호스트와 우리 부부도 은퇴하고 나서 시간이 여유로워진다면, 서로 미국과 한국을 오갈 수 있기를 기대하기로 하며 작별 인사를 하고 길을 나섰다.

LINN&YERIN'S DIARY

2018년 6월 1일

　오늘은 유학 생활 마지막 날이다. 그래서 부모님이 오시고 오후 9시 반에 호스트 가족에게 선물(앨범, 브라우니, 학용품, 책)을 받고 엄마, 아빠는 호스트 가족에게 고려청자같이 생긴 도자기를 선물했다. 그리고 예린이는 낮에 룩 형이랑 배드민턴을 쳤고, 난 핸드폰을 보다가 저녁으로 스파게티와 치즈 빵 등을 먹은 후 단체 사진을 찍고 마지막 작별 인사를 했다. 그리고 차를 타고 덴버로 출발했다. 가는 길에 마트에서 화장실에 갔다가 물과 맥주를 사고 계속 가다가 난 잠들었다.

Part 3.

콜로라도 덴버
(여행 2일 차)

칸카키(홈스테이) → 덴버

콜로라도 덴버

14시간30분 (1,614km)

칸카키(홈스테이)

🪧 고난의 이동(16시간 논스톱 운전)

　일리노이주의 칸카키에서 목적지인 콜로라도 덴버까지의 거리는 약 1,008마일(1,622km)이고, 예상 소요 시간만 해도 약 15시간이다. 여기에 중간에 쉬었다 가는 시간까지 고려한다면 17시간 후에나 덴버에 도착할 것 같았다. 장거리 운전에 소모되는 피로와 시간을 고려해서 자동차 대신 비행기 이동을 고려하였으나 공항에 오가는 시간과 탑승 절차를 생각하면 별 차이가 없을 것 같다는 생각을 하였다. 또한 이렇게 운전을 선택하도록 결정적인 조언을 해 준 것은 하이디였다. 이 정도의 운전은 미국인들이 여행할 때 일반적이라고 한다. 특히 가족이 많을 경우에는 비용 측면에서 훨씬 유리하고, 2명이 교대로 운전하면 크게 문제 되지 않을 것이라고 하였다. 아니나 다를까, 평탄하고 반듯한 미국의 고속도로는 한국과 달리 차량이 많지 않기 때문에 운전이 편안하고 피로도 훨씬 적었다.

　칸카키 시내를 벗어날 때쯤, 대형 마켓에 들러 연료를 가득 채우고 물과 간식도 충분히 샀다. 주택가를 벗어나자 어둠이 짙어진 가운데 칸카키를 떠나는 린과 예린의 표정이 담담해 보였다. 유학을 마치며 여행을 떠나는 그들의 마음은 기대와 설렘으로 가득 차 한껏 시끄럽게 떠들다가, 자정이 지날 무렵에는 아내와 함께 조용히 잠이 들었다.

　준비해 온 잔잔한 음악을 틀고 홀로 외로운 운전을 시작하였다. 일리노이주를 떠나 아이오와주를 달리다가 두 번에 걸쳐 연료 보충을 하였다. 네브래스카주에 들어설 무렵, 멀리 수평선에서 반짝이는 번개가 보였다. 간헐적으로 빛을 내는 번개는 점점 가까워졌다. 그러다 링컨이라는 도시 근교에서는 세상을 뒤흔들 것 같은 천둥소리와 함께 끊임없이 빛을 내는 번개가 밤하늘을 환하게 밝혀주었다. 하늘에서 땅으로 내리꽂히는 것과 동시에 빠지직거리며 빛나는 번개를 린과 예린도 보면 좋을 것 같아 몇 번이나 깨워 봤지만, 그들은 세상모르게 곤히 잘도 잔다. 잠시 후, 빗방울이 한두 방울씩 내리기 시작했다. 빗방울은 점점 더 굵어지더니 몇 미터 앞도 분간하기 어려울 정도의 폭우로 변했다. 앞서가는 차의 빨간 후미등만 희미하게 보일 뿐, 전방의 도로조차 거의 식별이 불가능하여 거북이 운전을 할 수밖에 없었다. 이렇게 엄청난 장대비는 1시간 넘게 이어지더니 동이 트기 시작할 무렵에서야 잦아들기 시작하였다. 어느덧 날은 밝아왔고, 7시가 될 무렵에는 네브래스카주 오갈랄라(Ogallala) 휴게소에 들러 또다시 연료를 보충하고 맥도널드에서 아침 식사도 해결하는 것이 좋을 듯하였다. 맥도널드에서 햄버거와 맥 모닝을 주문하면서 뜨거운 물을 얻어 컵라면 3개를 익혀먹었다. 식사 시간 동안 잠시 쉬었다가 다시 달리기 시작하여 두어 시간이 지날 무렵 마침내 콜로라도주 안내 표지판을 통과하였다. 끝없이 펼쳐지는 미국 중부의 평원은 그 특징들이 조금씩 다르기는 하였지만, 여전히 한결같은 평원이었다. 하지만 콜로라도주에 들어서면서부터 큰 언덕이 보이기 시작했다. 푸른 초원은 목장으로 쓰기에 좋아 보였는데, 작은 잡목들이 우후죽순 널려 있는 것

미국 중부 평원(네브래스카주 80번 고속도로)

으로 보아 관리되지 않는 모습이었다. 다시 말해 주인 없는 땅처럼 보였다. 이 콜로라도 초원을 한 시간 넘게 달리자 지평선 끝에 하얀 설산이 보이기 시작했다. 로키산이다. 6월인데도 산 정상에 눈이 쌓여 있는 것이 신기하게 보인다. 희미하게 보이는 로키산은 금방 닿을 것만 같았지만, 한참을 달렸음에도 좀처럼 가까워지지 않았다. 덴버에 가까워져서야 비로소 덴버의 서쪽을 병풍처럼 두르고 있는 로키산의 웅장한 규모가 느껴지기 시작하였다.

🚏 드디어 덴버

덴버에 가까워질 무렵 저렴하다고 알려진 프레리(Prairie) 쇼핑센터에 들러 필요한 여벌 옷과 신발을 샀다. 눈부신 햇살과 더운 날씨, 밤샘 운전에 따른 피로 때문에 쇼핑센터에 오랫동안 머물기 힘

콜로라도주 고속도로

콜로라도주 평원

들었다. 10여 분 거리에 있는 숙소에 빨리 가서 쉬고 싶은 생각이
간절하였다.

약 1,600㎞의 거리를 장장 16시간 동안 운전하여 덴버 근교에 있
는 첫 숙소에 도착했다. 서울과 부산 사이의 거리를 대략 400㎞로
본다면 2번을 왕복한 셈이다. 여행 계획을 세울 때, 내 스케줄을
본 사람들은 여행도 좋지만, 과연 체력이 감당할 수 있을지 의문을

가졌다. 그러나 나는 지난 크리스마스 때, 시카고에서 플로리다까지 밤샘 운전을 한 경험이 있어 아무렇지 않게 준비를 했었다. 플로리다 여행의 경우 도착 후 더 이상 장거리 이동 없이 올랜도 근처에서 머무는 여행이라 체력에 큰 부하가 걸리지 않았다. 그러나 이번 여행의 경우는 지속적인 장거리 이동으로 이어지기 때문에 내심 걱정이 되었다. 내가 이 스케줄에 계속 신경을 쓰다 보니 아내가 해결사로 나섰다. 2~3시간 정도는 자신이 운전대를 잡아 줄 테니, 계획대로 도전하자는 것이다. 밤샘 운전을 할 때, 아내가 2시간 이상 교대를 해 주었기에 차를 세우지 않고 계속해서 달릴 수 있었고, 그만큼 숙소에 빨리 들어가 휴식 시간을 늘릴 수 있었다. 한편으론 나만 체력이 된다고 해서 무리한 일정을 강행하였다가 가족들이 탈진하면 여행의 흥은 사라지고 악몽 같은 일들로 기억을 채워올 수도 있다는 염려는 가시질 않았다. 그래도 모는 염려는 접어두고 욕심만큼 계획을 세웠고, 계획했던 도착 시각(오후 2시)에 맞춰 왔기 때문에 첫 미션을 완벽하게 수행하였다고 생각했다. 이것은 앞으로 여행에 대한 자신감을 확실하게 심어주었다.

숙소에서 컵밥과 라면으로 점심을 해결하고, 오후엔 잠을 잤다. 밤샘 운전으로 피로가 쌓였기도 하지만 시차 적응이 덜 된 상태에서 한국 시각으로는 새벽이었기 때문에 꿀 같은 잠을 잘 수 있었다. 사실 오후엔 콜로라도를 조사할 때 알게 된 1시간 거리의 콜로라도 스프링스에 가 볼 생각도 하였으나, 무리한 활동은 당장 내일 새벽부터 움직여야 하는 일정에 큰 차질이 생길지 몰라 콜로라도의 주도인 덴버 시내를 둘러보는 것으로 마음을 굳혔다. 저녁 7시에 일어나 15분 거리의 덴버 시내로 차를 몰았다. 세계적인 가수 존 덴버(John Denver)가 이 도시에 매료되어 자신의 이름(본명 존 뒤센돌프)조차 덴버로 바꾸었을 만큼 아름다운 도시인 덴버의 다운타운에 도착했다. 덴버라는 도시에 대한 이야기는 고등학교 영어 교과서에 소개되어 있어 그때 처음 알게 되었다. 교과서에서는 화려하면서도 순수하고 아름다운 기품이 있는 로키산의 자연을 예찬하고, 골드러시(Gold rush) 때 금광 채굴자들이 몰려들어 덴버가 만들어진 배경에 대하여 설명하였다. 또한, 단풍나무와 어우러진 바위와 계곡, 눈이 쌓인 로키산에서 사슴이 풀을 뜯고 있는 사진 한 장이 함께 실려 있었다. 이 멋진 사진과 설명은 고등학생인 나에게 깊은 인상을 심어 주었고, 언젠가 꼭 가 보고 싶다는 마음을 갖게 해 주었다. 그리고 마침내 30여 년이 지난 오늘 이곳에 오게 된 것이다. 어렸을 때 잠시 가졌던 꿈을 현실로 맞이하는 이 순간에 약간 떨리는 긴장감이 느껴지면서 가슴이 두근거렸다. 꿈에서나 볼 수 있다고 생각했던 소원이 이뤄진 느낌이랄까?

덴버 시내에서 처음으로 마주친 것은 콜로라도 로키스 홈구장인 쿠어스 필드다. 오늘은 미국 프로야구 경기가 있었던지 많은 인파 행렬이 경기장에서 빠져나오고 있었다. 쿠어스 필드는 해발 고도 1

마일(1.6km) 높이에 있어 공기 밀도가 낮다. 그런 이유로 공기 저항이 적어 공이 멀리 날아가기 때문에 플라이 볼(뜬 공)이 될 수 있는 뜬 공도 홈런이 되는 경우가 많다. 그래서 타자들에겐 유리하지만, 투수들에겐 '투수의 무덤'이라는 표현이 만들어진 경기장이다. 내가 본 쿠어스 필드의 외관은 마치 쇼핑센터처럼 보였다. 쿠어스 필드를 지나 다운타운으로 들어서니 시카고와 다른 덴버만의 이색적인 분위기가 느껴진다. 덴버 다운타운에서 저녁 식사를 하고 산책하듯 걸어보고 싶었다. 하지만, 날이 점점 어두워지면서 도시 분위기가 스산해져 가는 분위기라 마음이 바뀌었다. 더욱이 정해놓거나 알아본 식당도 없어 차를 숙소 방향으로 돌릴 수밖에 없었다.

숙소에 돌아와서 가족들이 잠든 사이 혼자서 10분 거리에 있는 월마트에 다녀왔다. 내일 하이킹에 대비해서 과일, 우유, 간식거리를 준비해 두어야 할 것 같았다.

⊙ **콜로라도**
: 미국의 중서부에 위치한 콜로라도는 북쪽에서 남쪽으로 로키산맥이 걸쳐져 있어 주 전체가 마치 국립공원 같은 곳이다. 콜로라도의 뜻은 스페인어로 '붉은색'을 의미하는데, 16세기 스페인 탐험가들이 로키산의 흙과 바위들이 붉은색이라고 해서 이러한 이름을 붙였다. 콜라라도주는 '국립공원주'라는 별칭에 걸맞게 많은 보호 지역들과 천연기념물이 있다.

⊙ **신들의 정원(콜로라도 스프링스)**
: 덴버에서 남쪽으로 약 1시간 정도 거리에 있다. 콜로라도 스프링스는 고급 여름 휴양도시이면서 가장 인기 있는 관광 명소 중 하나다. 기괴한 형상의 붉은 바위가 아름다운 '신들의 정원'이 대표적인 명소다.

LINN&YERIN'S DIARY

2018년 6월 2일

차에서 일어나보니 5시였다. 일어나서 가족 모두 편의점에 들러서 화장실에 갔다. 그리고 10시까지 운전하다가 맥도널드에서 컵라면, 해시 브라운, 햄버거를 먹고 또 가다가 옷 쇼핑을 하고 12시 반쯤 숙소에 도착했다. 나랑 김예린은 숙소에서 유튜브를 봤다. 저녁에는 아빠가 일어나 덴버 다운타운에 가자고 해서 콜로라도 로키스 야구장을 밖에서만 구경하다가 어두워지자 다시 숙소로 돌아왔다. 그리고 난 유튜브를 보다가 배가 고파서 짜장밥과 어묵국을 먹고 잤다.

Part 4.

로키산
(여행 3일 차)

| 베어 레이크, 에메랄드 레이크 트레일, 트레일 리지 로드 |

사실 오늘부터 본격적인 여행을 시작하는 날이라고 할 수 있다.

미국에 온 지 3일 차가 되었지만, 그동안에는 주로 이동하는 일정이었기에 여행이라기보다 준비 기간이라고 하는 편이 맞을지도 모른다.

지금까지 우리가 다녀온 해외여행의 주요 테마는 현지의 문화, 역사 유적, 건축, 예술, 휴양 등에 초점을 맞추었다고 본다. 유사한 테마로 여행을 반복하다 보면 아무래도 피로감이 느껴지게 된다. 그래서 이번 여행은 아름다운 자연경관을 자랑하는 미국의 국립공원을 중심으로 자연의 순수함과 위대함을 볼 수 있는 장소들을 방문하는 것으로 일정을 만들었다. 또한 여행 시작점이 시카고였기 때문에 미국의 중서부를 횡단하는 경로를 만들게 되었다. 이 경로에는 로키산, 캐니언 루프, 데스밸리와 요세미티 등의 국립공원이 포함되어 있어 여행 목적과 부합하는 조건이라 더할 나위 없이 훌륭한 여행이 될 것 같다는 기대를 하고 준비하였다. 단, 일반적인 생각으로는 상상하기 힘든 먼 거리를 단시간에 이동해야 하는 어려운 문제점이 있었다. 우리나라와 비교할 수 없는 미 대륙이라는 큰 땅은 나에게 여태껏 살면서 경험해 보지 못한 먼 거리를 장시간 운전해야 하는 큰 숙제를 안겨 주었다. 그러나 평소에 다져온 체력과 여행 경험으로 이를 충분히 소화해낼 수 있으리라고 예상하고 있다.

덴버 → 로키산 → 모압

알파인 방문자 센터

베어 레이크

덴버

6시간40분 (451km)

모압

북미 대륙을 가르는 대자연 로키

⊙ 로키산 국립공원(Rocky Mountain National Park)

: 로키산 국립공원은 북미 대륙의 등뼈 구실을 하는 로키산맥의 웅장함을 집약한 분수령이다. 해발 고도가 3,000~4,000m 이상인 높은 봉우리들이 수없이 많고, 3,700m가 넘는 정상 부근까지 차로 접근할 수 있다. 높은 고도는 한여름에도 서늘한 툰드라 기후를 보여준다. 또한, 트레일의 총 길이가 약 600㎞에 이르고, 공원 안에 형성된 크고 작은 호수는 약 150개나 된다. 봄, 여름, 가을에 방문하면 절경을 품은 풍경을 공원 전체에서 볼 수 있다. 단, 겨울에는 폭설 때문에 폐쇄되는 곳이 많다.

⊙ 에스테스 파크(Estes Park)

: 해발 2,293m에 자리한 에스테스 파크는 1800년대 중반부터 사냥꾼들이 찾아들면서 마을이 형성된 후 맑은 공기와 뛰어난 자연경관을 배경으로 관광과 휴양을 겸한 명소로 발전했다. 관광객을 위한 숙소와 관광 케이블카 등이 갖춰져 있고, 퍼레이드, 연극제 등의 연례행사와 역사, 문화 박물관들이 많다.

⊙ 트레일 리지 로드(Trail Ridge Road)

: 이 길은 로키산맥의 능선 부분을 달리는 34번 국도의 일부로, 에스테스 파크에서 산 너머 서쪽 그랜드 레이크(Grand Lake)까지 77㎞ 길이이고, 최고 높이가 3,713m로 미국에서 가장 높은 위치에 있는 포장도로다. 도로 중간에 있는 전망대에 올라서면 눈 덮인 분수령의 능선과 그 밑에 산재한 호수와 밀림이 만들어내는 경치가 아름답고 웅대하다.

⊙ 베어 레이크(Bear Lake)

: 베어 레이크까지 자가용으로 들어갈 수는 있으나 관광객이 많은 한여름철에는 호수 입구 주차장에 차를 세우고, 15분마다 출발하는 셔틀버스로 가야 한다. 베어 레이크에 도착하면 유명한 하이킹 코스가 시작되는데, 비교적 코스가 완만하고 도중에 여러 개의 호수가 있는 훌륭한 경치를 즐길 수 있다.

로키산맥은 캐나다에서 쭉 뻗어 내려와 미국을 가로질러서 멕시코까지 뻗어 있는데, 콜로라도주에 속하는 로키산맥의 일부가 로키산 국립공원이다. 여기서 알아 두어야 할 중요한 점이 있는데, 로키산 국립공원 안은 물론이고 로키산맥 어디에도 로키라는 산은 없다. 그저 이 일대에 있는 산 전체를 '로키산(Rocky Mountain)'이라고 한다. 이 산은 보통 3,000~4,000m 높이의 고봉들과 거대한 호수, 만년설이 남아있는 빙하 지대, 울창한 숲 등으로 이루어져 있다. 미국인뿐만 아니라 전 세계인들이 이러한 로키산이 가진 다양한 모습을 보기 위해 찾아온다. 거미줄처럼 이어진 수많은 트레일과 전망대 중 로키산을 가장 대표하면서 짧은 시간으로 다녀올 수 있는 트레일 코스와 전망대를 찾아보고 비교해 보았다. 이렇게 해서 만든 로키산 여행 일정은 에메랄드 트레일에서 하이킹을 하고, 트레일 리지 로드를 드라이브하는 것이나.

동이 틀 무렵에 일어나 산에서 먹을 아침 도시락(유부초밥과 주먹밥)을 만들었다. 곧이어 차에 짐을 싣고 체크아웃을 하자마자 베어 레이크를 향해 출발하였다. 덴버에서 북쪽으로 달리면 오른편은 초원 같은 평원이고, 왼쪽으로는 로키산이 병풍처럼 펼쳐진다. 산 아래의 푸른 초목들은 조용한 스위스의 시골 풍경을 연상시키고, 산의 정상은 만년설로 덮여 있다. 한참을 달려 덴버에서 북쪽으로 113㎞ 떨어진 에스테스 파크에 도착했다. 이 마을은 휴양지로 유명하기 때문인지 호숫가에 리조트가 많아 보인다. 이런 이유로 이

덴버 인근 초원

에스테스호수(에스테스 파크)

곳에 첫 번째 숙소를 마련하려고 하였다. 하지만 덴버 다운타운과 거리가 멀고, 전날 장거리 운전에 따른 피로감 때문에 조금 더 휴식을 취하고자 덴버에서 가까운 곳에 머물렀다. 로키산을 횡단하기에 앞서 에스테스 파크에서 주유를 하고 베어 레이크로 향했다. 국립공원 입구(매표소)에 도착했을 때, 벌써 상당히 많은 차량이 입장료를 지불하고 매표소를 통과하기 위해 줄을 서 있었다. 시간이 늦어지면 방문객이 많아져 베어 레이크와 멀리 떨어진 주차장에 차를 세워두고 셔틀버스를 이용해야 할지도 모른다는 우려 때문에 서둘러 새벽부터 일어나 움직인 이유가 여기에 있었다. 우리에겐 한국에서 이미 구입한 애뉴얼 패스(Annual Pass, 연간 패스, 비용 80달러)가 있었다. 애뉴얼 패스 소지자들은 매표소를 통과하는 라인이 별도로 있다. 직원에게 애뉴얼 패스를 보여주었더니 로키산 안내도를 건네주었고, 우리는 빠르게 매표소를 통과할 수 있었다.

♟ 보석처럼 빛나는 에메랄드 레이크

알프스 같은 산길을 10여 분간 굽이굽이 올라가면 해발 3,000m에 가까운 베어 레이크 주차장에 도착하게 된다. 주차장에는 벌써차들이 절반 가까이 들어차 있었다. 본격적인 하이킹을 나서기에앞서 화장실에 다녀오는 것이 필수다. 이곳 화장실은 깔끔한 외부와는 달리 내부는 수세식이 아닌 푸세식(재래식) 좌변기로 되어 있다. 오랜만에 보는 푸세식 화장실은 나조차 불편하게 느껴지는데, 이런 화장실을 처음 사용하는 아이들은 굉장히 힘들었을 것이다. 가족들은 몇 번의 시도 끝에 마침내 볼일을 보고 나왔다. 푸세식화장실은 린과 예린에게 화장실 문화에 대한 많은 이야기를 들려주는 계기가 되었다. 예전에 우리나라 대부분의 화장실은 모두가이런 화장실이었고, 그 이진 시대에는 일을 볼 때나나 아궁이에서나온 재를 이용하여 인분을 처리하였다는 이야기를 들려주니 아연실색한다. 비록 푸세식이지만 공원의 공중화장실은 깨끗하게 관리되고 있다. 굳이 국립공원에 푸세식 화장실을 설치한 이유가 분명히 있으리라 생각했는데, 아니나 다를까, 자연 훼손을 최소화하기 위해 미국 국립공원 대부분은 이와 같은 방식의 화장실을 운영하고 있다.

최대한 간편한 차림으로 트레일을 걷기 시작했다. 하이킹을 시작하는 분위기가 무르익는가 싶었는데, 몇 미터 가지도 않아서 베어

베어 레이크(Bear Lake)

뷰 포인트에서 본 로키산

레이크가 눈에 들어왔다. 맑게 빛나는 베어 레이크의 물은 파란 하늘의 구름조차 세세하게 거울처럼 비추며 푸른빛을 내고 있었다. 초록색 나무와 회색 바위로 덮인 산과 파란 하늘 그리고 이 풍경을 수면 아래에서 비추는 호수가 어우러져 한 폭의 수채화를 보고 있는 느낌이다. 그림을 그릴 줄 안다면 당장이라도 풍경을 화폭에 담아가고 싶은 마음이 든다. 그러나 우리에겐 카메라가 있다. 평소 사진에 관심이 없던 린과 예린이도 카메라를 들고 나름의 뷰 포인트(View Point)를 찾아 계속해서 셔터를 눌러댔다. 흥이 난 예린이는 6월임에도 녹지 않은 눈길에 넘어졌는데도 좋다며 벌떡 일어나 뛰어다닌다. 두 달 만에 엄마, 아빠를 만났음에도 함께 여행하다 보니 아이들의 행동이나 말투는 이전과 전혀 달라진 것이 없어 보인다.

님프 레이크(Nymph Lake)

녹지 않은 눈길 트레일

　빙하에 의해 만들어진 많은 호수 중에서도 모양이 곰 발바닥과 닮았다고 해서 이름 붙여진 베어 레이크는 님프 레이크, 드림 레이크, 에메랄드 레이크를 잇는 트레일의 출발점이다. 아직 본격적으로 트레일을 시작하지도 않았는데, 출발점인 베어 레이크를 한 바퀴 돌면서 한참 동안 시간을 보낸 듯하다.

　계획했던 에메랄드 트레일 코스(베어 레이크↔님프 레이크↔드림 레이크↔에메랄드 레이크)는 3㎞ 정도의 거리로, 왕복 3시간을 목표로

하고 있다. 그런데 베어 레이크 풍경에 빠져 출발조차 하지 못하고 있다.

정원 같은 느낌의 트레일 코스는 경사가 완만하고 코스마다 다른 볼거리를 제공하기 때문에 지루함을 느낄 겨를도 없이 하이킹을 즐길 수 있다. 800m쯤 걷다 보면 에메랄드 호수로 가는 3개의 호수 중 첫 번째 호수인 님프 레이크가 숲속에서 나타난다. 베어 레이크에 비해 크게 인상적이지 않아 보이는 작은 규모 때문에 요정들의 호수라는 이름이 붙여졌는지도 모르겠다. 하지만 밤이 되면 숲에서 요정들이 나올지도 모르는 아름다운 호수인 것만은 분명하다. 이 요정 호수를 반 바퀴 정도 돌면 드림 레이크로 올라가는 트레일로 이어진다. 트레일을 따라 언덕에 올라서니 요정 호수와 숲이 아름답다. 하이킹 중 이런 멋진 뷰 포인트를 만날 때마다 잠깐이라도 걸음을 멈추고 풍경을 구경하지 않을 수 없으니 걸음이 더디기만 하다. 이렇게 지루할 틈 없이 걷다 보니, 금세 드림 레이크가 눈앞에 펼쳐졌다. 드림 레이크는 기다란 형태의 호수로 몽환적인 느낌을 준다. 그래서 드림 레이크라고 이름 붙였는지도 모르겠다. 드림 레이크를 지나면 수량이 풍부한 계곡을 따라 경사가 상당히 가파른 길이 이어진다. 아직 녹지 않은 길이 나오면 미끄러지지 않도록 서로 손을 잡고 조심해서 가야만 안전하게 갈 수 있다. 곳곳에서 미끄러져 넘어지는 사람들이 속출하지만, 오히려 기대하지 않았던 특별한 액티비티(Activity)라고 생각하며 즐겁게 하이킹을 즐긴다. 오직 백인들만 있는 트레일에서 유일한 동양인인

[할렛 피크(Hallett Peak)와 에메랄드 호수(Emerald Lake)]

드림호수(Dream Lake)

우리 가족에게 만나는 사람마다 작은 소리로 "굿모닝.", "하이.", "헬로."
라는 인사를 건네며 미소를 짓고, 어떤 이는 하이파이브도 하면서 하
이킹의 즐거움을 함께 나누는 보기 좋은 모습을 경험하게 된다.

　마지막 구간이 약간 힘들기는 하였으나 에메랄드 트레일은 그 이
상의 가치 있는 아름다운 풍경을 선물한다. 눈앞에 펼쳐진 호수는
그 이름에 걸맞은 환상적인 그림을 연출하고 있다. 알프스 아이거
산이 연상되는 높이 솟은 바위산과 그 아래에 있는 호수가 푸른
하늘과 함께 어우러져 눈을 황홀하게 만든다.

많은 여행자가 에메랄드 레이크를 전망할 수 있는 바위에 앉아 쉬면서 간식 혹은 도시락을 먹으며 대화를 나누는데 조용하고 잔잔한 분위기다. 그들은 소곤거리듯 조용히 말하고, 멀리 있는 누군가를 부를 때도 큰 소리로 부르는 법이 없다. 이런 분위기 때문에 높은 곳에 올라가 있는 린을 부를 때는 큰 소리를 내는 것이 조심스러워 최대한 소리를 작게 해서 린에게 내려오라는 말을 건넸다. 장난치는 린과 예린의 목소리가 커져서 조용히 하라고 소리 낮춰 말을 건네자, 예린이가 말한다.

"한국에서 산에 올라가면 '야~호!' 하면서 소리를 질러대며 메아리를 만드는데, 아빠는 지금 미국 사람처럼 행동하는 거야? 평소엔 아빠 목소리가 제일 크면서~. 하하하!"

"로마에 가면 로마법을 따라야 한다는 말을 모르는 거니? 이곳 사람들의 트레일 문화가 조용하니, 우리도 조용히 하면서 예절을 지켜야지. 시끄럽게 소리를 낸다면 저들이 우리 동양인을 어떻게 생각하겠니? '어글리 코리안'이라고 하지 않겠어?"

"그건 그래요~. 인정할게요."

지금껏 겪어보지 못한 하이킹 문화였다. 우리도 준비해 온 도시락(주먹밥과 유부초밥)으로 아침 식사를 하고 에메랄드 호숫가에서 피크닉을 이어갔다.

아름다운 풍경에 취해 꽤 오랫동안 에메랄드 레이크에서 머물렀다. 로키산은 우리의 방문을 환영하는 듯 좋은 날씨를 보여준다. 감청색 하늘에 하얀 물감을 뿌려 놓은 듯이 보이는 하늘과 맑은 공기 때문에 또렷하게 풍경을 감상할 수 있고, 간혹 나타나는 엘크(Elk)와 정체를 알 수 없는 야생 동물도 구경하며 천천히 베어 레이크로 돌아왔다.

🪧 환상적인 드라이브 코스, 트레일 리지 로드

에메랄드 레이크까지 다녀오는 하이킹을 끝냈으니, 베어 레이크 앞 주차장을 떠나 트레일 리지 로드를 타고 로키산 국립공원을 횡단해야 한다. 트레일 리지 로드는 34번 국도의 일부로, 1932년에 만들어졌다. 최고 높이가 3,713m로 미국 자동차 포장도로 중에서는 고도가 가장 높다. 고도가 높아 하이킹할 때 고산 증세를 느끼는 사람이 많다고 한다. 이 도로를 따라 드라이브하면서 만나는 매니 파크스 커브 오버룩(Many Parks Curve Olverlook), 레인보우 커브 오버룩(Rainbow Curve Overlook), 포레스트 캐니언 오버룩

(Forest Canyon Overlook), 머쉬룸 록(Mushroom Rocks)에 차례로 정차하여 풍경을 감상하고, 알파인 방문자 센터(Alpine Visitor Center)에서 잠시 쉬었다 갈 계획이다.

비교적 평탄한 초원처럼 펼쳐진 평지가 끝날 무렵에는 소나무 숲을 만나게 된다. 이 소나무가 반듯해서 인디언들이 천막의 지주 목으로 사용했다고 하여 롯지폴(Lodgepole) 소나무라고 이름을 붙였다. 이 소나무 숲에 들어서자 가파르고 경사진 길이 시작된다. 어느 정도 올라가니 매니 파크스 커브 오버룩에 이르렀다. 주차장에 차를 세우고 전망대로 가면 초목들이 펼쳐진 넓은 평원과 만년설이 쌓여 있는 바위산들이 함께 어우러져 있는 로키산의 한 편을 보게 된다. 다시 차를 타고 레인보우 커브 오버룩으로 향했다. 고도가 높아지면서 나무들이 사라지기 시작하고 아직 녹지 않은 눈이 도로변에 높이 쌓여 있어 이채롭게 보인다. 잠시 차를 세워 퇴적층을 이루고 있는 눈을 구경하면서, 지난겨울 동안 내렸을 눈의 양을 상상해 본다. 린과 예린은 눈 퇴적층에 자신의 이름을 새긴다. 눈이 녹으면 곧 사라지겠지만, 로키산에 다녀간 흔적을 사진으로 남기는 추억을 만들고자 함이다. 레인보우 커브 오버룩을 지나 포레스트 캐니언 오버룩에 가까워지면 산림 한계선(Tree Line, 산림이 형성될 수 있는 최대 해발 고도)이 보이기 시작한다. 더 높은 고도에서는 낮은 기온과 희박한 공기와 수분의 부족으로 나무가 자랄 수 없다. 고도가 3,600m나 되는 포레스트 캐니언 오버룩에 이르니 고

포레스트 캐니언 오버룩

매니 파크스 커브 오버룩

산 생태계(Alpine Ecosystem)가 되어 나무는 전혀 없고 북극에서나 볼 수 있는 툰드라 기후를 체험하게 된다. 날씨도 제법 추워져 잠바를 챙겨 입고 100여 미터 떨어진 전망대로 향해 가는데 서쪽 하늘의 구름이 짙어졌다. 로키산은 연중 300일 이상 맑고 쾌청하여 구름 낀 모습을 보기 어렵다고 하는데, 곧 비라도 올 것 같았다. 바위를 깎아 길을 만든 록 컷(Rock Cut)을 지나면 툰드라 트레일헤드가 나온다. 시간의 여유가 있다고 판단되어 버섯 모양의 머쉬룸 바위까지 트레일을 따라가 보기로 했다. 포장된 길이라 슬리퍼를 신고서 600m 정도 되는 거리를 걸었다. 경사가 심하지 않았음에도 숨이 가빠지면서 조금씩 어지럽고 집중력이 떨어지는 걸 느끼기 시작했다. 아이들과 아내도 두통을 호소하며 힘들어하기는 마찬가지다. 고도가 3,640m나 되는 고산지대라 난생처음으로 고산증세를 체험하게 되었다. 해발 고도 3,000m 정도에 이르면 산소 농도가 보통 때의 68% 수준으로 떨어진다고 하니, 일반 사람이라면 고산 증세를 피해갈 수 없을 것이다. 그래도 이왕 나선 김에 툰드라 지역의 모습을 제대로 보고 싶어 머쉬룸을 지나 트레일 끝까지 걸어가 정상에 올랐다. 이때 갑자기 진눈깨비가 흩날리기 시작했다. 서둘러 되돌아가려 했지만, 가쁜 숨만큼 걷기도 힘들었기 때문에 진눈깨비에 옷이 젖더라도 걸어갈 수밖에 없었다.

툰드라 트레일

그란비 호수

톨 메모리얼(Toll Memorial, 혹은 툰드라) 트레일에서 시간을 많이 소비한 탓에 서둘러야 할 것 같았다. 그래도 용암이 굳어 절벽이 되었다는 라바 클리프스(Lava Cliffs)와 고어 레인지 오버룩(Gore Range Overlook)에서 차를 잠깐 세우고 풍경을 사진에 담았다. 그리고 시간이 부족한 관계로 알파인 방문자 센터(Alpine Visitor Center)는 그냥 통과하기로 하였다. 이 방문자 센터는 해발 3,595m의 높이에 있어 미국에서 제일 높은 곳에 위치한 방문자 센터라고 한다.

방문자 센터에서 그랜드 호수로 내려가는 34번 도로는 한계령을 연상케 하는 꼬부랑길이다. 바위가 융기되어 형성된 산맥이 바위

투성이라 로키산이라고 불리게 되었지만 산 아래로는 롯지폴 소나무와 초원이 어우러진 아름다운 모습이다.

오후 들어 간간이 비가 내리며 바람도 거세지는 가운데 트레일 리지 로드의 끝이라 할 수 있는 그랜드 호수에 잠시 차를 세웠다. 넓은 호수를 둘러싼 산을 바라보며 로키산과 작별을 준비하는 의미에서 마지막으로 이곳의 풍경을 사진에 담았다. 비록 하루였지만 로키산은 우리에게 많은 것을 보여주며 아름다운 추억을 만들어 주었다. 언젠가 다시 방문하리라는 약속을 하고 차에 오르자 로키산의 풍경은 점점 멀어져 갔다.

오후 5시쯤, 그란비 호수(Granby Lake)를 통과했다. 그란비 호수에서 아치스 국립공원 근처에 있는 마을인 모압까지는 5시간이 넘도록 운전해야 하는 거리이다. 그란비 호수를 벗어나 크렘링(Kremmling)과 70번 고속도로에 있는 프루이타(Fruita) 휴게소에 들러 연료를 보충하고 간식과 커피도 샀다. 그리고 저녁 식사도 미루어 가며 쉬지 않고 달려 밤 10시쯤 모압에 도착하였다. 관광업을 주업으로 하는 마을의 특징 때문에 늦은 시간임에서도 모압 시내의 레스토랑이나 술집들은 영업을 하고 있어 밤거리에 활기가 느껴졌다. 우리가 묵게 된 숙소는 모압 레드 스톤 인(Moab Red Stone Inn)인데, 이 지역의 다른 숙소에 비해 가성비가 뛰어나고 평가도 좋아 예약한 곳이다.

LINN&YERIN'S DIARY

2018년 6월 3일

오늘은 새벽에 일찍 일어나 록키산에 갔다. 난 록키산에 가는 동안 차에서 잤다. 록키산에 도착해서 처음으로 본 것은 베어 레이크(Bear Lake)였다. 멋있어서 사진을 엄청 찍었다. 그곳에서 막 나대다 보니 힘들었다. 고산 지대라서 평소보다 2배는 더 힘들었다. 그다음으로 간 곳은 드림 레이크(Dream Lake)인데 그냥 베어 레이크와 비슷했다. 그래도 사진을 많이 찍고 님프 레이크(Nymph Lake)로 갔다. 진짜 님프가 나올 것 같은 비주얼이었다. 베어 레이크랑 드림 레이크랑 분위기가 달랐다. 그리고 계속 올라가는데 아빠가 계곡이 길을 막고 있어서 건너가야 한다고 했다. 그래서 건너갔다. 김예린은 무섭다고 신발도 다 벗고 엄마랑 아빠의 도움을 받아 건너갔다. 근데 알고 보니 가는 길이 따로 있었다. 황당했다. 계곡을 건너고 좀 가다 보니 통나무 다리가 있었다. 발을 조금만 삐끗해도 물에 빠질 것 같은 넓이였지만 계곡을 건너는 게 더 힘들었기에 별로 신경 안 썼다. 다리도 건너니 한여름인데 눈이 쌓여있었다. 미끄러웠다. 그래도 안 넘어지고 잘 올라와 에메랄드 레이크 (Emerald Lake)에 도착했다. 정말 멋있었다. 한여름인데 얇아 보이는 빙판도 있었다. 물론 빙판에 가지는 않았다. 뒤의 바위를 타고 올라가 높은 곳에서 구경하다가 아빠랑 옆에 있는 더 높은 곳으로 올라갔다. 낭떠러지에 돌 몇 개 있는 수준이었다. 그래서 기어서 올라갔다. 올라가 보니 그다지 차이나게 경치가 다르진 않았다. 그래서 아빠랑 사진을 몇 장 찍고 내려가는데 아빠가 자기도 무섭다면서 버리고 내려갔다. 무서웠지만 교훈을 얻었다. 아빠랑 이런 데 단둘이 가면 안 되겠다고. 그렇게 구경을 하다가 하산을 했다. 내려가는 건 빨랐지만 발이 너무 아팠다. 차에 겨우겨우 타고 중간중간에 나오는 뷰 포인트에서 구경을 하고 완전히 산에서 내려왔다. 산에서 내려오니 귀가 아팠지만, 하품을 하니 괜찮아졌다. 그렇게 7시간을 가니 숙소에 도착했다. 그리고 숙소에서 잤다.

Part 5

아치스,
캐니언 랜즈
(여행 4일 차)

| 델리케이트 아치, 데빌스 가든 트레일, 캐니언 랜즈,
멕시칸 햇, 모뉴먼트 밸리 |

🚏 시간과 자연이 빚어낸 신전, 델리케이트 아치

TIP

◉ **아치스 국립공원(Arches National Park)**
: 유타주 남쪽에 위치한 아치스 국립공원은 세계에서 가장 다양한 천연 아치와 기암괴석들이 있다. 고도가 높은 사막에 위치하여 극단적인 기온 차이와 끊임없는 물과 바람의 침식 작용이 형형색색의 사암을 2,400개가 넘는 다양한 형태의 아치로 깎이 놓았다. 또한 위태롭게 균형을 잡고 있는 바위와 우뚝 솟은 봉우리들도 매력적이다. 이 국립공원에서는 바위에 난 구멍의 지름이 1m 이상 되어야만 공식 목록에 기재되고 지도에도 올라간다.

◉ **델리케이트 아치(Delicate Arch)↔델리케이트 아치 트레일헤드 주차장(왕복 1시간 20분)**
: 델리케이트 아치는 아치스 공원의 상징이면서 미국에서 가장 상징적인 자연 지표인 덕분에 책, 사진, 엽서와 달력의 표지를 주로 장식한다. 아치의 폭은 10m, 높이는 15m에 달한다.

"동이 트는 새벽꿈에 고향을 본 후, 외투 입고 투구 쓰면 맘이 새로워

거뜬히 총을 메고 나서는 아침, 눈 들어 눈을 들어 앞을 보면서

물도 맑고 산도 고운 이 강산 위해, 서광을 비추고자 행군이라네~"

전방 철책(GOP)에서 초병 근무를 마치고 막사로 돌아갈 때, 아침마다 목이 터져라 불렀던 군가다. 이렇게 주입된 기억 때문에 새벽에 일어나 활동할 때면, 이 군가가 머릿속에서 저절로 맴돈다. 그 시기는 젊은 청년이 그동안 겪어보지 못했던 여러 가지 일들을 극복해야 하는 힘든 시련의 시기였다. 극단적인 혹서와 혹한이 공존하는 혹독한 환경에서 달과 별 보기가 유일한 위안거리가 되곤 했던 군 생활의 기억은 25년이 지난 지금에야 비로소 추억이라고 말할 수 있을 것 같다. 지금도 1~2년에 한 번쯤 군대에 다시 간다거나 전쟁이 일어나는 꿈을 꾸는 형편이라 새벽에 일어나 활동을 시작하면 수면 아래에 있던 트라우마가 활성화되어, 그때 그 일들이 연상되곤 한다. 하지만 오늘 새벽만큼은 그 상처를 치유하기에 좋은 약이 되길 기대한다.

전날 밤, 캐니언 루프 지역 중 하나인 아치스 국립공원 인근에 있는 마을 모압에 도착하여 숙소 사무실에서 들은 이야기가 있다. 이 지역 날씨는 6월 초순임에도 매우 덥기 때문에 한낮에 즐기는 하이킹은 상당히 힘든 편이라고 한다. 그래서 더운 낮에는 햇볕에 오랫동안 노출되지 않도록 가급적 렌터카로 이동하는 시간을 많이 갖도록 하고, 하이킹 같은 활동은 새벽이나 아침 또는 늦은 오후에 하는 편이 좋을 것 같다는 판단을 하게 되었다.

아치스 국립공원에는 2천여 개의 아치가 있지만, 대부분 사람의 발길이 닿지 않는 곳에 있어서 실제로 우리가 볼 수 있는 아치는 그리 많지 않다. 수많은 아치 가운데서도 아치스 국립공원의 아치를 대표할 수 있는 아치는 바로 델리케이트 아치(Delicate Arch)다. 일출과 일몰 때, 여러 가지 색으로 변하는 아름다운 델리케이트 아치의 풍경을 보기 위해 수많은 관광객이 이곳으로 모여든다. 그래서 새벽에 출발하여 여명이 드는 델리케이트 아치의 풍경을 감상하고, 데빌스 가든 트레일헤드(Devils Garden Trailhead)로 이동하여 더블 오 아치(Double O Arch)까지 하이킹하는 오전 계획을 세워두었다. 어젯밤 사무실에서 체크인할 때, 델리케이트 아치에서 여명을 보려면 숙소에서 몇 시에 출발해야 하는지 물어보았다. 주인은 일출·일몰 시각표를 살펴보고 잠깐 생각하더니, 4시 40분에는 출발해야 한다고 알려주었다.

아내와 함께 4시에 일어나 마치 소풍 준비를 하는 것처럼 주먹밥과 유부초밥을 만들어 도시락을 준비하고, 이를 작은 생수 4병과 함께 배낭에 넣고서 길을 나섰다. 린과 예린은 새벽에 일어나는 일이 힘들었던지 '아닌 밤중에 무슨 홍두깨냐?'라는 표정으로 눈을 비비고서 일어나 길을 나서는 이유가 뭔지 궁금해하지도 않고, 이 상황을 이해하려는 것조차 귀찮다는 듯 차에 오르자마자 다시 잠에 빠졌다. 유난히 별빛만 반짝이는 칠흑과 같은 어둠 속에서 외길을 따라 30분 정도 달려 델리케이트 아치 트레일헤드에 도착하였다. 주차장에는 벌써 30여 대의 차량이 도착해 있었다. 캠핑 온 여행자들인지, 혹은 우리보다 서둘러 달려온 여행자들인지 잘 모르지만, 새벽 공기를 좋아하는 사람들이 꽤 많다는 것으로 여겨진다. 사막 같은 황야의 새벽 공기는 쌀쌀하기에 린과 예린은 담요한 개씩 둘러메고, 하늘과 땅의 경계선이 희미하게 보이는 어둠을 뚫고 델리케이트 아치를 향해 걷기 시작했다. 길 앞쪽에서 우리보다 앞서 출발한 사람들의 소리가 들리는데 어둠에 가려 보이지 않는다. 언덕 같은 바위투성이 길을 걷는데 어둠이 트레일 식별을 어렵게 한다. 그나마 스마트폰에 랜턴 기능이 있어 길을 찾아갈 수 있었다. 시간이 흐르자 여명이 들기 시작하고, 신새벽 풍경이 보이기 시작하였다. 델리케이트 아치에서 일출 사진을 담고 싶은 욕심에 가족들을 뒤로하고서, "나 먼저 가서 델리케이트 아치에서 기다릴게."라는 말을 건네고 걸음을 빠르게 옮겼다. 그때부터 가족들은 뒤로 처지기 시작하더니 점점 멀어졌다. 곧 가족을 돌보지 않은 일에 대해 하늘이 벌하셨다. 한참 가다 보니 길이 사라졌다. 길을 잘못 든 것이다. 트레일 표지판을 무시하고 지름길이라고 느껴지는 방향을 따라 길을 이탈했던 것이 문제였다. 잠시 헤매다 델리케이트 아치 근처에서 가족들과 재회하게 되었다. 가족들의 비난이 쏟아졌다.

"아빠~! 우리 가족 가장 맞아?" (린)

"그러니깐 같이 가자고 했잖아~. 여기에서 길이라도 잃어버리면 어떻게 하려고 그래! 나는 길치라서 길을 잃어버리면 큰일 난다고~! 이 황야에서 길 잃으면 말라 죽는 거 아냐? 욕심내서 혼자 가더니 꼴좋다!" (아내)

"나는 아빠 따라가느라 힘들어 죽는 줄 알았어~! 헉헉!" (예린)

한마디씩 하는 질책에 대해 나는 아무런 말도 못 하고 그저 눈만 껌뻑거렸다. 어쨌든 1.5마일(2.4㎞) 정도의 거리를 빠르게 걸었기 때문에 35분 만에 델리케이트 아치 근처에 도착하였다. 날이 어느 정도 밝아 오기는 했지만, 일출은 볼 수 있을 것 같아 기분이 좋았다. 아치 전망대로 가는 길은 절벽을 깎아 만든 벼랑길로 안전 펜스조차 없다. 린은 겁이 났던지 더 이상 가는 것을 거부하였다. 여기까지 왔는데 포기할 수 없어 린의 손을 잡고 벽에 바짝 붙어서 정면이나 하늘을 보고 걷게 하였다. 그렇게 벼랑길을 통과하자 거

대한 델리케이트 아치가 떡하니 눈앞에 나타나는데, 마치 신들의
세계에 들어가는 것처럼 느껴진다.

델리케이트 아치 일출

델리케이트 아치와 홀

델리케이트 아치

벼랑 길

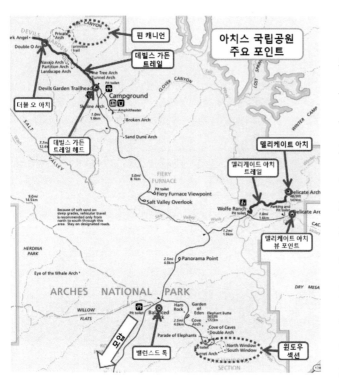

상상을 초월하
는 크기의 아치는
웅장하고 장엄함
을 넘어 신비롭게
느껴진다. 꿈속에
서나 볼 수 있는
가상 세계에 와 있
는 것 같기도 하
다. 아치 아래에 서
있는 사람을 보면
그 크기를 짐작할
수 있을 것이다. 지
평선이 보이는 황

야에 우뚝 솟은 아치는 비바람에 바위가 깎여 만들어졌다고 하지
만 신이 만들었다고 하지 않고서는 이해하기 어렵다고 하는 편이
옳을 듯하다. 계속해서 감상에 빠져 여러 가지 생각을 하게 된다.
이 창조물은 SF 영화에 나오는 화성을 연상시키기도 하고, 외계인
이 만들어 놓은 황야의 상징물이었을 것 같다는 생각도 하게 된
다. 아내는 두 팔을 뻗고 한 손의 주먹을 다른 손으로 감싼 형상을
하고 있다고 한다. 영겁의 세월이 빚어낸 숭고한 자연의 작품을 보
고 있자니 자연 앞에서 인간은 그저 잠시 살다가는 하루살이 같
은 삶이라는 생각이 문득 머릿속을 휘젓는다. 언제 왔는지 모르는

20여 명의 여행자도 일출을 기다리고 있었다. 모두가 백인들인데 캐나다, 멕시코, 뉴욕 등지에서 온 여행자라고 하는 것으로 보아 이곳 현지인들은 없는 것 같다. 이렇게 부지런히 움직이며 새벽길을 나서는 여행자는 우리 가족뿐이라고 생각했는데, 먼저 도착한 여행자들을 보니 우리의 새벽 일정이 지나치게 유난을 떤 계획이 아니었다는 생각이 든다. 해가 뜰 시간이 되어 아내와 함께 가장 높은 바위 위에 올라가기로 하고, 춥다면서 담요를 덮어쓰고 벽에 기대어 있는 린과 예린은 쉬도록 하였다. 해가 뜨기 시작하자 사진을 찍기 위해 높은 위치에 올라온 사람들이 셔터를 눌러대기 시작한다. 일출 사진은 역광 때문에 제대로 된 사진을 건지기 힘들다. 이런 때는 카메라의 포커스를 계속해서 이동하여 찍다 보면 마음에 들 만한 사진을 몇 컷 건질 수 있다. 그렇게 해서 괜찮은 일출 사진을 몇 장 건졌으니 성공이다. 이곳에서 만난 사람들은 가볍게 서로 인사하고 사진도 찍어 주면서 아름다운 풍경을 함께 감상하고 느낌을 이야기하는데 금세 친구가 되는 것 같다. 사람들이 많지 않은 곳을 여행하다 보면 여행자들은 쉽게 친해지고 서로 배려하면서 어려운 일이 생기면 도와주게 되는데, 따뜻한 인지상정으로 보인다. 일출을 보기 위해 올라온 사람 속에는 중국인들도 있다. 유일한 동양인은 중국인과 우리 가족인데, 역시 중국인들은 큰 소리로 말하고, 백인들은 조용히 말한다. 해가 어느 정도 높은 고도에 이르니 아치에 부딪히는 햇빛이 오렌지색으로 밝게 빛나며 아름다움이 더해진다. 쌀쌀한 공기는 따뜻한 햇볕을 피해 물러나고, 일출을 보았던 여행자들은 아치 밑에서 마지막 인증 사진을 찍고 자리를 뜬다. 아무도 없는 델리케이트 아치 아래서 독사진을 찍는 모습은 부지런한 사람들에게 주어지는 특권일 것이다. 한낮이 되면 아무래도 많은 관광객이 몰려올 것이므로 한가로운 모습은 아닐 것 같다. 우리도 다음 여정인 데빌스 가든 트레일에 가기 위해 한동안 앉아있던 자리를 털고 일어났다.

이른 아침인데도 벌써 더워지기 시작한 탓에 델리케이트 아치를 향해 올라오는 사람들이 힘들어하며 내려가고 있는 우리 가족에게 아치까지 얼마나 남았는지 물어본다.

그런 질문에는 항상 같은 대답을 해 준다.

"조금만 더 가면 됩니다(Not so far)."

지금 올라가는 여행자들처럼 이 시간에 하이킹을 시작했다면 뜨거워지는 날씨 때문에 많이 힘들었을 것 같다. 새벽에 일어나 서둘러 하루를 시작하는 계획은 일출도 보고, 더위도 피하면서 시간도 벌게 되었으니 좋은 결과를 얻었다고 본다.

🚻 악마의 쉼터, 데빌스 가든 트레일

주차장으로 돌아와 준비한 도시락으로 아침 식사를 하고 나서 차를 타고 데빌스 가든(Devil's Garden) 트레일 입구로 향했다.

숙소에서 나설 때는 어두워서 보지 못했던 풍경이 눈앞에 펼쳐졌다. 크고 작은 황적색 바위들이 경쟁하듯 기묘한 형상으로 늘어선 아치스 국립공원은 황량하면서도 화려하게 보이기 때문에 범상치 않을 것 같은 예감이 든다. 데빌스 가든 트레일헤드에 도착하기도 전에 먼저 여러 아치를 볼 수도 있다. 오전 8시임에도 불구하고 트레일 입구 주차장에는 벌써 많은 차가 주차되어 있다. 차에서 내리자 따가운 햇볕이 그늘을 찾게 만든다. 생수 두 병을 준비해야 한다는 설명이 그림과 함께 게시판에 안내되어 있는 걸 보면 이 트레일의 더위가 어느 정도일지 알 수 있을 것이다.

데빌스 가든 트레일은 3개의 트레일로 나눌 수 있다.

첫 번째, 주차장에서 랜드스케이프 아치(Landscape Arch)까지 트레일[편도 0.8마일(1.3㎞)] 코스.

두 번째, 랜드스케이프 아치에서 더블 오 아치까지 트레일[편도 1.2마일(2㎞)]코스.

세 번째, 다크 엔젤(Dark Angel)까지 다녀온 뒤, 프라이빗 아치(Private Arch)를 지나는 프리미티브 루프 트레일(Primitive Loop trail)을 돌아 나오는 7.2마일(11.5㎞)의 코스다.

우리는 첫 번째와 두 번째에 해당하는 더블 오 아치까지 다녀오는 계획을 세워두었다.

랜드스케이프 아치(Landscape Arch)　　　　　　　　　　TIP

⊙ 랜드스케이프 아치는 폭이 100m나 되는 데빌스 가든 트레일을 상징하는 대형 아치다. 1991년에 아치의 큰 부분이 떨어져 나가는 사건이 발생했는데, 길이 20m, 폭 3m에 두께가 1m에 달하는 아치의 윗부분이 아래로 떨어지면서 아치를 지지하고 있던 비교적 얇은 암석만이 남아있게 되었다. 그래서 이 아치는 오래가지 않을 것이라고 한다.

트레일헤드에서 출발하자마자 양옆으로 거대한 사암 벽기둥이 늘어서 있어 여행자들을 환영하는 것처럼 보인다. 이 사암 벽기둥을 통과하자 그리 멀지 않은 곳에 터널 아치와 파인 트리 아치가 있다는 안내 표지판이 나온다. 이 아치들은 멀리서 슬쩍 보는 것으로 만족하고 빠르게 지나갔다. 자연이 만든 소박한 정원처럼 보이는 지역을 통과하자 멀리 랜드스케이프 아치(Landscape Arch)가 보이기 시작한다. 처음 눈에 들어왔을 때와는 달리 가까이 다가갈수록 그 규모가 확연히 다르게 보인다. 또한 보는 각도가 바뀔 때마다 모양이 변하는 신비감을 보여준다. 이 아치는 세계에서 가장 긴 아치라는 상징성을 갖고 있기는 하지만 언제 무너질지 모르는 상태라고 한다. 그것을 대변하듯 1991년에 아랫부분이 무너져 내려 가늘고 기다란 형태를 보여주게 되었다.

아치스 국립공원에서는 비바람에 의해 바위의 약한 퇴적층은 깎여나가고 단단한 퇴적층만 오래도록 남게 되면서 아치가 만들어지게 된다. 그렇게 탄생한 아치는 계속되는 세월의 비바람에 결국 무너지게 된다. 하지만 또 다른 아치들이 새롭게 생성되어 다음 세대를 잇게 된다.

결국 현존하는 모든 아치는 세월 앞에 모두 무너져서 사라지고, 인류가 사라질지도 모를 먼 훗날에는 새로운 아치들이 자리하게 될 것이다.

거대한 판상 벽

사암 능선을 오르는 트레일

랜드스케이프 아치

핀 캐니언

핀 캐니언 바위 능선

더블 오 아치

랜드스케이프 아치를 뒤로하고 경사진 사암 능선을 올라가려고 하는데, 모래가 있어 쉽게 미끄러진다. 게다가 생각보다 높은 위치까지 올라가기 때문에 린과 예린이 힘들어한다. 서로 손을 잡아가며 어렵게 능선에 오르자 왼편에 월 아치(Wall Arch)와 파티션 아치(Partition Arch)가 살짝 보인다. 아치의 랜드마크라 할 수 있는 랜드스케이프 아치를 본 직후라 그런지 그다지 감동이 느껴지지 않아 가까이 가지 않고 그냥 통과했다.

더블 오 아치로 가는 트레일은 비교적 평탄한 사암 능선을 계속해서 걷게 되는데, 오른쪽을 보게 되면 바위를 슬라이스처럼 잘라서 꽂아놓은 것처럼 보이는 핀 캐니언(Fin Canyon)이 펼쳐져 있다. 거대한 사암이 가늘고 거친 모래바람과 빗물에 깎여 핀(Fin, 지느러미 같은 모양)처럼 얇게 만들어져서 생성된 핀 캐니언이다. 마치 음식을 관장하는 신이 바위로 포테이토를 만들기 위해 썰어 놓은 건 아닌지 모르겠다. 알고 보니 우리가 하이킹하는 이 사암 트레일도 핀 캐니언의 한 조각을 이루는 핀이었다. 우리는 이미 핀 캐니언 속에서 걷고 있는 것이었다. 마치 잘 꾸며 놓은 정원의 산책로 같은 느낌이지만 황량하고 삭막한 느낌이 공존한다. 그래서일까? 이곳은 악마의 정원이라고 불린다. 그 이유는 잘 모르겠다. 아마 거친 자연환경 속에 있지만, 유혹적일 만큼 멋진 캐니언의 풍경 때문에 악마라는 단어를 썼을지도 모르겠다.

이렇게 지루하지 않고 볼거리 많은 트레일 코스를 만들고자 한다면, 번뜩이는 아이디어와 대단한 열정을 가진 정원사가 설계해야 할 것이다. 그렇지만 자연은 어떤 구상도 없이 시간과 비와 바람을 통해 바위를 갈고 닦아 정원을 잘도 꾸며 놓았다. 그런데 악마의 공원이 제아무리 잘난 공원이라 하더라도 린과 예린에게는 공원을 감상하는 것보다 사암 능선에서 장난치는 일이 더 흥미로웠는지 좀처럼 앞으로 나아가지 않는다. 더블 오 아치까지 너무 오랜 시간이 걸리지 않도록 채근하고 재촉한 끝에 도착한 시간은 9시 40분이다. 1시간 30분이나 소요된 하이킹 때문에 피로감이 느껴진다. 비교적 이른 시간에 하이킹했기 때문에 사람들이 거의 없어 편하게 구도를 잡아가며 사진을 찍는 여유를 부릴 수 있었다. 위아래로 구멍이 있는 더블 오 아치에 올라앉아 잠시 휴식을 취하니, 피로가 풀리고 성취감이 느껴진다. 태양의 고도가 올라갈수록 햇볕은 따가워지고, 기온도 상당히 올라가지만, 그늘에 있으면 살살 불어주는 바람 때문에 시원한 청량감이 느껴진다. 그래서인지 지쳐있던 린과 예린도 금세 기운을 회복하였다.

더블 오 아치 근처에는 프라이빗 아치(Private Arch)도 있으나 가족들과 함께 이곳까지 온 것만으로도 만족스럽다. 데빌스 가든 트레일헤드로 돌아갈 때는 판상의 사암 위를 걷는 길을 택하였다. 고소 공포가 무섭기는 하지만 시야가 넓게 펼쳐져 아치스 국립공원과 설산이 보이는 풍경이 한눈에 들어오기 때문에 그에 대한 보상은 넉넉히 받은 듯하다. 왕복 3시간이나 소요된 트레일에서 알찬 시간을 보낸 터라 기분이 좋았다. 하지만 생각보다 많은 체력을 소진하였다. 이 때문에 데빌스 가든 트레일헤드 근처에 있는 4개의 아치는 건너뛰어야만 했다. 부서진 아치라는 뜻의 브로큰 아치(Broken Arch), 모래사막을 뜻하는 샌드 듄 아치(Sand Dune Arch), 타페스트리 아치(Tapestry Arch), 스카이라인 아치(Skyline Arch)를 모두 둘러보고 싶지만, 시간과 체력이 허락하지 않는 현실에 욕심을 버려야 했다. 다만 도로변에서 스카이라인 아치를 볼 수 있었던 것으로 만족하고 아치스 국립공원 입구에 있는 방문자 센터를 향해 차에 올랐다.

어둠이 가시지 않은 새벽에 데빌스 가든 로드(Devils Garden Road)를 달려왔기 때문에 아치스 국립공원의 풍경은 아직까지 볼 수 없었다. 새벽에 왔던 길을 돌아가면서 밸런스드 록(Balanced Rock), 록 피나클스(Rock Pinnacles), 더 그레이트 월(The Great Wall), 십 록(Sheep Rock), 세 명의 재판관들(Three Gossips) 등 개성 있는 바위를 보게 되었다. 바위 아래에 마치 벽돌로 만든 기단에 건축물이나 조각품 모양으로 높이 솟아 있는 바위들은 인위적으로 조각해 놓은 듯 제각각 동물이나 사람의 형상을 하고 있다. 우리는 위태롭게 바위기둥에 얹혀 있는 밸런스드 록 트레일헤드 주차장에 잠시 차를 세웠다. 예린은 피로감 때문인지 자연이 만든 위대한 예술 작품에 큰 흥미를 갖지 않는 것 같다.

다시 차에 올라 방문자 센터로 갔다. 아치스 박물관과 기념품 코너가 있는 방문자 센터에 잠깐 들러보는 것도 좋았다. 특히 좋았던 것은 공원 내에서는 없던 수세식 화장실이 완비되어 있다는 것이다. 오랜만에 푸세식 화장실을 이용하니 나조차도 비위가 상했는데, 아내와 아이들은 얼마나 괴로웠을지 이해가 간다. 방문자 센터 앞 공원 매표소에는 공원을 입장하기 위한 차들이 길게 늘어서 있는데, 그 길이를 보면 아치스 국립공원의 인기를 실감할 수 있다. 새벽부터 부지런하게 시작한 아치스 국립공원 여행 계획은 신의 한 수였다는 생각을 하게 된다.

바벨 타워(Tower of Babel)

록 밸런스(Rock Balance)

세 재판관(Three Gossips)&양(Sheep Rock)

종합 경기장(자작)

오르간(Organ)

파라오 관

태초의 신비를 품은 캐니언 랜즈

TIP

캐니언 랜즈(Canyon lands)

⊙ 캐니언 랜즈는 말 그대로 수많은 캐니언이 있는 곳이다. 특유의 암석 지형에 지각 활동이 일어나고 콜로라도강(Colorado River)과 그린강(Green River) 등이 오랜 침식 작용을 통해 형성되었다. 그랜드 캐니언과 같은 웅장함은 덜하지만, 지형의 다양함과 아름다움은 그랜드 캐니언을 능가한다고 평가하는 사람들도 많다. 아치스 국립공원과 가까이 있어 지질학적으로도 유사한 점이 많지만, 아치스 국립공원과는 전혀 다른 경치가 신기하게 느껴지는 곳이다.

업히벌 돔 미스테리 안내문

업히벌 돔

모압 레드 스톤 인(숙소)에 돌아오니 정오(12시)가 지나고 있었다. 어젯밤 숙소 주인에게 오늘 체크아웃이 늦어질 수 있다고 양해를 구해 놓고 다녀왔기 때문에 부담 없이 아치스 국립 공원에 다녀와서 체크아웃하였다. 숙소를 나서자 점심 식사를 어디에서 할 것인가에 대한 논쟁이 시작되었다. 예린은 아이홉(IHOP)과 비슷한 레스토랑에 가고 싶어 하고 린은 스파게티를 원했다. 우선 적당한 레스토랑을 찾기 위해 모압 시내를 차로 한 바퀴 돌았다. 결국 우리의 입맛을 고려하여 선택한 곳은 이탈리안 레스토랑(Pasta Jay's)이었다. 린과 예린이 선호하는 피자와 파스타를 주문하여 음식이 입에 안 맞는 상황을 피하기로 하였다. 미국 여행을 세 번째 하다 보니 우리 입맛에 맞는 음식을 차차 알게 되면서, 처음 보는 유형의 레스토랑보다 가급적 검증된 레스토랑을 찾게 되었다. 만족스러운 식사를 하고 쉬면서 잠시 일정을 정리할 필요가 있었다. 계획했던 일정보다 3시간 정도 여유가 있었기 때문이다. 이 사실을 말하자, 가족들은 3일 동안 쉴 틈 없는 스케줄로 강행군을 했다면서 오늘은 빨리 숙소에 들어가 쉬었으면 좋겠다고 한다. 나도 그 의견에 장단을 맞춰 '그럴까?' 하려고 했는데, 나의 또 다른 자아가 캐니언 랜즈(Cayon Lands)도 꼭 가 봐야 한다며 내 말문을 막아버렸다. 미국의 수많은 캐니언과 비교했을 때, 이 캐니언은 규모가 방대하고 다양한 모습들을 하고 있기 때문에 랜즈(Lands)란 이름을 붙였을 것이다. 그래서 보고 싶은 욕망이 더욱 커졌다. 그러나 중요한 것은 출발에 앞서 아내와 아이들의 동의를 얻어야 하므로 그들을 설득하기 위한 협상에 들어갔다.

"운전은 내가 하니깐 차 안에서 쉰다고 생각하고 캐니언 랜즈에 가 보자. 그랜드 캐니언보다 유명하지는 않지만, 다녀온 사람들이 더 매력적인 캐니언이라고 말하고 있어. 차 안에서 쉬나 숙소에서 쉬나 쉬는 건 마찬가지 아냐? 언제 우리가 여기에 다시 와 보겠어? 힘들더라고 조금 참고, 캐니언 랜즈에 다녀오는 것으로 하면 좋겠는데~"

아내와 아이들은 귀찮다는 듯, 마지못해 동의하는 것 같았다.

"알았어. 알아서 해. 우리는 차에서 잠이나 잘 거야. 절대 깨우지 마…" (아내)

나는 더 이상 눈치를 살피지 않고, 곧장 차에 타자고 하고서는 캐니언 랜즈 방향으로 핸들을 돌려 가속 페달을 강하게 밟았다. 이미 내 머릿속에는 방문할 목적지 3곳[업히벌 돔(Upheaval Dome), 그린 리버 오버룩(Green River Overlook), 그랜드 뷰 포인트(Grand View Point)]이 정해져 있었다. 그곳을 잠깐만 둘러보고 모압으로 돌아온다면 운전 시간만 2시간 30분이고, 캐니언 랜즈 목적지마다 10여 분을 소비하기로 가정하면 족히 3시간 정도 소요될 것으로 예상된다.

캐니언 랜즈로 가기 위해 따갑게 쏟아지는 햇살과 뜨거운 공기를 가르며 사막을 달리는 분위기는 다큐멘터리에서나 볼 수 있는 설정처럼 느껴진다. 가끔 나타나는 반대 방향의 차량 외에는 생명체도 없을 것 같은 삭막한 황야를 계속 달렸다.

업히벌 돔(Upheaval Dome)

⊙ 업히벌 돔은 모압에서 남서쪽으로 약 42마일(67㎞) 떨어져 있는 미스터리(Mystery) 크레이터로, 지름이 약 5㎞이고, 1억 7천만 년 전에 생성된 것으로 추정된다.

이 미스터리 업히벌 돔이 생성된 과정을 설명하는 두 가지 이론이 있다. 첫 번째는 바닷물이 마른 소금층 위에 퇴적층이 쌓이면서 그 퇴적층의 무게로 지반이 약한 부위에 소금층이 분출되었다는 것, 두 번째는 유성 충돌로 인해 생성된 크레이터라는 것이다.

1시간 이내에 첫 목적지인 업히벌 돔(Upheaval Dome)에 도착했다. 잠시 낮잠을 즐기던 가족들은 따가운 햇볕 아래에서 뜨거운 공기를 마셔가면서까지 전망대에 가 보겠다는 의지가 전혀 없어 보였다. 하지만 생리 현상 문제만큼은 피할 수 없었던지 화장실에 가기 위해 차에서 내렸다. 미국 국립공원 특유의 푸세식 화장실을 자주 사용하다 보니 이젠 적응이 되어 아무렇지 않게 잘 들어간다. 생리 현상을 해결하고 나서 어차피 차에서 내린 김에 업히벌 돔까지 가 보자고 설득하였다. 일단 차에서 내리면 귀찮았던 일도 하게 된다. 그래서 시작이 반이라는 말이 있다. 업히벌 돔 전망대까지 3분이면 갈 수 있다고 하자, 아빠 혼자만 다녀오게 할 수 없다며 선심 쓰듯 다들 같이 가기로 한다. 사실은 전망대까지 8분 정도가 소요된다. 하지만 뜨거운 날씨 때문에 걷는 시간이 상당히 길고 힘들게 느껴지게 되었고, 어느 순간부터 비난이 쏟아지기 시작했다.

앞서가는 예린이가 발을 뗄 때마다 황사 먼지가 풀풀 날려 목이 컬컬했다. 또한 황사 먼지는 신발에 깊숙이 스며들어 황토색으로 변했다. 마침내 크레이터 전망대에 도착하자 큰 분화구가 눈에 들어왔다. 아치스 국립공원의 감흥이 너무 컸던지 기대만큼 장대한 모습으로 보이지는 않았다. 다만 높은 절벽에 서서 크레이터의 규모를 구경해 보고 트레일을 돌아본다면 달라질 수도 있을 것이다. 봉긋 솟은 소금층의 미스터리는 신기하기만 하다. 이 미스터리는 업히벌 돔 안내판에 설명이 잘되어 있다. 아주 먼 옛날 이 캐니언 전체가 깊은 바다였다는 사실에 린과 예린은 상상이 잘 안 된다는 반응이었다.

잠깐 방문하고 돌아가는 길에서는 모기와 비슷한 날벌레로부터 지속적인 공격을 당했다. 유난히 벌레에 예민한 아내와 예린은 한바탕 소동을 벌이다가 "별 볼 일 없는 이곳에 왜 왔어!"라고 말하며 날벌레가 없는 주차장까지 뛰어 내려갔다. 이렇게 덥고 메마른 땅에 모기 같은 날벌레가 많은 것도 이상하지만, 이곳의 척박한 자연에서 생존하는 탓인지 더 매섭고 공격적으로 보인다. 벌써 아내와 예린은 몇 군데 물렸는데, 혹시 모를 말라리아 같은 병이라도 걸리지 않을까 걱정된다며 난리가 났다. 하지만 미국은 유행병에 관한 한 여행하기에 안전한 지역이므로 사소한 의심은 버려도 된다며 달랬다. 아빠가 잘못된 선택을 하여 온 가족이 고통을 받고 있다며 모두가 날벌레처럼 공격적인 언행을 보였다. 사막과 같은 돔 주변을 따라 하이킹을 즐기는 사람도 적지는 않았다. 하지만 아치스 국립공원과 비교하면 캐니언 랜즈 국립공원은 극소수의 사람들만 방문하는 것 같다. 더욱이 동양인은 우리 가족이 유일한 것처럼 보인다.

두 번째 목적지인 그린 리버 오버룩(Green River Overlook)으로 향했다.

업히벌 돔(Upheaval Dome)에서 그린 리버 오버룩은 십여 분 거리에 있다. 업히벌 돔과는 달리 그린 리버 오버룩은 주차장 가까이에 있어 가족들의 판잔을 듣지 않게 되어 다행이다. 지근거리라 하더라도 따가운 햇볕으로 인한 혹독한 더위와 사투를 벌어야 하니 조금만 움직여도 땀이 줄줄 흐른다. 그래서 가족들은 더위를 잊게 할 정도로 장대한 풍경이 시선을 끌지 못할 것 같으면 에어컨이 돌아가는 차에서 좀처럼 나오려 하지 않는다.

수많은 전망대 중에 캐니언 랜즈가 어떤 곳인지 가장 잘 표현해 줄 만한 전망을 갖고 있는 곳이 그린 리버 오버룩인 것 같다. 푹 꺼진 평원이 넓게 펼쳐져 있고, 또다시 그 끝에 가면 푹 꺼진 넓은 평지가 있는데, 그 평지의 끝에서 한 번 더 푹 꺼져서 푸른 강물이 흐르고 있다. 이 강줄기를 따라서 초록빛 띠가 길게 이어져 있는데, 마치 청사(푸른색 뱀)가 꿈틀거리며 지나가는 것처럼 보인다. 이

그린 리버 오버룩 전망

그랜드 뷰 포인트 전망

초록빛 때문에 그린 리버(Green River, 푸른 강)라고 부르게 되었을
것이다. 이 강물이 젖줄이 되어 강물 주변의 대지를 적셔 주기 때
문에 강 근처에서만 푸른 초목들이 자라게 된 것이다. 전망대 아
래로 광활한 대지가 펼쳐진 풍경을 한참 동안 보고 있자니, 신이
되어 인간계를 내려다보는 듯한 생각을 하게 된다. 저 푸른 강줄기

에 생명체가 옹기종기 모여 생태계를 이루며 살아가는 모습을 보는 것은 우주에서 조그마한 지구를 바라보며 그 안에 인간들이 살아가는 모습을 보는 것과 비슷해 보인다는 비유가 적절할지 모르겠다. 이 전망대에 있는 순간만큼은 신들의 세상에 다녀왔다고 여겨도 좋을 것 같다.

그린 리버 오버룩의 풍경을 뒤로하고 12분 거리(7.5마일)에 있는 그랜드 뷰 포인트로 이동하였다. 해발 1,853m 높이에 위치한 그랜드 뷰 포인트의 전망은 그린 리버 오버룩과는 사뭇 다른 느낌이다. 광활한 대지에 커다란 공룡이 발자국을 만든 것 같다는 감상평을 하는 이들이 많은데, 사실은 바다 밑에서 퇴적된 암석층이 오랜 시간을 거쳐 융기되어 순수하게 비바람에 파이고 무너져서 만들어진 자연의 작품이다. 또 어떤 이들은 외계 행성 혹은 상상 속의 화성을 생각하게 된다는데, 저마다 생각하는 관점이 다르기는 하지만 광활한 대자연이 경외감을 불러일으킨다는 생각은 모두가 공통으로 공감하는 부분일 것이다.

캐니언 랜즈를 방문하는 사람이 적다 보니 여유로운 분위기에서 대자연을 보는 맛은 좋다. 하지만 갑자기 걱정스러운 생각이 고개를 들었다. 혹시 차가 고장이라도 나면 공원에서 헤어날 방법이 묘연할 것이다. 더욱이 더운 날씨 속에 사막 한가운데서 구조를 기다린다는 것은 견딜 수 없을 만큼 잔인한 상황이 된다. 이를 반영하듯 그린 리버 강 건너에는 메이즈 오버룩(Maze Overlook)이란 지명이 있다. 그 아래로 트레일이 있는데 그리스 신화의 크레타왕 미노스가 미노타우로스를 가두기 위해 만든 미궁 같다고 해서 붙여진 이름이다. 그곳에서 길을 잃을 경우 구조를 요청하면, 국립공원 레인저가 출동해서 찾는 데 사흘 이상이 걸린다고 한다. 이와 관련된 영화도 있다. 블루 존 캐니언에 고립되어 127시간 동안 사투를 벌이는 모험가의 이야기를 〈127시간〉이란 영화로 만든 것인데, 캐니언 랜즈에서 벌어질 수 있는 상황을 잘 표현하고 있다. 그러나 영화는 영화일 뿐이고 여행자들은 비교적 안전한 모험을 하고 싶어 한다. 그래서 모압 인근과 캐니언 랜즈 국립공원 주변은 사륜구동 오프로드 및 산악자전거, 래프팅을 즐기기 위한 레저 천국이라고 한다. 사륜 오프로드를 즐기기 위해서 모압에서 지프를 렌트할 수 있고, 투어 회사에서 진행하는 오프로드 투어도 있다. 다음에 기회가 주어진다면 그랜드 뷰 포인트에서 보이는 저 오프로드를 달려보고 싶은 욕망을 실천하겠다는 다짐을 해 본다.

모압으로 돌아가는 길에 방문자 센터(Island in the Sky Visitor Center) 근처에 있는 셰이퍼 캐니언 오버룩(Shafer Canyon Overlook)에 차를 세웠다. 그랜드 뷰 오버룩, 그린 리버 오버룩과는 차별화된 특징을 가지고 있는 오버룩이다. 양옆이 절벽을 이루고 있고, 그 아래로 깊은 골짜기를 볼 수 있는데, 셰이퍼 캐니언 로드에서 사륜구동차를 이용하여 오프로드를 즐기는 모습도 보인다. 콜로라도강까지 이어진 이 길을 따라 스릴을 느껴 보면 재미있을 법도 하지만, 고소 공포증이 있는 내가 과연 해낼 수 있을지는 모르겠다.

TIP

방문하지 못한 명소

⊙ **메사 아치(Mesa Arch Trail)**
: 트레일 왕복 거리 약 0.8㎞(왕복 30분)
- 캐니언 랜즈가 자랑하는 명소로서, 가까이 가면 메사 아치 속으로 보이는 광경과 일출 사진이 아름답기로 유명하다.

⊙ **그랜드 뷰 포인트 오버룩 트레일(Grand View Point Overlook)**
: 그랜드 뷰 포인트에서 트레일로 약 3.2㎞(왕복 90분)

⊙ **캔들스틱 타워 오버룩(Candlestick Tower Overlook)**

⊙ **벅 캐니언 오버룩(Buck Canyon Overlook)**

업히벌 돔에서 셰이퍼 캐니언 오버룩까지 돌아본 것만 해도 대단한 여행을 한 것으로 생각한다. 그러나 가족들은 태초의 신비감을 품고 있는 광야를 봐도 별다른 반응을 보이지 않는다. 그랜드 뷰 포인트에 갔을 때는 그린 리버 오버룩과 별반 차이도 없는데 괜히 이곳저곳 다닌다는 핀잔을 듣기도 하였다. 그도 그럴 것이 아치스에서 체력을 많이 소비해 버린 탓에 오직 휴식 시간만 기대하는 모양새다. 그래도 평생 다시 볼 수 없을지도 모르는 이 광활한 풍경을 꼭 기억하고 갔으면 좋겠다.

모압으로 돌아와서 쇼핑센터에 들렀다. 더위에 물을 많이 소비해서 여유 있게 사 두어야 하고, 과일(귤, 사과, 포도 등)과 햇볕을 가릴 수 있는 멕시칸 모자를 가족 모두 하나씩 집어 들었다. 마지막으로 모압을 상징할 만한 기념품 두 점도 샀다. 쇼핑을 끝내고 주유소에 들러 연료를 보충하고서 17시쯤 숙소가 있는 모뉴먼트 밸리로 향했다.

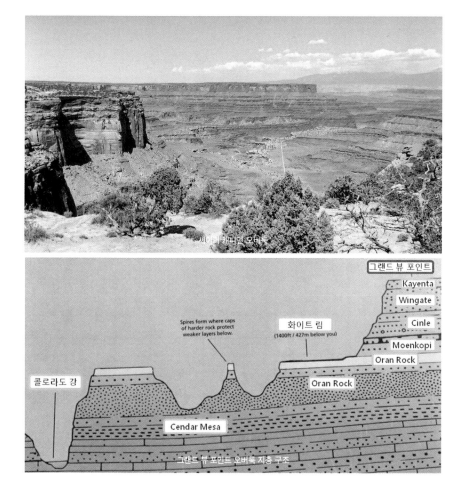

세이곤 캐니언 오버룩

그랜드 뷰 포인트

Kayenta

Wingate

Cinle

화이트 림

(1400ft / 427m below you)

Moenkopi

Oran Rock

Spires form where caps
of harder rock protect
weaker layers below.

Oran Rock

콜로라도 강

Cendar Mesa

그랜드 뷰 포인트 오버룩 지층 구조

🪧 멕시칸 햇/포레스트 검프 포인트

모압에서 모뉴먼트 밸리까지 차를 타고 2시간 30분 정도 달리면 갈 수 있다.

여행 시작 후 3일 동안 장거리 운전을 많이 해서 그런지 이 정도의 운전 시간은 가볍게 느껴진다. 모뉴먼트 밸리로 가는 191번 도로 주변은 아치스 국립공원에서 보았던 비슷한 풍경들이 즐비하게 펼쳐진다. 출발한 지 30분이 지날 무렵, 도로 왼쪽에 뷰트(Butte) 모양의 절벽이 한동안 이어지더니 커다란 아치 하나가 떡하니 나타났다. 이곳을 개척한 조 윌슨이라는 사람의 이름을 기념하여 명명한 윌슨 아치(Wison Arch)인데, 아치 정상에 올라서서 주변을 내려다보면 사막과 산들이 어우러진 풍경이 무척 아름답다고 한다. 가까운 거리에 있어 잠시 들려볼 만도 하지만 시간이 부족한 상황이라 사진만 찍고 지나쳤다.

윌슨 아치(Wilson Arch)

멕시칸 햇(Maxican Hat)

다시 차를 타고 달리기 시작하자 가족들은 모두 잠이 들었다. 사막 풍경을 보는 것만으로도 좋은 구경거리가 될 듯한데, 새벽부터 시작된 강행군에 체력이 한계에 이르렀을 것이다. 2시간을 달리자 멕시칸 햇(Mexican Hat)이 눈에 들어왔다.

"멕시칸 햇이다! 린, 예린~. 저기 봐봐! 멕시칸 햇이야~!"

나의 외침 소리에 자고 있던 가족들은 대단한 뭔가가 있는 줄 알고 금방 깨어나서 창밖을 두리번거린다. 비포장 진입로에 들어섰더니 먼지가 잔뜩 일어난다. 멕시칸 햇이 잘 보이는 곳에 차를 세우자 가족들은 기지개를 켜며 일어나 차에서 내렸다. 돌탑을 만들어 놓은 것과 같은 신기한 바위 모습에 기념사진을 찍으며 밝힐 수 없는 추억도 만들었다. 멕시칸 햇은 멕시코 전통 모자인 솜브레로를 닮았다고 해서 붙여진 이름이다. 언덕 정상에 마치 탑을 쌓아놓은 것 같은 큰 바위가 있고, 그 바위 꼭대기에 돌판을 얹어 놓은 조각품 같은 모양이라 신기해서 한참 동안 쳐다보게 된다. 대자연의 많은 걸작을 보다가 단품이지만 독특하고 개성 넘치는 멕시칸 햇을 보니 소소한 재미가 느껴진다.

멕시칸 햇에서 6마일 거리에 있는 구즈넥 주립공원 방문 계획도 검토해 두었지만, 시간이 허락하지 않는다. 결국 멕시칸 햇을 떠나 약 15분 거리의 포레스트 검프의 터닝 포인트인 포레스트 검프 포인트로 향했다.

1990년대 중반 대학생 시절에 배꼽이 빠지도록 재밌게 보았던 〈포레스트 검프〉는 웃기면서도 많은 영감과 진한 감동을 주는 영화다. 주인공 포레스트는 여자 친구가 떠나자 그 충격으로 무작정 달리기 시작하는데, 3년 이상 달리자 많은 추종자가 따르는 유명 인사가 된다. 미국 전역을 누비며 쉼 없이 달리던 포레스트는 갑자기 이 지점에서 멈춰 선다. 그리고 그를 추종하며 달리던 사람들에게 혼잣말처럼 이렇게 말한다.

"I'm pretty tired. I think I go home now(많이 피곤해. 이제 집에 돌아갈래)."

그리고 포레스트 검프는 추종자들이 비켜선 사이로 터벅터벅 걸어서 집으로 돌아갔다.

영화로 인해 유명세를 타게 된 이 포인트에 서니 감개무량해져서 잠시 생각에 잠긴다. 아마도 포레스트 검프는 위대한 대자연의 아름다움과 웅장함 앞에서 모든 것을 훌훌 털어버리게 되었거나 혹은 그 앞에서 인간이 얼마나 보잘것없는 미물에 불과한지를 생각한 뒤 그런 인간이 갖는 번뇌를 극복하고 깨달음을 얻지 않았을까? 그렇다면 여자 친구를 찾아서 뛰다 보면 언젠가는 만날 것이라는 부질없는 생각이 여기서 멎었을 것이다. 이와 같은 설정에 이 포인트가 잘 들어맞아 영화의 클라이맥스 같은 장면이 연출되었을 것으로 생각하게 된다. 흔히들 인생은 마라톤과 같다고 한다. 정작 포레스트 본인은 아무 이유 없이, 그리고 목적도 없이 달렸다고 말하지만 달리면서 그는 인생을 이야기할 수 있는 의미가 있었고, 많은 이에게 영감을 주기도 하였다. 이런 점에서 인생도 여행과 같다고 말할 수 있지 않을까? 부지런히 보고 다니다 보면 인생의 목적이나 이유를 가치 있게 만들 수 있는 영감이라는 묘약을 발견할 것이다.

여하튼 영화로 유명해진 이 지점은 많은 관광객이 잠시 멈추어서 사진을 찍는 포인트다. 여행자들은 주로 인증 사진을 찍지만 순수하게 풍경을 찍기 위해 온갖 카메라 장비를 갖추고 나온 작가들도 많았다. 해가 기울어질 시간에 도착하여 빨갛게 물들어가는 뷰트의 모습이 더 멋지게 보인다. 바쁘게 찍은 내 사진도 어떤 작품 사진들과 비교해도 손색이 없을 만큼 아름다운 풍경을 자랑한다.

또한, 포레스트 검프 포인트는 전 세계인에게 잘 알려져 많은 관광객을 끌어들이면서 여행자들에게 많은 영감을 주고 있으므로 영화의 성공뿐만 아니라 방문하는 모든 이에게 큰 선물이라고 할 수 있을 것이다.

포레스트 검프 포인트

모뉴먼트 밸리 일몰

🪧 나바호족의 성지 모뉴먼트 밸리

포레스트 검프 포인트에서 멀리 뷰트를 향하는 도로는 그 끝에서 희미하게 사라진다. 차에 시동을 걸고 뷰트를 향해 달리자 뷰트가 조금씩 가까워진다. 뷰트는 가까워질수록 거대한 신전처럼 느껴진다. 거대한 신전 위에서 누군가가 내려다볼 것 같은 뷰트 사이를 통과하여 20여 분을 달리자 모뉴먼트 밸리에 이르렀다. 유타주에 위치하고 있지만, 이 지역만큼은 나바호족이 관리하는 나바호 자치국 영역이다. 다시 말하면 미국 본토 안에 자치권을 가진 나라다. 그래서 국립공원 연간 패스(Annual Pass)로 입장할 수 없고 별도의 입장료를 내야 한다. 그러나 우리는 영업시간이 끝난 이후인 20시 무렵에 도착하여 무료로 들어갔다. 해는 서편으로 사라졌지만, 아직 날은 어두워지지 않아 모뉴먼트 밸리 전망대 근처인 테일러 록(Taylor Rock)에 자리를 잡았다. 그러자 모뉴먼트 밸리 안에 있는 뷰트 전경이 제대로 보인다. 단지 사진으로만 봐 오던 풍경을 실제로 보니 붉은빛의 뷰트는 장엄하고 경건해 보인다. 왼쪽부터 순서대로 웨스트 미튼 뷰트(West Mitten Butte), 이스트 미튼 뷰트(East Mitten Butte), 메릭 뷰트(Merrick Butte)다. 나바호족은 우뚝 솟은 뷰트를 신성한 바위라 믿고 신과 자신들을 연결해 주는 메신저로 여기고 있다. 노을빛으로 붉게 타오르던 뷰트들은 하루의 끝을 알리는 듯 점점 색을 잃어가다가 어둠 속에 묻혀버렸다. 모뉴먼트 밸리를 보기 위해 구경나왔던 사람들도 어두워지자 각자 보금자리를 찾아 떠나고 쓸쓸히 가로등만 남아 빛을 밝힌다.

모뉴먼트 계곡 나바호 부족공원(Monument Valley Navajo Tribal Park)

⊙ 입장 정보
- 차량 1대당 20불
- 운영 시간: 4월~9월 am 6~pm 8
　　　　　 10월~3월 am 8~pm 5
- 휴무일: 추수감사절, 크리스마스, 새해 첫날

⊙ 모뉴먼트 밸리
: 모뉴먼트 밸리는 나바호 자치정부에서 관리하는 나바호 자치국 공원이다. 약 2억 7천만 년 동안 지층이 침식과 풍화 작용에 의해 형성되었다. 이곳은 죤 웨인이 주인공으로 등장하는 〈역마차〉와 〈황야의 무법자〉, 〈석양의 건맨〉 등 주옥같은 명작 서부영화들의 배경이 되기도 하였다.

⊙ 나바호 자치국
: 나바호 자치국이란 명칭은 나바호족이 자치권을 부여받은 땅을 부르는 이름이다. 이곳은 미국의 수많은 인디언 보호구역 중에서 가장 큰 곳이다. 나바호족은 인구 30여만 명으로 가장 인구가 많은 부족이기도 하다. 나바호 자치국은 유타, 애리조나, 뉴멕시코의 3개 주에 걸쳐있는데, 남한 면적의 70% 정도다. 자체적으로 대통령도 투표로 뽑고, 법원, 경찰서, 소방서 등 자치 기구도 있다. 그래서 이곳은 미국 내 주의 일부이지만, 나바호 법이 가장 우선한다.

　　모뉴먼트 밸리에서 묵게 될 숙소는 그토록 유명한 더 뷰 호텔이 아니라, 10분 거리에 있는 굴딩스 롯지(Goulding's Lodge)다. 모뉴먼트 밸리 인근은 숙소가 많지 않을 뿐만 아니라 예약이 어렵고 가격도 비싼 편이다. 두 달 전 숙소를 알아보는데 더 뷰 호텔은 이미 예약 완료였고, 굴딩스 롯지라도 예약이 가능한 것을 다행으로 여겼다. 대부분의 관광객은 고가의 숙박비를 고려해서 상당히 거리가 먼 인근 마을에 숙소를 정하지만, 우리는 모뉴먼트 밸리의 일출과 일몰을 보고 싶어 굴딩스 롯지를 예약하였다. 굴딩스 롯지에서도 모뉴먼트 밸리를 볼 수는 있으나 더 뷰 호텔만큼 가까운 거리는 아니다. 그래도 발코니를 통해 가로등 불빛에 비친 황야의 사막과 뷰트가 한눈에 들어오고, 뒤로는 거대한 바위산(뷰트)이 버티고 있어 멋진 풍경이 연출되는 곳이다. 저녁 9시 무렵 롯지에 도착하여 1층 방을 배정받았다. 저녁도 해결하지 못한 상황이라 여장을 풀자마자 햇반과 짜장을 데우고, 라면도 끓여서 몇 가지 반찬으로 늦은 저녁 식사를 하였다.

식사를 마치면 여독이 몰려오지만, 마음은 여유로워진다. 이쯤 되면 아내와 나는 캔 맥주를 찾는다. 린과 예린이 일기를 쓰고 스마트폰 게임을 하는 동안 아내와 함께 베란다로 나가 테이블 의자에 앉았다. 광활한 황야만큼이나 넓어 보이는 밤하늘엔 별들이 쏟아질 듯 밝게 빛난다. 이런 분위기에서 즐기는 맥주는 청량감이 몇 배로 더해진다. 황야의 밤하늘을 배경 삼아 별들에 얽힌 이야기를 하며 쉽게 보이는 북두칠성과 북극성, 카시오페이아를 찾았다. 하지만 황야에서 즐기는 우리의 데이트에 날벌레가 시샘하여 물어뜯는 공격을 시작하면서 좋은 분위기는 깨졌다. 황야의 날벌레는 점점 더 거칠게 공격해 왔고, 우리 부부는 결국 발코니에 오래 머물지 못하고 실내로 후퇴할 수밖에 없었다.

새벽부터 시작된 일정은 델리케이트 아치의 해돋이부터 모뉴먼트 밸리의 석양까지 많은 감동과 여운을 남겨주었다. 열정과 체력이 있었기에 가능하였다. 빼곡한 스케줄을 만들어 열심히 달려야 하는 이유는 돈보다 시간의 문제 때문이다.

"물고기를 잡아 주지 말고, 물고기 잡는 법을 가르쳐라."라는 말이 있다.

물고기 잡는 법을 아는 사람은 언제든 물고기를 잡을 수 있다.

물고기를 돈으로 비유하자면 물고기 잡는 법을 배운 사람은 성공한 것이라고 말할 수 있을 것이다. 하지만 시간 요소를 생각하면 과연 성공이라고 할 수 있을까? 한번 지나간 시간은 돌아오지 않는다. 그래서 체력이 허락하는 나이라면 자유롭게 여행을 다녀야 한다. 하지만 많은 사람이 아이들과 이런 시간을 만들 수 없는 열악한 환경에서 살고 있다. 나 또한 그렇게 넉넉한 시간은 없다. 그런데도 어떻게든 귀중한 시간을 만들어 여행을 다닐 수 있는 환경에서 살고 있음에 감사하는 마음을 갖고 있다.

세월이 흘러 체력이 지금과 같지 않을 나이가 되면, 이 시간을 추억하며 여유로운 여행을 하고 싶다. 그때쯤이면 린과 예린도 독립할 것인데, 물고기를 잘 잡는 사회의 구성원이 되기를 바라는 마음은 부모의 공통된 희망 사항일 것이다.

더욱 수월하게 영어로 의사소통하는 법을 익히도록 지난 1년 동안 미국 유학을 보내 놓고 부모의 마음은 가시방석에 앉아 있는 것과 같았다. 물론 생면부지 낯선 땅에서 말도 통하지 않는 친구들과 부대끼며 부모와 떨어져 지낸 아이들이 더 힘들었겠지만, 한편으로는 대견하다. 때론 '이게 뭐 하는 짓일까?'라는 생각도 많이 했다. 단지 아이들이 사회의 한 구성원으로서 당당히 살아갈 수 있기를 바랄 뿐인데, 그 기준선을 너무 높게 정해 놓은 것이 아닌지 모르겠다. 아내와 내가 생각하는 기준선은 비슷할지 모르겠지만 생각은 현격히 다르다. 변화무쌍한 세상에서 매사에 앞날에 대해 많이 고민하고 생각하는 나에 비해, 아내는 항상 긍정적이다.

린과 예린을 유학 보낼 때도 그랬다. 유학을 보내자는 뜻밖의 제안과 준비는 내가 하였으나, 보내고 나서부터는 온갖 걱정에 시달렸던 건 나였다. 그와 달리 아내는 아이들과 떨어져서는 절대 못 살 것처럼 울부짖더니, 막상 눈에서 멀어지니 생각보다 담담하게 받아들이는 모습이었다. 물론 생활 자체가 바쁜 회사 일에 찌들어 있기 때문에 자식 걱정할 여유조차 없다는 표현이 맞을지도 모른다. 금융업에 종사하는 아내의 직업 특성을 탓할 수도 없다. 한편으론 업무 스트레스로 고생하는 아내의 모습에 안타까운 마음이 든다. 이런 이유로 여행에 필요한 모든 계획과 수행은 전적으로 나의 몫이 된다. 그래서 아내는 종종 어디를 가는지조차 모르고 가기 때문에 여행의 전반적인 내용을 보고서처럼 만들어 주어야만 한다.

LINN&YERIN'S DIARY

2018년 6월 4일

    오늘은 새벽에 일찍 일어나 일출을 보러 델리케이트 아치에 갔다. 새벽이라 추워서 김예린은 담요를 가져가겠다고 떼를 썼다. 결국 담요를 가져갔지만 얼마 후 벗었다. 그런데 아빠가 빨리 가겠다고 하고 먼저 갔다. 그래서 내가 앞장서서 길 안내를 했다. 힘들었다. 다행히 중간쯤 가니 표지판이 안내를 해 주어서 길을 잃지는 않았다. 그렇게 계속 가다 보니 아빠를 발견했다. 아빠는 길을 잘못 찾아가서 다시 돌아오는 중이었다. 아빠는 길이 생각보다 힘해서 제대로 찾아오고 있는지 걱정했다고 한다. 그런데 그다음 길이 매우 험했다. 왕의 오솔길인데 안전장치가 없는 것 같았다. 무서웠지만 절벽 아래를 안 보고 걸으니 좀 괜찮았다. 다 올라와서 보니 더 무서웠다. 내려가고 싶을 정도였다. 하지만 참고 구경했다. 사진 찍는 것도 엄청 위험했다. 하지만 조금 지나니 적응됐다. 그래서 좀 더 사진을 찍고 내려갔다. 내려갈 때 보니 경사가 엄청 심했다. 왜 올라올 때 그렇게 힘들었는지 알 것 같았다. 그래도 내려가는 건 올라오는 것보다 훨씬 빨랐다. 다 내려와서 차에 타고 아치스 국립공원에 갔다. 처음엔 평지만 있어서 그냥 간단한 산책로 정도인 줄 알았는데 갑자기 길이 험해졌다. 무서웠지만 아침에 여기처럼 무서운 곳에 갔다가 온 상태라서 조금 나았다. 하지만 길이 갈수록 험해지고 엄마는 그 험한 길을 걷는 것을 즐겼다. 그런데 아빠는 완전 무서워했다. 그러고 보니 엄마랑 아빠랑 성격이 완전 달랐다. 아빠는 나가는 걸 좋아하지만 겁이 많고, 엄마는 나가는 걸 싫어하지만 겁이 없었다. 계속 걸어가 많은 아치를 보고 내려오는데 엄마가 더 험한 길로 가자고 했다. 좁고 긴 바위 위를 걷는 것이었다. 나는 그냥 밑만 보고 달려갔다. 그래도 많이 멀었다. 그래서 바위 끝에 가서 경치를 구경하며 가족들을 기다렸다. 엄마가 아빠는 무서워하며 거의 기어가듯 걸어갔다고 한다. 가족 중 나보다 겁쟁이가 있어서 다행이라 생각했다. 그리고 돌아와서 차를 타고 여러 뷰 포인트에 들리며 계속 가다가 숙소에 가서 잤다.

Part 6.

모뉴먼트 밸리,
그랜드 캐니언
(여행 5일 차)

| 모뉴먼트 밸리, 앤털로프 캐니언, 호스 슈 밴드, 사우스 림 |

🪧 모뉴먼트 밸리 드라이빙

5시에 일어났다.

어젯밤에는 몇 일째 이어지는 강행군으로 쌓인 피로 때문에 맥주 한 캔을 마시고 곧바로 쓰러졌다. 대신 깊은 잠을 자게 되어서 아침에 눈을 뜨면 오히려 평소보다 개운했다. 커튼을 걷고 창밖을 보니 여명이 들기 시작했다. 모뉴먼트 밸리에서 일출을 보기로 단단히 다짐한 린과 예린도 마지못해 일어나 부스스한 모습으로 일출을 맞으러 가기 위한 채비를 하였다. 새벽 공기가 꽤 쌀쌀하여 겉옷을 하나씩 걸쳐 입고 담요 2개도 챙겼다. 굴딩스 롯지에서 미튼 뷰트가 빤히 보이지만 모뉴먼트 밸리 전망대까지의 거리는 약 9㎞나 되는 먼 거리라서 10분 정도 달려야 한다. 모뉴먼트 밸리 테일러 록(Taylor Rock) 앞에 선 예린이는 추웠던지 담요를 돌돌 말고 잠이 덜 깬 모습을 하고 있다. 새벽에 일어나는 일이 쉽지만은 않겠지만 그래도 군소리 없이 잘 따라주고 있어 대견하다. 전망대 주변은 벌써 황야의 장엄한 일출 광경을 카메라에 담으려고 삼각대에 카메라를 얹고 기다리는 사람들이 여럿 있다. 또한 우리보다 뒤늦게 하나둘씩 모여드는 여행자들도 일출이 시작되기를 기다리고 있다. 아마 모두들 근처 숙소에서 투숙하고 우리처럼 부지런히 움직여 나온 사람들일 것이다.

날은 점점 밝아 오는데, 해는 좀처럼 떠오르지 않았다. 가만히 보니 웨스트 미튼 뷰트가 해를 가리고 있었다. 붉은 하늘은 점점 파란 하늘로 변하며 대지를 밝히기 시작한다. 일출은 어디서나 볼 수 있는 아침 이벤트라고 할 수 있지만, 장소에 따라 각기 다른 개성과 특징으로 감상하는 이에게 여러 가지 느낌과 영감을 선물한다. 뷰트 사이에서 솟아오르는 찬란한 황야의 일출은 대지를 더욱더 붉게 물들이고, 빛줄기는 뷰트의 벽면을 금빛으로 눈부시게 수놓는다. 이런 낯선 땅이 아름답게 보이는 것은 단지 착시 현상일지도 모른다는 생각이 번뜩 머릿속을 스쳐 지나간다. 우리 같은 여행자들에게는 아름다운 자연경관을 보기 위해 찾아드는 명소지만, 척박한 땅에서 고단한 삶을 살아야 하는 원주민 인디언들에게는 현실을 일깨우는 장소에 불과할지도 모른다. 메마른 불모지에서 살아가는 이들에게 과연 이 뷰트와 황야는 무슨 의미일까 생각해 보게 된다.

나바호 인디언 부족들은 이곳을 성지로 여기고 있다. 그들은 모든 것이 하나로 연결되어 있다고 믿으며, 지나가는 것들은 사라지는 것이 아니라 바로 이곳 모뉴먼트 밸리에 존재한다고 믿고 있다. 모뉴먼트 밸리에는 인디언 부족의 슬픈 역사가 담겨 있다. 1860년에 나바호 인디언 부족은 백인과의 전쟁에서 패한 후 뉴멕시코 포트 섬머(Fort Summer)로 강제로 이주하게 되어 전쟁 포로처럼 비참하게 살아가게 된다. 그 후 1868년에 백인들은 인디언들에게 세 가지를 제안하고 그중 하나를 선택하도록 강요하는 '나바호 협정'을 맺는다.

첫 번째 제안은 기름진 땅에서 농사를 짓고 사는 것이고, 두 번째는 요새 인근에서 사는 것이며, 셋째는 백인들이 '악마의 땅'이라 부르는 삭막한 모뉴먼트 밸리로 이주할 것을 제안한다. 이때, 인디언들은 주저하지 않고 메마른 땅이지만 조상의 영혼이 깃든 모뉴먼트 밸리를 선택하고 560㎞를 걸어서 이주하여 목축을 유일한 생계 수단으로 삼고 삶을 살아가게 된 아픈 역사가 담겨 있다.

굴딩스 롯지 새벽 풍경

모뉴먼트 밸리 일출

카멜 뷰트(Camel Butte)

손톱(The Thumb)

밸리 내 투어 버스

엘러펀트 뷰트와 늑대개

스피어헤드 메사(Spear Head Mesa)

아티스트 포인트(Artist Point) 전망

레인 갓 메사(Rain God Mesa)

클라이 뷰트(Cly Butte)

CLY BUTTE
PLEASE OBEY ALL SIGNS

웨스트 미튼 뷰트 위쪽으로 해가 오르자 차가웠던 공기가 따뜻해지기 시작했다. 일출을 본 사람들이 하나둘씩 사라질 때, 밸리 드라이브 로드에서 나오는 차를 보았다. 이른 시간에도 차를 타고 들어갈 수 있다는 것을 확인하게 되니, 아침 식사 전에 밸리를 드라이브하면 더 좋을 것 같다는 생각을 하였다. 밸리에서 나오는 차의 경로를 보고 드라이브 로드 입구를 찾았다. 요철 구간인 가파르고 미끄러운 경사로가 위험할 것 같지만 웅덩이만큼 파인 곳은 없어 차에 손상이 간다거나 위험한 코스는 없어 보인다. 경사로를 내려가기만 하면 평소에 평탄 작업을 잘해 두었던지 제법 속도를 낼 수 있는 평평한 길이다. 린과 예린은 차창 밖으로 뒤를 보며 뿌연 황토 먼지를 뿜어내며 질주하는 차에 타고 있는 것이 신기하고 재미있다고 하면서 차가 이렇게 뿌연 먼지를 일으키면서 가는 모습은 처음 본다고 한다. 덧붙여 미국에 미세먼지를 만드는 주범이 될 것 같다며 살살 가라는 부탁의 말도 한다. 뷰트 사이에 자동차 한 대 없는 밸리 로드에서 창문을 열고 시원한 바람을 맞으며 달리는 상쾌함이 정말 좋다. 어느 땐 지구가 아닌 딴 세상에 온 것 같은 느낌이 든다. 속세의 모든 압박과 사소하게 신경 쓰이는 일들까지 훌훌 털어내는 시원함을 만끽할 수 있는 진정한 휴식이다. 세 자매 바위가 잘 보이는 곳을 지나, 낙타 뷰트(Camel Butte)가 잘 보이는 포인트에서 잠시 쉬어가려고 차를 세웠다. 이때 차가 달려오면서 뿜었던 먼지들이 창문이 열려있는 차 안으로 순식간에 공습해 왔다. 재빨리 창문을 닫아 보았으나, 그 짧은 시간에 실내는 흙

먼지로 초토화되었다. 차를 세우기 전에 미리 창문을 닫는 주의가 필요하다. 쌓인 먼지를 어떻게든 털어보려고 애를 써가며 주변을 살펴보았다. 그때 약 100m 거리에서 송아지만 한 늑대 혹은 개 두 마리가 터벅터벅 우리 차로 다가온다. 너무 여유롭고 당당한 자세로 다가오는 녀석들이 야생의 늑대일지도 몰라 재빨리 차 안으로 들어가 피했다. 늑대 두 마리는 창문 바로 앞까지 와서 한동안 빤히 쳐다보는데, 당최 갈 생각을 하지 않는다. 하는 수 없이 내가 피해야겠다는 생각으로 차 시동을 걸어 낙타 뷰트 포인트를 건너뛰고, 선더필드 메사 방향으로 천천히 차를 몰았다. 늑대 같은 녀석들은 차를 쫓아오다가 이내 포기하고 제자리에 섰다. 하지만 녀석들은 사이드미러에서 완전히 사라질 때까지 내 차를 바라보고 있었다. 행여 인적 하나 없는 이른 아침에 모뉴먼트 밸리 황야에서 늑대와 혈전을 벌인 여행자가 있었다는 기사가 해외 토픽 뉴스로 나올지도 모른다는 생각에 잔뜩 긴장했다. 녀석들이 공격해 오면 진짜로 싸워야 할 수도 있겠다 싶어 포크 두 개를 꺼내려는 생각까지 하고 있었는데, 두 마리나 되니 안전한 차 속으로 피하는 것이 최선이었다. 두 마리 늑대 때문에 존 포드 바위에 서서 사진을 찍고자 했던 멋진 설정은 아쉽지만 포기하고, '비의 신'이라고 이름 지은 레인 갓 메사(Rain God Mesa)를 끼고 돌아 토템폴과 아티스트 포인트로 향했다.

전망이 좋은 포인트들
1. The Mittens and Merrick Butte
2. Elephant Butte
3. Three Sisters
4. John Ford's Point
5. Camel Butte
6. The Hub
7. Totem Pole and Yei Bi Chei
8. Totem Pole and Sand Springs
9. Artist's Point
10. North Window
11. The Thumb

모뉴먼트 밸리 내 뷰트와 메사 안내도

아침 햇살에 빛나는 바위(뷰트)들은 5천만 년 동안 수없이 겪었을 풍파를 뒤로하고 적막감과 신성함을 드러낸다. 사방에 늘어선 메사들은 지구의 역사와 함께했을 것인데, 그에 비하면 우리 인류는 세상에 잠깐 머무는 존재일 뿐이다. 현생 인류가 살았던 시간 중에 단지 한 세대만 살 수 있는 우리는 이 땅에 머무는 시간이 찰나에 불과하다. 자연의 보호 아래 있는 짧은 인생을 생각하니 삶의 멍에를 깃털처럼 가볍게 여겨야 할 듯하다. 레드카펫처럼 보이는 붉은색 황톳길에 붉은빛으로 사열한 메사와 뷰트는 우리 가족을 환영하듯 인사한다. 이들의 아름답고 신비로운 연출에 감동을 받은 우리 가족은 나그네처럼 느리게 걸어가며 잠시나마 모든 상념을 잊는 시간을 갖는다.

- 뷰트(Butte): 평원에 우뚝 솟은 봉우리.

- 메사(Mesa): 위가 평평하여 테이블 모양인 산 혹은 언덕.

- 미튼(Mitten): 벙어리장갑을 닮은 봉우리로, 영적인 존재를 나타내기도 함.

- 메릭 뷰트(Merrick Buttes), 미첼 메사(Mitchell Mesa): 1864년에 나바호족이 뉴멕시코의 섬너(Sumner)로 강제 이주 당시 커스터(Custer) 장군 밑에서 일한 두 명의 이름.

- 코끼리 뷰트(Elephant Butte): 서쪽을 보고 있는 거대한 코끼리 형상.

- 세 자매(The Three Sisters): 두 제자를 바라보고 있는 천주교 수녀와 같은 형상.

- 존 포드 포인트(John Ford's Point): 〈역마차〉 등 서부영화와 존 웨인을 유명하게 만들어 준 감독의 이름을 붙인 지점.

- 카멜 뷰트(Camel Butte): 낙타가 서쪽을 바라보고 있는 형상.

- 더 허브(The Hub): 마차 바퀴의 축 같은 형상(나바호족은 호간 안에 있는 화로를 닮았다고 함).

- 레인 갓 메사(Rain God Mesa): 물의 신을 상징하고 주술사가 기도하는 곳.

- 버드 스프링(Bird Spring): 방대한 모래언덕(Sand Dune)이 내려다보이고, 동쪽 바닥에서 물이 나오는 자연 대수층.

- 토템 폴(Totem Pole): 북서부 부족들이 보통 나무로 만드는 역사와 신화를 표현하는 상징물.

- 더 예이 비 체이(The Yeo Bi Chei): 토템 폴의 동쪽에 있는 나바호족의 신령이라는 뜻 (나바호 전통 가옥에서 춤추는 사람의 형상).

- 아티스트 포인트(Artist's Point): 한 폭의 그림 같은 풍경이라서 명명.

- 스피어헤드 메사(Spearhead Mesa): 창끝을 닮은 메사.

- 클라이 뷰트(Cly Butte): 유명한 나바호 주술사의 이름으로 기슭에 묻혀 있음.

- 더 썸(The Thumb): 낙타 뷰트에서 떨어져 나온 첨탑으로 엄지손가락을 치켜세운 모습(혹은 카우보이 부츠를 닮음).

밸리 드라이빙을 마치고 굴딩스 롯지에 돌아오니 거의 8시가 되었다.

전날 숙소에 밤늦게 도착하고 새벽에 나갔다 온 탓에 굴딩스 롯지가 어떤 풍경인지 보지 못했다. 이제야 굴딩스 풍경을 보게 되는데 예사롭지가 않다. 우뚝 솟은 바위산(Rock Door Mesa)이 롯지 뒤를 휘감고 있고, 앞쪽은 광활한 황야에 이름 모를 메사들이 펼쳐진 모습이 이색적이면서 멋있기 때문에 여행자가 쉬어가기 좋은 곳이다. 돈 많은 사람이라면 별장을 짓고 싶은 욕구가 생길 만한 위치라고 본다. 더 뷰 호텔도 그렇지만, 굴딩스 롯지도 이 지역의 자연색인 황토색으로 외벽을 만들었기 때문에 눈에 잘 띄지 않는 것이 특징이다. 인디언들이 운영하고 있기 때문인지 미국이라기보다 동남아의 유명 관광지에 와 있는 것 같은 색채가 느껴진다. 해가 뜬 지 별로 안 되었는데 점점 햇볕이 따가워진다. 대낮이 되면 뜨거운 날씨가 될 것이므로 벌써 더위가 염려된다. 더위를 고려했을 때, 새벽에 일어나 일출을 보고 한적했던 그 시간에 밸리 드라이브 로드를 드라이브한 것은 잘한 결정이다.

누룽지와 마른반찬, 라면, 과일(포도, 블루베리)로 아침 식사를 하고, 늦어도 9시에는 떠나야 한다. 앤털로프 캐니언 예약 시간이 11시 30분이고, 앤털로프 캐니언까지는 2시간이 소요되기 때문이다. 예약 시간을 맞추지 못하면 입장을 허가하지 않는다는 말도 있어 여유로운 이동 시간을 가져야 할 필요가 있다.

굴딩스 롯지 전경

📋 빛의 향연에 빠지다. 앤털로프 캐니언

앤털로프 캐니언으
로 출발 전에 잠시 지
도를 살펴봤다. 모뉴
먼트 밸리는 주(State)
경계에 있다. 현재 위
치인 유타주에서 애리
조나주로 이동하면 시

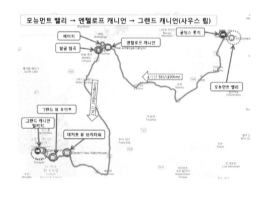

간이 1시간 늦어진다. 그리고 보니 잠은 유타주에 있는 굴딩스 롯
지에서 자고, 새벽부터 아침까지 애리조나주 모뉴먼트 밸리에 가

서 밸리 드라이브를 하였다. 다시 숙소가 있는 유타주로 돌아와 아침 식사를 하였고, 앤털로프 캐니언이 있는 애리조나주로 출발한다. 주의 경계가 모뉴먼트 밸리를 가르다 보니 벌어진 재밌는 상황이다. 이 사실을 린에게 알려줬더니, 주 경계선이 어딘지 물어본다.

"여기 지도 봐봐. 이 선이 경계선이야."

"지도 말고, 실제 경계선이 어딨냐고요?"

"같은 나라인데 주끼리 경계선에 철책이라도 만들어야 하니?"

"그건 그렇네. 그럼 철책은 우리나라만 있는 건가요?"

"사이좋은 나라끼리는 없겠지? 예를 들면, 유럽은 나라들 사이에 철책이나 경계선이 없고, 단지 안내판만 있잖아. 그런데 우리나라는 북쪽은 철책이 있고 동·서·남쪽은 바다라서 고립된 섬하고 완전히 똑같은 형국이지. 그래서 비행기나 배를 타지 않으면 다른 나라에 갈 수 없잖아. 북한과 사이가 좋아지면 유럽까지 자동차를 타고 여행을 떠날 수 있을 텐데."

"아빠 죽기 전에 그런 날이 왔으면 좋겠어요. 그래서 우리 차로 유럽과 아프리카까지 가족여행을 하고 싶네요."

"내가 죽기 전에 그런 날이 오더라도 할아버지가 되면 힘들어서 못 할 것 같은데…."

"그건 걱정하지 마세요. 제가 여행 준비하고, 운전도 제가 할게요."

린의 말을 들어 보니, 국제 정세가 좋아진다면 노후에는 유럽, 아프리카까지 자동차로 떠나는 가족여행을 할 수 있을 것 같은 기대감이 든다.

달리는 내내 이 지역은 삭막하기만 하다. 완전히 황색으로 뒤덮인 벌판에 간간이 살아있는 초목이 전부일 뿐이다. 이곳에 정착한 인디언들은 오직 목축업으로 생계를 유지하였다고 하는데, 탄수화물은 어떻게 섭취하고 살았을지 궁금하다. 색다른 풍경은 여행자의 흥미를 끌어모으기에 더할 나위 없이 좋겠지만, 삶이라는 현실 세계에서 이곳 원주민들은 어떤 방식으로 삶을 꾸려가고 있을지 궁금하지 않을 수 없다. 한 번 뻗으면 언제 꺾어질지 모르는 황야의 도로를 달렸다. 그러다 흰색 계통의 색상을 띤 지역을 통과하게 되었다. 전망이 좋아 보여 공터가 있는 갓길에 차를 세웠다. 그래도 다른 지역에 비해 초목이 제법 있는 이 지역을 배경 삼아 방문 흔적을 남기고 떠나려 하는데 좌판을 펼쳐놓고 액세서리를 판매하는 원주민들이 이목을 끌었다. 집에서 손으로 만든 액세서리를 팔고 있는 것이다. 기(氣)가 많은 원석으로 만들었다는 거북이 목걸이 2개와 제법 묵직한 목걸이 1개를 80달러에 샀다. 이 근처에서 생산한 보석으로 만들었다기에 어머니와 장모님께 선물할 생각으로 장수를 상징하는 거북을 골랐다.

차에서 아내가 부르는 소리가 들렸다. 아내가 말하길, "늦었다면서 왜 여유를 부리는지 모르겠다."며 다그친다. 그러고 보니 여기서 보낸 시간이 40분이나 된다. 적당한 핑계가 필요했다. 그래서 이유를 만들어 설명해 주었다.

"앤털로프 캐니언이 있는 페이지란 마을이 모뉴먼트 밸리보다 1시간이 느리다고 하는데, 당신 몰랐어? 차에 있는 라디오 시계가 1

시간 느려진 거 못 봤구나. 나는 이미 알고 있었는데, 현지에서 정말 그렇게 변하는지 확신하지 못했기 때문에 말을 못 하고, 이제야 얘기하는 거야."

"헐~. 그건 나도 알고 있는 거잖아. 나는 그 한 시간도 이동 시간에 포함해서 계산한 건 줄 알았단 말이야."

아내는 속았다는 표정이다. 계획을 세우고 여행을 진행하는 나로서는 혹시라도 잘못된 정보가 될지 몰라 현지에 도착하기 전까지는 확신하지 않는다.

어쨌든 1시간 늦어진 시차 덕분에 중간에 주유소도 들리고, 풍경이 좋은 곳에서 잠시 쉬는 여유도 가졌다.

로워 앤털로프 캐니언(Lower Antelope Canyon)에는 11시에 도착하였다.

예약할 때, 어퍼 앤털로프 캐니언(Upper Antelope Canyon)은 매진(Sold Out)상태였고, 로워 앤털로프 캐니언만 예약이 가능하였다. 투어 비용도 비싸지만, 예약하지 않으면 현장에서 티켓을 구매하기 어렵다고 하여서 한 달 전에 제일 좋다는 시간대인 11시 30분으로 예약을 해 두었다. 현장에 도착해서 보니 다른 투어 회사도 있다. 우리는 온라인으로 예약한 켄트 투어(Kent Tour)라는 업체 앞에 차를 세웠다. 차에서 내리자마자 돌풍이 불어 모래 먼지가 차 안으로 날아들면서 모자는 날아가고 따가운 모래가 뺨을 때렸다. 잠시 웅크리고 앉아 있다가 차 내부를 수습하고 재빨리 투어 회사 사무실로 들어갔다. 그래도 시간 여유가 있어 기념품 가게에서 쇼핑하고 앤털로프 캐니언의 역사를 안내하는 관람도 할 수 있어서 좋다.

앤털로프 캐니언도 나바호 인디언 보호구역에 있어 모뉴먼트 밸리처럼 나바호국에서 관리한다. 황야에서 양치기하던 인디언 소녀가 양을 찾다가 이 바위 동굴을 발견하였기 때문에 이 동굴의 이름을 '영양'이란 뜻의 앤털로프(antelope)라고 지었다는 설이 있다. 이후 이곳은 현지 인디언 가이드의 인솔하에 입장이 가능하도록 하여 많은 수입을 올리는 관광 자원이 되고 있다.

예약 시각이 되면 투어 가이드가 시간을 큰 소리로 말한다. 그러면 그 시간에 예약한 관광객들은 티켓 검사를 받고, 여러 명의 가이드가 각각 그룹을 만들어 안전 교육과 탐사 안내를 한다. 특히 입구에 있는 계단의 경사가 심해 위험하여 조심할 것을 신신당부하고 있다.

가이드의 안내는 앤털로프 캐니언의 계곡 속으로 들어갔을 때, 캐니언의 신기한 실제 모습을 묘사하는 설명으로 빛이 난다.

◉ 앤털로프 캐니언

: 앤털로프 캐니언은 슬롯 캐니언(Slot Canyon)이다. 슬롯 캐니언은 물의 침식에 의해 생긴 폭이 아주 좁은 캐니언을 말한다. 균열이 일어난 부분이 수로가 되어 사암이 깎여 들어간다. 오랜 시간이 흐른 결과, 폭 1~3m, 깊이 50m에 달하는 좁고 깊은 협곡이 만들어졌다. 이 협곡은 어퍼(Upper)와 로워(Lower)로 나뉜다. 어퍼는 바위산으로 들어가는 동굴처럼 되어 있고, 로워는 지하로 내려가는 동굴 같다.

나바호 말로 어퍼 앤털로프 캐니언은 '물이 바위를 관통해서 흐르는 곳'이고, 로워 앤털로프 캐니언은 '휘감아 도는 바위 아치들'이다.

캐니언에 들어가면 위쪽은 진한 주황색과 노란색으로 빛나고 아래쪽으로 갈수록 빛이 약해지면서 어두운 푸른색과 보라색으로 변한다. 빛과 색의 대조는 협곡의 완만한 윤곽을 강조하면서 환상적인 풍경을 만들어 낸다. 시시각각 변하는 빛과 색깔, 모양의 형태가 어우러져 독특한 아름다움을 감상할 수 있다. 앤털로프 캐니언이 가장 아름다운 때는 태양이 바로 머리 위에 오는 한낮이다. 햇볕이 한 줄기 빛이 되어 협곡 바닥까지 비칠 때, 먼지로 인한 산란이 일어나 더욱 선명하고 아름답게 보인다. 날씨가 좋은 날에도 돌발적인 홍수의 위험이 있기 때문에 반드시 가이드를 동반해야만 들어갈 수 있다.

◉ 입장료(앤털로프 캐니언 홈페이지 예약)

Tour Title	**General Guided Tour**
Tour Date	**05 JUN 2018 Tuesday**
Tour Time	**11:30AM** Arizona Time (The same as US Pacific DAYLIGHT Time)
Check-In By	**11:00AM**
Check-In At	**Ken's Tours - Lower Antelope Canyon**

Item	Quantity	Rate	Tot
Adult	2	$40.00	$80.0
Child	2	$40.00	$80.0
		Sub-Total	$160.0
		5.00% Navajo Tax	$8.0
	(CASH ONLY) Navajo Permit Fee Navajo Permit Fee		$32.0
		Totals	$158.0

동굴에 들어가듯이 계단을 따라 내려간 순간 빛의 향연이 시작되었다. 하늘이 열려있는 지상부터 계곡 바닥까지, 모두가 신비로운 조각 작품이다. 붓으로 그려 놓은 듯 결이 있는 벽면은 파도 그림 같고, 구멍 뚫린 하늘에서 내려오는 한 줄기 빛은 미세한 먼지에 반사되어 산란을 일으키는데, 마치 스펙트럼 속으로 들어간 기분이 든다. 앤털로프의 속살을 보는 것은 누구도 함부로 범접하지 못한 미지의 세계를 탐험하는 것처럼 느껴진다. 한 걸음씩 걸음을

뗄 때마다 새롭게 등장하고 변하는 파노라마 같은 물결이 황홀경에 빠지게 만든다. 세찬 빗물과 바람이 만들어 낸 역사는 척박한 땅에 신이 내려준 선물로 여겨진다. 수억 년의 세월이 조각한 앤털로프는 역사가 되고 자연 유산이 되었다.

유명세만큼이나 많은 사람이 앞을 가로막고 있어 이동이 빠르지는 않다. 그래도 더딘 이동 시간은 좀 더 많은 시간 동안 앤털로프를 자세히 감상할 수 있는 여유를 준다. 린과 예린은 빛이 들어오는 하늘을 보며 벌린 입을 다물지 못하고 추억 만들기에 여념이 없다. 특히 예린이는 금세 모델이 되어 더 많은 화보를 찍고 싶다며 난리가 났다. 그러나 단독 사진을 찍기에는 많은 사람 사이에서 시간이 한정되어 있다. 더욱 좋은 품질의 사진을 얻고자 스마트폰, 미러리스, DSLR 카메라를 번갈아 가며 같은 장면을 찍었다. 결과는 항상 의외다. 스마트폰 카메라로 찍은 사진의 색감이 가장 잘 나왔다.

탐사가 한참일 때, 린과 예린이 이렇게 말한다.

"아빠. 동물의 내장 속을 걷는 것 같지 않아요? 벽의 결 무늬가 어떻게 보면 사람의 근육 같기도 하고…."

"오빠는 사람 근육 본 적 있어?"

"어렸을 때 '인체의 신비전'에 갔던 거 기억 안 나? 죽은 사람의 피부를 벗겨놓고 근육이랑, 배 속을 볼 수 있게 전시하는 데 아빠가 데려갔잖아."

"맞아. 나도 기억나. 배 속에 아기가 있는 여자도 있었고…."

로워 앤털로프 캐니언 매표소

로워 앤털로프 캐니언 출구

　린의 말을 듣고 보니 그렇게 보이기도 한다. 올록볼록한 물결무
늬로 길게 이어진 길이 마치 내장의 속살을 보는 듯하다. 물결무늬
는 사람의 근육과 비슷하게 보이기도 한다. 린이 사물을 보는 관점
이나 반응을 보면 전혀 예상치 못한 평론을 하여 가끔 놀랄 때가
있다. 어쩌면 순수한 아이들만이 생각할 수 있는 영감이 아닐까?

외국인들로 구성된 여행자들은 가이드의 안내에 따라 1시간 동안 탐방을 계속했다. 앤털로프에 푹 빠져버린 린과 예린은 더 머물고 싶어 했지만, 후미의 사람들에게 떠밀려 계곡 밖으로 나와야 했다.

아쉬움을 뒤로하고 작열하는 햇볕을 피해 차에 들어가 에어컨부터 켰다. 그리고 10분 거리에 있는 호스 슈 밴드로 갔다.

로워 앤털로프 캐니언

⌖ 굽이치는 호스 슈 밴드

호스 슈 밴드(Horse Shoe Band) TIP

⊙ 콜로라도강이 굽이지며 돌아가는 곳에 말발굽처럼 생긴 바위가 형성되어 붙여진 이름이다. 오랜 세월 동안 강물의 침식 작용으로 형성된 거대한 협곡으로 300m 이상의 절벽이 콜로라도강을 따라 펼쳐진다. 매우 덥기 때문에 물은 필수적으로 준비하고 선크림, 모자도 챙겨야 한다.

오후 1시가 되어 호스 슈 밴드에 도착하였다. 한낮에 와서 그런지 주차장은 차들로 가득 차 있다. 차에서 내리는 순간 찜통 같은 공기에 숨이 턱 막혀 왔다. 앤털로프 캐니언에서 물을 많이 마신 탓에 화장실부터 가게 된다. 뜨거운 열기에 달궈진 미국 서부 국립 공원의 푸세식 화장실은 악취가 더욱 심할 수밖에 없지만, 대안이 없다. 뙤약볕에서 노출된 시간이 많다 보니 물, 선글라스, 모자를 챙기느라 출발하기도 전에 더위에 지치기 시작한다. 트레일은 사암이 부서진 모래로 되어 있어, 오가는 사람들로 인해 먼지가 자욱하게 일고 있다. 게다가 가끔 세게 부는 바람 때문에 먼지 폭풍이 일어 양산을 쓰고 있던 사람은 바람에 휘둘리다 양산이 망가지는 모습이 사막 영화의 한 장면처럼 느껴진다. 호스 슈 밴드까지 걸어서 15분 정도 소요된다기에 가볍게 갈 수 있다고 생각했는데, 뜨거운 더위 때문에 멀게 느껴진다. 물을 충분히 준비하지 않았던 한 여행자가 물을 얻고자 부탁하는 모습도 보인다. 언덕을 지나는 곳에는 더위를 피하기 위한 쉼터로 보이는 정자가 있다. 별 어려움이 없을 것 같던 이 트레일은 뜨거운 열기와 직사광선 때문에 금세 체력이 소진되어 지치게 된다. 노약자에겐 고려해봐야 할 코스일 것 같다.

호스 슈 밴드에 이르자, 많은 여행자가 호스 슈 밴드를 둘러싸고 있다. 여행하면서 쉽게 보지 못했던 한국인, 중국인, 아랍인들이 섞여 있어 가히 인종 전시장이라 할 만하다. 오랜만에 많은 한국인도 보니 반가운 마음이 든다. 사람 사이를 비켜 가며 계곡을 보았다. 절벽 위에서 아래로 흐르는 콜로라도강까지는 까마득한 낭떠러지다. 감히 그 끝에 서 있을 수가 없었다. 린과 예린이 겁 없이 다가가기에 적극적으로 말렸다.

"린아, 예린아. 제발 가까이 가지 말아 줘. 아무도 믿지 마! 누가 장난으로 밀기라도 하면 끝이다. 더 이상 가면 안 돼! 제발~!"

"아빠는 너무 겁이 많아~. 아무렇지 않은데~. 빨리 사진이나 찍어 주세요!" (예린)

난간도 없는 데다가 사람이 많아 행여 누군가가 살짝 건드리기라도 해서 떨어진다면 저 아래 강은 콜로라도강이 아닌 요단강이 되고 말 것이다. 이토록 무서운 벼랑에서 바위에 걸터앉아 사진을 찍는 여행자들이 있는데, 그들은 젊은 한국인 아가씨들이다. 서로 번갈아 가면서 인생 샷(사진)을 찍어야 한다는데, 인생 샷 때문에 인생을 원 샷으로 끝낼까 봐 보는 내가 더 겁이 난다.

호스 슈 밴드의 풍경을 보면 강원도 영월의 한반도 지형을 연상하게 된다. 평창강 끝머리에 형성된 한반도 지형의 영월군 한반도면은 본래 면 이름이 서면이었으나, 한반도 지형의 유명세 덕분에 2009년에 행정 구역명이 한반도면으로 변경되었다. 호스 슈 밴드도 말발굽 모양이 아니라 미국 지도를 닮았다면 어땠을지 생각해 본다.

더위는 오래 머무는 것을 허락하지 않았다. 가장 나이가 어린 예린이가 많이 힘들어하고 조금 더 있다가는 모두가 체력의 끝을 볼 것 같아 서둘러 자리를 떠야만 했다.

불과 1시간 만에 가족 모두 탈진에 이를 만큼 힘든 시간이었다. 뜨거운 열기 속에서 이루어진 트레일은 많은 체력 소모가 있었다. 이런 이유로 부지런히 새벽에 활동을 많이 하는 우리의 일정이 현명한 계획이었음을 다시금 깨달았다.

호스 슈 밴드 트레일

호스 슈 밴드(목숨 걸고 찍은 사진)

⛳ 데저트 뷰/그랜드 뷰/황혼의 그랜드 캐니언

벌써 오후 2시다. 호스 슈 밴드를 떠나기 전에 끼니를 먼저 해결해야 할 것 같았다. 아침에 만든 도시락(유부초밥과 어묵국)으로 점심을 차에서 먹었다. 허기진 배를 채우자마자 더위에 지쳐 있던 가족들은 곧바로 낮잠에 빠졌다. 가족들이 잠든 사이에 사우스 림을 향해 갈 것이다. 2시간 거리의 사우스 림은 서부 여행의 대명사 그랜드 캐니언의 남쪽에 해당한다. 황무지 사막길이 끝나고 카이밥 국유림(Kaibab National Forest) 안으로 들어서자 나무가 무성한 숲속 길을 따라가게 되고, 곧 그랜드 캐니언 동쪽 요금소(Grand Canyon East Entrance)가 나온다. 직원에게 애뉴얼 패스를 보여주자 공원 안내도를 건네준다. 그곳에서 가까운 위치에 있는 데저트 뷰 포인트로 방향을 틀었다.

그랜드 캐니언의 사우스 림에서 처음으로 마주하게 되는 뷰 포인트에 이르자, 잠에서 덜 깬 린과 예린이 일어나기 힘들다며 그냥 자고 싶다고 한다. 주차장에 많은 차와 사람들이 운집해 있는 걸 보고, 건너뛸 만한 포인트가 아님을 설명하며 달래서 깨웠다. 그러자 겨우 차에서 내리며 모래 먼지로 만신창이가 된 신발을 꺾어 신고, 화장실에 들러 호스 슈 밴드에서 흐트러진 외모를 정리하고 나서 전망대로 향했다.

이스트 림

⊙ **데저트 뷰 포인트(Desert View Point)**
: 데저트 뷰는 그랜드 캐니언 동쪽에서 온 여행자들이 첫 번째로 만나는 전망대이다. 해질 녘엔 붉게 물들어가는 그랜드 캐니언의 모습과 워치타워가 어우러진 멋진 풍경을 감상할 수 있다. 또한 온종일 풍경을 담아내는 화가들도 자주 볼 수 있을 만큼 그랜드 캐니언과 콜로라도강이 멋진 풍경을 보여준다. 고대 푸에블로(Pueblo)족의 망루와 비슷하게 디자인하여 1932년에 완공한 워치타워는 1층은 기념품점이고, 2층부터 4층까지는 인디언 문양이 멋지게 새겨져 있다.

⊙ **리판 포인트**
: 일출을 보기 좋은 곳이다.

⊙ **그랜드 뷰 포인트(Grandview Point)**
: 1888년 피트 베리와 동업자들이 오두막을 짓고 광산을 개발하던 곳이다.

인생에 한 번쯤은 방문할 만한 가치가 있는 그랜드 캐니언과의 첫 만남은 데저트 뷰 포인트에서 처음 시작되고 있다. 그랜드 캐니언의 의미를 '크게 파인 깊은 골짜기'라는 표현으로 해석해도 적절한지 모르겠다. '넓은 평원을 갈라놓은 거대하고 웅장한 골짜기'라고 한다면 더 분명한 해석이 될 것 같다. 그래서 골짜기로 해석되는 캐니언 앞에 그랜드라는 형용사를 붙여서 그랜드 캐니언이라 부르게 되었을 것이다. 캐니언의 가장 깊숙한 곳은 마치 혈관의 정맥처럼 보이는 초록색 물줄기가 도드라져 보인다. 태초부터 이 물줄기는 지금껏 끊임없이 퇴적층을 깎아내고 있을 것이다. 이 강물은 우리가 여행을 시작한 로키산에서 시작되어 캐니언 랜즈를 지나 말굽 협곡을 통과해서 이곳까지 함께 왔다. 웅대하고 장대한 역사를 만들어낸 콜로라도강이 우리 여행의 전도사 역할을 하는 건 아닌지 생각해 본다.

데저트 뷰 포인트에서 본 전망도 시원하고 장쾌하기 때문에 충분히 만족할 수 있지만 데저트 뷰 워치타워에 올라가면 막힘없이 볼 수 있어 더욱 좋다. 오르는 계단이 힘들게 느껴져 지나치려 했던 생각은 후회를 남길 뻔했다. 타워 내부의 인디언 문양이나 기념품 가게를 둘러보는 재미도 쏠쏠하지만, 4층 전망대에서 보는 그랜드 캐니언의 모습이 압권이다.

데자트 뷰 포인트를 떠나 그랜드 뷰 포인트로 향했다.

그랜드 뷰라는 이름으로 알 수 있듯, 이곳은 이스트 림에서 가장 넓은 시야와 다양한 뷰로 광활한 풍경을 보여준다. 이 포인트에서 아내가 그랜드 뷰 트레일을 따라 내려갔다. 예상치 못했던 일이다. 아름다운 풍경에 빠져 황홀경에 이르자, 오직 전망 좋은 위치에 있는 바위로 가 보겠다는 마음이 정신세계를 지배하고 있는 것 같다. 체력이 고갈되었다고 여태까지 했던 말은 거짓말이었다. 나는 전망 좋은 바위로 가는 길에서 그 옛날 구리를 캐기 위해 이곳을 오르내리던 광부들의 거친 숨소리를 들었다.

그랜드 캐니언 계곡 아래로 이어지는 이 길은 광물을 캐기 위해 만든 길이다. 지금은 5.8마일(9.3㎞)의 호스 슈 메사 트레일(Horse-shoe Mesa Trail)이 되었지만, 광부들이 오가는 모습이 눈앞에서 오버랩되어 보인다. 이 트레일을 따라 더 내려가면 100년 이상 된 당시의 광산 흔적도 볼 수 있다고 한다.

룩아웃 스튜디오 앞 석양

데저트 뷰 포인트(콜로라도강)

워치타워 내부

호스 슈 메사 트레일(그랜드뷰 포인트)

그랜드 뷰 포인트

그랜드 뷰 포인트를 뒤로하고 가급적 빨리 여장을 풀고자 숙소로 향했다. 일출과 일몰을 쉽게 볼 수 있도록 그랜드 캐니언 빌리지의 매스윅(Maswik) 롯지에 예약을 하였는데 체크인부터 불편했다. 카운터를 찾는 것도 어려웠지만, 체크인 이후 배정된 방으로 가기 위해 차를 타고 근처를 돌아다니며 숙소를 찾아야 했다. 또한, 힘들게 찾아 들어간 숙소엔 냉장고나 에어컨 시설은 없고, 단지 벽걸이 선풍기 1대와 텔레비전밖에 없다. 이런 형편없는 숙소가 그랜드 캐니언 빌리지에 있다는 이유만으로 숙박비가 120달러나 하는데, 그마저도 2개월 전에 겨우 예약이 가능하였다. 디미니싱 뷰(Diminishing View)에서 가까운 숙소는 서두르지 않으면 예약조차 힘들다고 한다. 숙소의 품질이 좋지 않더라도 가까운 거리에 있는 디미니싱 뷰에서 일몰과 일출을 볼 수 있다는 장점을 최대한 활용할 수 있다면 그것으로 만족해야 한다. 짐을 대충 정리하면서 체크인할 때 레스토랑에서 주문한 피자 한 판을 뚝딱 먹어치우고, 그랜드 캐니언의 석양을 보기 위해 롯지를 나왔다. 룩아웃 스튜디오(Lookout Studio) 앞에 자리를 잡고 석양을 감상하는데, 뜻하지 않은 복병을 만났다. 해가 기울어 가면서 기온이 떨어지는 변수를 생각하지 못했던 것이다. 차에 있는 담요 1장을 꺼내 린, 예린, 아내가 함께 뒤집어썼다. 아내는 석양이고 뭐고 필요 없다며 빨리 숙소에 들어가자고 한다. 그래도 일몰 사진을 몇 장이라도 건져보고자 혼자서 이리저리 나대다가 결국 가족들의 성화를 못 이기고 패잔병처럼 숙소에 들어갔다. 밤이 되면 쌀쌀해지는 날씨 때문에 숙소에 에어컨이 필요 없을 것 같다. 에어컨을 설치하지 않은 이유가 이제야 이해되었다. 숙소에 들어온 린과 예린은 와이파이가 잘 안 된다며 투덜거리다 끓여준 라면을 먹고, 곧바로 침대에 쓰러져 잠이 들었다. 큰 짐(린, 예린)들이 휴식에 들어가니 모처럼 조용히 쉴 수 있는 여유가 생겼다. 아내와 둘이서 캔 하나씩 들고 그랜드 캐니언의 밤하늘을 보기 위해 테라스 의자에 앉았다. 밤하늘을 가득 메운 별들을 바라보며 어렸을 때 시골에서 밤마다 보았던 은하수에 대하여 이야기하였다. 수많은 별이 내려다보는 그랜드 캐니언에서 쉬어가는 여행자는 잠시나마 삶의 멍에를 벗어버리고 영혼이 쉴 수 있는 치유의 시간을 갖게 된다. 하루 중 유일하게 조용하고 평온한 시간은 이렇게 흘러갔다.

LINN&YERIN'S DIARY

2018년 6월 5일

오늘은 아침 일찍 일어나서 모뉴먼트 밸리에 갔다. 이른 아침이라 사람이 없고 무료로 들어갈 수 있었다. 아주 좋았다. 내려가서 오프로드 드라이브를 하니 또 색 달랐다. 위에서 내려다보는 게 아니라 아래에서 올려다보는 경치는 매우 달랐다. 그러다 말들을 키우고 있는 목장을 발견했다. 위에서 돌아다니던 말 두 마리를 봤는데 야생마가 아니었던 것이다. 그런데 늑대가 우리 가족한테 왔다. 우리 가족 모두 무서워서 서둘러 차에 탔다. 늑대는 차 밖에서 아빠를 노려보았다. 목줄이 채워져 있는걸 보니 야생 늑대는 아닌 것 같았다. 아빠가 차를 몰고 가는데 계속 쫓아오다가 그냥 포기하고 갔다. 그렇게 경치를 구경하고 사진을 찍다가 모뉴먼트 밸리에서 나오고 앤털로프 캐니언에 갔다. 갈라진 땅속을 탐험하는 것이었다. 지하에 들어가는 계단에서 김예린이 하나도 안 무섭다면서 왜 조심하라고 하는지 모르겠다며 허풍을 떨었다. 그러다가 더 내려가니 계단이 좁아지며 조금 무섭다고 하며 가족 중 가장 무서워했다. 그러다가 더 내려가니 사다리 같은 계단, 아니, 사다리가 나오니 무섭다며 내려갔다. 내가 제일 먼저 빠르게 내려가서 김예린 얼굴을 보니 가장 겁에 질린 표정이었다. 난 하나도 안 무섭다면서 표정은 겁에 질린 표정이라고 놀렸다. 김예린은 그저 웃었다. 앤털로프 캐니언 아래는 정말 멋졌다. 사진을 엄청 많이 찍다가 다시 올라가는데 이젠 하수구 뚜껑으로 만든 게 아니라 쇠막대기로 만든 거라 김예린은 더 무서워했다. 난 더 재미있게 김예린을 놀렸다. 그리고 올라가서 말굽 협곡으로 출발했다. 시간만 오래 걸리고 덥고 짜증 났다. 그러고 나서 뷰 포인트 두 군데를 가고 숙소로 갔다. 숙소에 에어컨도 없고 와파(와이파이)도 안 터져서 짜증 났다.

Part 7.

그랜드 캐니언,
세도나
(여행 6일 차)

| 사우스 림(매더 포인트, 야바파이 포인트, 야키 포인트, 카이밥 트레일),

세도나(에어포트 시닉 룩아웃) |

🪧 매더 포인트, 야바파이 포인트(사우스 림)

여행을 떠난 이후로 여섯 번째 날이다. 6시에 눈을 뜨니 벌써 날이 훤했다. 일출을 보기에는 이미 시간을 놓쳤지만 이른 아침 풍경이라도 봐야 할 것 같아서 가족들을 모두 깨웠다.

그랜드 캐니언의 일출을 볼 수 있다고 속였더니, 다들 벌떡 일어나 옷을 챙겨 입고 나섰다. 그랜드 캐니언 방문자 센터 근처까지 차를 타고 갔다. 그랜드 캐니언은 사우스 림, 이스트 림, 웨스트 림, 노스 림으로 나뉘는데 여행자들은 대부분 사우스 림을 찾는다. 그 이유는 전망 좋은 뷰 포인트가 모여 있어 짧은 시간 안에 효과적인 투어를 할 수 있기 때문이다. 겨울에 개방하지 않는 노스 림의 풍경이 좋다는 정보를 알게 되어 방문 일정에 포함해 두었으나 도저히 시간이 허락되지 않을 것 같다. 언젠가 다시 올 날을 기약하며, 그때는 남과 북의 림 트레일을 하이킹으로 횡단하겠다고 다짐해본다.

먼저 방문자 센터에서 가까우면서 그랜드 캐니언을 대표하는 전망대인 매더 포인트(Mather Point)로 걸었다. 마침 해는 지평선 위에 떠 있었다. 해가 하늘로 점점 올라가자 골과 능선을 붉게 물들이던 빛과 그림자 물결이 점점 옅어지며 본래의 색을 찾아간다. 깊게 파인 골 사이를 좀 더 자세히 들여다보니 새벽에 출발했을 것으로 추정되는 여행자들이 트레일을 따라 줄줄이 걸어가고 있다. 이 모든 장면이 마치 살아있는 풍경화처럼 보인다.

산책하듯 림 트레일을 따라 야바파이 포인트(Yabapai Point)로 천천히 걸었다. 푸르른 숲이 자연 그대로 보존된 트레일은 평화롭게 보이고, 그 속에서 살아가는 야생 동물들도 만나게 된다. 음수대에서 만난 엘크는 사람을 전혀 의식하지 않고 수도꼭지에서 나오는 물을 마시고 있다. 하늘엔 콘도르가 날고, 숲속의 작은 새들은 아침을 알리는 듯 계속해서 지저귀는 데 여념이 없다. 시시때때로 출몰하는 다람쥐들은 혹시라도 먹거리를 얻으려고 하는지 뒤에서 졸졸 따라오기도 한다. 호기심 많은 린과 예린은 초코바에 있는 땅콩을 떼어내서 다람쥐에게 땅콩을 줄 듯 말듯 약 올리는데, 아내가 괴롭히지 말라고 하자 결국 땅콩을 던져 준다. 전망 좋은 곳마다 캐니언을 들여다보면 조금씩 다른 모습으로 변하는 풍경을 볼 수 있다. 이른 아침이라 산책하는 사람이 적어서 더 상쾌하게 느껴진다. 20분 정도 걸었더니 야바파이 포인트에 이르렀다.

야바파이 포인트는 매더 포인트, 야키 포인트(Yaki Point)와 더불어 그랜드 캐니언의 3대 포인트다. 아무도 없는 바위에 오직 우리 가족만이 올라서서 다른 느낌의 그랜드 캐니언을 감상할 수 있었다.

수많은 협곡을 쉼 없이 깎아내는 콜로라도강과 울긋불긋 선연하게 드러난 각양각색의 퇴적층이 함께 어우러져 그랜드 캐니언이 되었다. 콜로라도강에 의해 깎여나가는 지층은 1년에 5㎜가 채 되지 않는다. 그렇다면 캐니언을 만들기 위해 필요했던 시간을 대충 계산할 수 있겠지만, 결국 헤아릴 수 없는 숫자에 불과할 뿐이다. 이에 비하면 우리 인생이 너무도 보잘것없는 찰나에 지나지 않는 시간이라는 사실에 초라함을 깨닫게 된다. 찰나와 같은 시간에 치열한 삶을 살아야 하는 우리의 현실이 서글퍼진다. 이런 자연을 보고 있노라면 해탈을 하게 되거나 그 의미를 이해할 수 있을 듯하다. 선캄브리아 지층까지 파헤친 콜로라도강을 보며 짧은 인류 역사와 한 인간의 수명 그리고 인생무상까지 생각해 보게 된다.

매더 포인트 방향으로 되돌아가던 중 주차장 근처에 이를 무렵 길바닥에 인디언 부족의 이름이 새겨진 곳을 발견하였다. 미국이 서부를 개척하기 전에 그랜드 캐니언이 인디언들의 땅이었음을 기념하기 위해 만들어 놓은 것이다. 여행자 대부분은 관심을 두지 않고 지나간다고 하기에, 특별히 관심을 두고 살펴보면서 인디언들의 역사에 경의를 표했다.

대략 1시간 넘게 트레일을 걷고 숙소에 돌아왔더니 8시 반이나 되었다. 어묵국에 밑반찬을 곁들여 햇반으로 아침 식사를 하고, 10시가 다 되어 떠날 채비를 마쳤다. 호텔 체크아웃은 별 의미가 없는지 프런트에서 그냥 가라고 한다. 하기야 취사도구도 없는 숙소는 별다른 시설이 구비되어 있지 않아 특별한 점검 사항이 필요 없을 듯하다.

매더 포인트

물 마시는 엘크

림 트레일

콘도르

아바파이 전망대 전망

인디언 부족의 이름이 새겨진 바닥

그랜드 캐니언의 역사

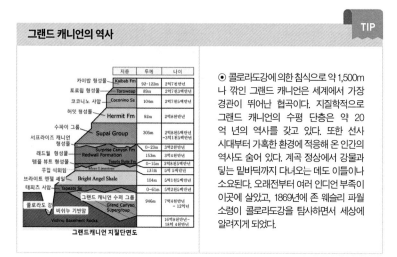

지층	두께	나이
카이밥 형성물 Kaibab Fm	92~122m	2억7천만년
토로윕 형성물 Toroweap	89m	2억7천3백만년
코코니노 사암 Coconino Ss	104m	2억7천5백만년
허밋 형성물 Hermit Fm	92m	2억8천만년
수파이 그룹 Supai Group	305m	2억8천5백만년 ~3억1천5백만년
서프라이즈 캐니언 형성물 Surprise Canyon Fm	0~23m	3억2천만년
래드윌 형성물 Redwall Formation	153m	3억4천만년
템플 뷰트 형성물 Temple Butte Formation	0~15m	3억8천5백만년
무압 석회암 Muav Limestone	137m	5억 5백만년
브라이트 엔젤 셰일 Bright Angel Shale	104m	5억1천5백만년
태피츠 사암 Tapeats Ss	0~61m	5억2천5백만년
그랜드 캐니언 수퍼 그룹 Grand Canyon Supergroup	946m	7억4천만년 ~12억년
콜로라도 강 비쉬누 기반암 Vishnu Basement Rocks		16억8천만년~18억 4천만년

그랜드캐니언 지질단면도

⊙ 콜로라도강에 의한 침식으로 약 1,500m 나 깎인 그랜드 캐니언은 세계에서 가장 경관이 뛰어난 협곡이다. 지질학적으로 그랜드 캐니언의 수평 단층은 약 20억 년의 역사를 갖고 있다. 또한 선사 시대부터 가혹한 환경에 적응해 온 인간의 역사도 숨어 있다. 계곡 정상에서 강물과 닿는 밑바닥까지 다녀오는 데도 이틀이나 소요된다. 오래전부터 여러 인디언 부족이 이곳에 살았고, 1869년에 존 웨슬리 파월 소령이 콜로라도강을 탐사하면서 세상에 알려지게 되었다.

주요 포인트

⊙ **매더 포인트(Mather Point)**
: 사우스 림의 가장 대표 포인트로서 그랜드 캐니언에서 빠뜨릴 수 없는 포토존이다. 그만큼 많은 사람이 찾기 때문에 한적하게 둘러볼 수 있는 좋은 방법은 그랜드 캐니언 빌리지에 숙소를 정하고 단체 관광객이 없는 아침이나 늦은 오후에 림 트레일을 하는 것이다.

⊙ **야바파이 포인트(Yavapai Point)**
: 바로 앞에 주차가 가능하고 야바파이 지질 박물관과 서점이 있는 실내 전망대가 있다. 이곳에 주차하고 매더 포인트까지 다녀와도 좋다.

🪧 야키 포인트, 카이밥 트레일(사우스 림)

바쁜 여행자는 콜로라도강까지 하이킹할 순 없지만, 하이킹 흉내라도 내고 싶은 마음에 좋은 전망을 자랑하는 우와 포인트(Ooh Aah Point)까지 가 보는 일정을 세워 두었다. 여러 트레일 코스 중

카이밥 트레일은 우와 포인트까지 왕복 1시간이면 충분히 다녀올 수 있는 비교적 짧은 거리인 것을 확인했다. 하이킹하기에 앞서 야키 포인트와 카이밥 트레일헤드는 셔틀버스로 다녀와야 한다.

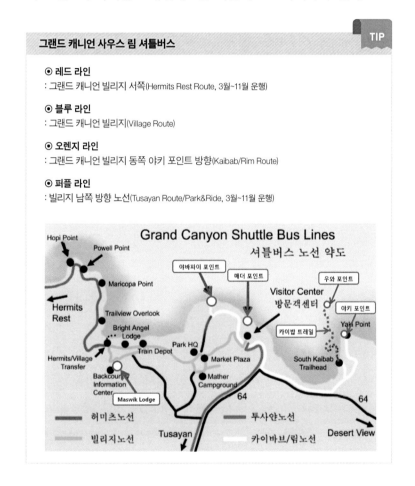

그랜드 캐니언 사우스 림 셔틀버스

TIP

⊙ **레드 라인**
: 그랜드 캐니언 빌리지 서쪽(Hermits Rest Route, 3월~11월 운행)

⊙ **블루 라인**
: 그랜드 캐니언 빌리지(Village Route)

⊙ **오렌지 라인**
: 그랜드 캐니언 빌리지 동쪽 야키 포인트 방향(Kaibab/Rim Route)

⊙ **퍼플 라인**
: 빌리지 남쪽 방향 노선(Tusayan Route/Park&Ride, 3월~11월 운행)

관광객들이 가장 많이 찾는 장소임을 입증하듯 그랜드 캐니언 빌리지 방문자 센터 주차장은 이미 만차에 가까워졌다. 하이킹 준비물(생수 6병, 유부초밥, 초코바)을 챙긴 가방을 메고 오렌지 라인(야키 포인트행) 셔틀버스를 탔다. 셔틀버스 승객의 대부분은 우리처럼 가족 단위의 여행자다. 관광객이 많은 방문자 센터와 달리 야키 포인트는 한적하기만 하다. 정오 무렵에 보는 야키 포인트는 매더 포인트에서 보았던 아침 풍경과 다른 모습을 보여준다. 아침보다 맑고 청명한 날씨 덕분에 그랜드 캐니언 풍경을 더 선명하게 볼 수 있는데, 높은 하늘만큼 깊은 골짜기는 파란 하늘과 음양의 조화를 이루어 한 편의 아름다운 영상을 보는 듯하다. 규모나 크기만 따진다면 캐니언 랜즈가 압도적일 것이나 침식으로 형성된 작품성은 모든 캐니언 중에 그랜드 캐니언이 제일인 듯 보인다. 보는 이마다 평가는 다르겠지만 우리 가족만큼은 그랜드 캐니언에 완전히 매료되었다.

다시 셔틀버스를 타고 카이밥 트레일헤드로 가고자 하는데, 버스가 카이밥 트레일헤드를 무정차로 통과해 버린다. 노선도를 확인해 보니 셔틀버스는 왕복으로 운행하지 않고 순환하는 형식을 취하고 있다. 그래서 카이밥 트레일헤드에서 내리자면 루프를 한 바퀴 돌아야 하므로 시간을 낭비하게 된다. 이 점을 빠르게 간파하고 파이프 크릭 비스타(Pipe Creek Vista)에서 내려 천천히 림 트레일을 따라서 하이킹하며 카이밥 트레일헤드로 향했다. 숲이 울창하여 더없이 깨끗한 공기를 마시는 가운데, 신비로운 캐니언의 속살을 보면서 천천히 걷는 하이킹은 행복한 시간이 된다.

카이밥 트레일헤드를 지나면서 안전 펜스가 없는 절벽 트레일이 시작된다. 절벽을 깎아 만든 지그재그 형태의 길은 고소 공포증이 있는 사람에게는 상당히 어려운 코스가 될 것이다. 그렇다고 해서 위험할 정도는 아니다. 말을 타고 트레일을 즐기는 여행자들을 보면, 하이킹이 고소 공포를 훨씬 덜 느낄 것으로 보인다. 하이킹은 절벽 길의 안쪽 벽에 바짝 붙어서 걸어가면 되지만, 말 안장에 올라앉아 난간도 없는 트레일 절벽을 본다는 것은 생각만 해도 아찔하다. 만일 말이 날뛰기라도 한다면 끔찍한 일이 벌어질 게 뻔하다. 나 같은 사람은 기절한 상태가 아니라면 공짜로 태워 준다고 해도 싫다고 할 것 같다. 단, 말을 탄다면 말똥을 피해 다니는 수고는 없을 것이다. 아내는 말똥을 처음 본다면서 경기를 일으킬 정도로 혐오스럽게 생각하였고, 하이킹 내내 말똥을 피해 다니느라 애를 먹었다. 내려가는 길은 수월해서 약 30분 만에 우와 포인트에 이르렀다. 캐니언의 중턱에 솟아 있는 바위가 전망이 좋다 하여 포인트가 만들어졌는데, 림 트레일에서 보는 캐니언의 모습과 달리 가깝고 선명하게 보이기 때문에 더욱 멋진 풍경을 감상할 수 있다. 매더 포인트나 야바파이 포인트가 내려다보는 뷰라면 우와 포인트는 얼굴을 마주하고 보는 것과 같은 느낌이라고나 할 수 있을 것이다. 이 풍경에 매료된 인디언들이 "우~와~!"라는 감탄사가 저절로 나온다고 하여 우와 포인트라고 불렀다는 말이 있는데, 이 이야기가 상당히 신빙성이 있을 듯하다. 우와 포인트에서 풍경 사진을 찍는 일은 아내의 몫이다. 고소 공포증 때문에 바위에 올라서는 것은 나에게 큰 부담이지만 린과 예린, 그리고 아내는 아무런 두려움 없이 바위 위를 뛰어다니듯 움직인다. 여행 가이드 역할을 하는 아빠로서 고소 공포증은 여행 내내 놀림감이 되어 체면이 말이 아니었을 뿐만 아니라 조금만 높은 곳에 가기만 해도 회자되는 일이 되었다.

> **⊙ 야키 포인트(Yaki Point)**
> : 야키 포인트는 그랜드 캐니언의 동쪽 방향으로 여정이 시작되는 곳이다. 디미니싱 뷰와 더불어 그랜드 캐니언의 일출을 보기 좋은 곳으로 오렌지 라인 셔틀버스로만 갈 수 있다.
>
> **⊙ 우와 포인트(Ooh Aah Point)**
> : 우아 포인트는 콜로라도강까지 내려가는 1박 2일 코스를 즐길 시간이 없는 여행자에게 가장 적당한 코스다. 2.89㎞에 불과 하지만 꼬불꼬불 산길을 따라서 내려가야 하고 콜로라도강까지의 고도는 732m이다.
>
> **⊙ 사우스 카이밥 트레일헤드(South Kaibab Trailhead)**
> : 카이밥 트레일이 시작점으로 안전 바가 없는 길을 걷기 때문에 조심해야 한다. 우와 포인트까지 트래킹하기 좋다(왕복 1시간 예상).

　어느덧 시간은 오후 1시가 되어 바위 아래 그늘에 자리를 잡고 준비한 도시락을 꺼냈다. 금강산도 식후경이라고 한다. 체력소모가 많아 허기진 배가 식욕을 끌어 올린다. 가깝고 선명하게 보이는 그랜드 캐니언의 풍경 속에서 먹는 점심은 말 그대로 꿀맛이다. 지나가는 여행자들도 이런 목가적인 휴식이 좋아 보였던지 엄지손가락을 치켜세우면서 부러워한다. 이 모습도 평생 잊을 수 없는 멋과 낭만의 시간이 될 것이다.
　이 트레일을 걷는 사람들은 참으로 다양하다. 초등학생 한 무리가 단체로 현장 학습을 왔는지 한참 동안 먼지를 날리며 지나갔다. 야키 포인트에서 만나 이야기를 나눴던 독일인 가족을 이 트레일에서 다시 만났고, 우리와 같은 가족 여행자들도 간간히 보인다. 하지만 주로 한 쌍의 남녀가 함께하는 경우가 많아 보인다. 돌아가는 트레일 코스는 올라가야 하는 길인데, 린과 예린이 트레일헤드에 가장 먼저 도착했다. 힘들어할까 봐 내심 걱정했는데 기우였을 뿐이다. 아이들의 체력 회복 능력은 대단해 보인다. 셔틀버스를 타고 방문자 센터로 돌아가 그랜드 캐니언 박물관에 들렀다. 캐니언이 만들어진 역사나 지층에 대한 설명을 알기 쉽게 모형으로 만들어 놓았지만, 아이들에겐 그다지 흥미가 끌리지 않는 모양이다. 관심을 갖고 보기를 바라는 것은 부모의 마음뿐인 것 같다.

야키 포인트(동쪽 전망)

야키 포인트(서쪽 전망)

카이밥 트레일

우와 포인트

우와 포인트 전망

카이밥 트레일헤드 인근

　사우스 림 여행은 여기까지다. 그랜드 캐니언을 떠나기에 앞서 숙소였던 매스윅 롯지의 푸드 코드에 들러 이동하면서 차에서 먹을 피자 한 판을 샀다. 린과 예린은 점심 식사량이 부족했던지 렌터카에 오르자마자 피자 한 판을 모두 비웠다. 그리고 "꺽~!" 하는 트림 소리를 한 번 내고 금세 잠이 들었다. 아침부터 이어지는 일정이 상당히 힘들었을 것이다. 쉼 없이 이어지는 여행 일정으로 지치고 힘들었을 우리 몸에 기(氣)를 불어 넣어 줄 때가 된 것 같다. 그래서 세상에서 기가 제일 강하다는 약속의 땅 세도나에 기를 받으러 떠난다.

🪧 발레

사우스 림 → 세도나

그랜드 캐니언을 벗어나면 곧바로 황야가 이어진다. 끝없이 황량한 풍경인 황야에 이제 익숙해질 법도 하지만 우리나라에서 흔히 볼 수 없는 풍경이라 그런지 특별히 볼 것이 없어도 지루함보다는 색다른 재미가 있다. 하지만 마을이 거의 없는 탓에 연료가 부족해질 무렵이 되자 조금 불안감이 일어난다.

그랜드 캐니언 방문자 센터를 떠난 지 30여 분 후에, 주유소가 있는 조그만 마을에 들렀다. 발레라는 지역인데 그랜드 캐니언으로 가는 길목에 있어 연료를 보충하기 위해 많은 사람이 들렀다 갈 것으로 보인다. 주유소 옆에는 〈황야의 무법자〉에 나오는 인물상, 마차, 말 등이 전시되어 있다. 서부 개척자들과 인디언들을 그대로 재현해 놓은 모습이 그럴듯해 보인다. 철판을 잘라 조각하고 용접하여 만든 작품들은 정말로 움직일 듯 사실적으로 보인다. 특히 말과 마차, 총을 쏘는 개척자나 활을 쏘는 인디언의 모습이 인상적이었다. 특별히 도색하지 않은 상태로 전시하는 이유를 잘 모르겠으나 철

〈황야의 무법자〉에 나오는 인물상들

가공된 기념품

이 산화되어 검붉은 색을 띤 거친 표면이 오히려 황야의 황토색과 잘 어울린다. 연료를 보충하고 비용을 계산하기 위해 가게 안으로 들어갔더니 수많은 기념품이 전시되어 있어 마치 박물관이나 보석상에 온 느낌을 준다. 인디언과 미국 서부 개척자들의 혼합된 문화를 상징하는 기념품들은 린과 예린의 호기심을 자극했다. 특히 그랜드 캐니언 인근에서 나온다는 수정 같은 돌에 관심이 많았던 예린은 2개를 구입하고, 린은 활 쏘는 인디언 피겨를 골랐다. 이밖에도 과학책에서나 보던 삼엽충, 암모나이트 조개 등 선캄브리아기 또는 고생대에 나오는 화석도 관심의 대상이었다.

이 작은 마을에서 예상치 않게 1시간이나 머물렀다.

🚏 기(氣)가 충만한 도시 세도나

17번 고속도로를 벗어나 89A번 도로에 진입하면 나무들이 울창
한 숲속으로 들어선다. 높이 솟은 산들 사이로 제법 물이 많은 계
곡도 보이는데, 마치 미시령을 넘어 속초로 가는 듯한 기분이 든
다. 꼬불꼬불한 2차선 경사로는 긴장감도 있지만, 새로운 풍경을
보는 기분과 피톤치드를 마시는 상쾌함이 좋다. 고도가 낮아질수
록 하얀색과 황토색이 어우러진 줄무늬 바위산에 울창한 숲이 있
는 풍경이 아름다운 경관을 이룬다. 이 길의 막바지에 이를 무렵,
세도나에 도착했음을 알리는 표지판이 보인다. 세도나는 초입부터

많은 투어 회사들이 늘어서 있고, 곳곳에 관광 안내소가 보이는 것으로 보아 유명 휴양지 혹은 관광지임이 틀림없다. 관광 안내소에 들러 세도나 지도를 구하고 시내에 들어가 레스토랑을 찾았다. 제법 도시다운 곳에 왔으니 레스토랑에서 저녁을 해결할 생각으로 시내를 둘러보았지만 마땅한 곳이 보이지 않는다. 괜히 시간만 허비하고 숙소에 갔다. 세도나의 숙소는 기가 가장 많고 선셋(해넘이)이 아름답기로 유명한 에어포트 오버룩 가까이에 위치한 스카이 렌치 롯지(Sky Ranch Lodge)다. 일반 모텔보다 비싸지만 선셋을 볼 수 있다는 장점과 자는 동안 많은 기를 받을 수 있다는 매력적인 말에 특별히 이 롯지를 예약했다. 세도나 시내와 약간 떨어져 있다는 단점이 있지만, 산 정상에 있는 듯한 높은 위치가 뭔가 보여 줄 게 많을 것 같다는 인상을 심어준다. 스카이 렌지 롯지는 리조트와 비슷한 느낌이다. 연못이 있는 조경에 야외 예식장까지 두루 갖추고 있는데, 사무실 직원이 팁을 알려 준다며 야외 예식장에서 선셋을 보라고 추천해 주었다. 특별히 에어포트 시닉 룩아웃(Sedona Scenic Lookout)에 나가지 않더라도 롯지에서 선셋을 즐길 수 있다는 것이다. 롯지 사무실에서 멀리 있는 객실 앞에 차를 세우고 여장을 풀었다. 장거리 이동에 따른 피로에 잠시 쉬었다가 선셋 시간에 맞춰 에어포트 시닉 룩아웃으로 걸어가 보았다. 벌써 많은 사람이 선셋을 보기 위해 모여 있었다. 그중에는 커다란 삼각대를 설치하고 사진을 찍기 위해 만반의 준비를 하는 사람도 보인다. 관광객이 너무 많은 에어포트 시닉 룩아웃보다 롯지에 있는 야외 예식장으로 가는 편이 좋을 것 같아 자리를 옮겼다. 선셋을 보는 분위기는 야외 예식장이 훨씬 좋은 것 같다. 와인이나 맥주를 준비해서 파라솔 테이블이나 벤치에 앉아 담소를 나누는 사람도 있다. 세도나 시내를 감싸 안고 있는 붉은 바위산만큼이나 서쪽 하늘의 구름도 빨갛게 물들고 있다. 그 하늘 아래로 빙 둘러싸인 흰색과 붉은색이 어우러진 산이 세도나 시내를 감싼다. 점점 붉게 물들어 가는 세도나의 풍경은 희고 붉은 바위산과 초록색 나무숲 사이에 있는 집들과 서로 어우러져 목가적인 풍경을 자아낸다.

선셋을 보고 있는 린과 예린 옆에는 경상도 사투리로 말을 하는 60대 아줌마 여행자들이 있었다. 그중에 가장 나이 많으신 분이 말씀하신다.

"아이고, 한국 사람 아이가? 어데서 왔노?"

"서울요. 아주머니는 경상도에서 오셨어요?"

"아이다. 샌프란시스코에서 왔다. 내 마… 부산 살다가 이민 온 지 30년이 넘었다."

"어떻게 이민을 오셨어요?"

"먹고 살기 힘들어서 왔제. 첨 와가지고는 고생 마이 했지만, 비즈니스가 잘되가지고 지금은 잘산다. 젊었을 때 여행을 몬 다녀서 이제는 자주 놀러 다닌다. 적어도 일 년에 한 번씩은 세도나에 기를 받으러 온다. 여기는 기가 세서 세계적으로 유명한 데다. 한 달 이상 기를 받으면 몸이 좋아지고 암도 낫는다 칸다. 세도나에서도 여기 롯지가 최고다. 여기서 자야만 최고로 기를 받을 수 있다. 그래서 예약이 쉽지 않다. 몇 달 전부터 예약할라케도 성수기에는 방이 없다. 그런데 한국에서 어떻게 예약을 했노? 대단하다. 예약도 잘하고. 서울에서 여기까정 와서 기를 받아갈 생각을 다 하고…."

"옆에 있는 에어포트 시닉 룩아웃에서 보는 선셋이 아름답다고 해서 가장 가까운 위치에 숙소를 예약한 것인데, 이 숙소가 이렇게 유명한 줄 몰랐어요."

"대단하데이. 그런데 밥은 어떻게 먹고 다니나?"

"햇반을 많이 사 왔고, 어묵국, 김, 짜장, 카레, 멸치볶음, 라면을 충분히 준비했어요."

"잘했네…. 한국 사람은 밥을 먹어야 한다. 내 미국 온 지 30년 되았어도 한국 음식을 먹어야 산다. 우리는 내일 샌프란시스코 갈 낀데, 깻잎 좀 남았다. 줄게 가져다 묵으라."

"네. 감사합니다."

이후, 샌프란시스코 아주머니가 주신 깻잎으로 밥을 먹는데, 꿀맛이었다. 먹을수록 속이 개운하기 때문에 식욕까지 돋궈주었다.

린과 예린은 일기를 쓰도록 하고 아내와 세도나 시내의 마트에 나가서 포도, 귤, 맥주, 물 등을 구입하였다. 저녁 9시쯤 시작한 맥주 디저트는 캔 2개를 비우지 못하고 몰려오는 피로에 쓰러져 잠이 들었다.

세도나 전경(롯지 예식장 전망)

에어포트 시닉 룩아웃

LINN&YERIN'S DIARY

2018년 6월 6일

    오늘은 아침에 일어나서 일출을 보려고 했는데 늦잠을 자서 일출을 못 보고 그랜드 캐니언 국립공원에 위치한 뷰 포인트 몇 군데를 갔다. 그랜드 캐니언은 다른 캐니언들보다 웅장하고 거대했다. 그랜드 캐니언 국립공원을 산책하다가 엘크를 만났다. 엘크는 수도꼭지를 핥으며 물을 마시고 있었다. 그다음부터 우리 가족은 수도꼭지에서 손을 씻지 못했다. 그러고 나서 그랜드 캐니언 트레킹 코스로 갔다. 아빠가 본 블로그에서 트레킹 코스가 무섭다고 했는데 하나도 안 무서웠다. 그런데 말똥이 사방에 있었다. 우리 가족은 코를 막고 말똥을 피해 다니며 트레킹을 해야 했다. 그렇게 내려가다가 다람쥐들을 만났다. 김예린이 먹이를 주려고 했는데 갑자기 무섭다고 나한테 시켰다. 그래서 먹이를 줬더니 다람쥐가 사라지더니 찍찍거리며 친구들을 데리고 왔다. 그래서 그냥 도망갔다. 트레킹 코스를 왕복하는 길은 오르막길이라 힘들었다. 트레킹 코스에서 나오고 그랜드 캐니언에 가서 뷰 포인트 두 곳을 갔다가 세도나 숙소로 갔다. 숙소에서 짐을 정리하고 일몰을 보고 다시 숙소로 돌아와 잤다.

Part 8.

세도나, 글렌 댐
(여행 7일 차)

| 에어포트 메사, 데빌스 브리지,
성 십자가 예배당, 글렌 댐, 파월 호수 |

🪧 볼텍스 넘치는 일출, 에어포트 메사

새벽하늘이 어슴푸레하다. 하지만 별빛은 조금씩 희미해지고 있다. 에어포트 메사에 올라 아침 일출을 보기 위해 일어난 시각은 새벽 4시 반이다.

린과 예린은 쉽게 일어나지 않았다.

"린! 예린! 일어나자. 일출 보러 가야지. 에어포트 메사에서 일출을 보면 기(氣)를 가장 많이 받게 된대. 아주 센 기를 받으면 면역력이 좋아지고, 아픈 사람도 낫게 된대. 빨리 일어나서 센 기를 받으러 가자."

"아빠. 뻥 좀 적당히 치세요. 기라는 게 어딨어요? 다 미신이지. 전 미신 안 믿어요."

린이 이불을 뒤집어쓰며 말했다.

"린! 그럼 잠깐만 일어나서 인터넷에 세도나를 검색해 봐. 정말인지 아닌지."

이때 집에서 강아지를 키우고 싶다며 거의 날마다 졸라대는 예린이가 조건을 붙여서 말한다.

"아빠. 기가 거짓말이라도 나는 특별히 일어나 줄게. 대신 강아지 키우게 해 줄 거지?"

"그건 절대 안 돼. 예린이는 기 받지 마!"

"앙~. 기를 받으면 면역력이 좋아진다며! 그럼 강아지 털 알레르기 같은 것도 걸리지 않을 것 아냐!"

"그래도 절대 안 돼. 그래, 기는 미신 맞아."

아내도 강아지 키우는 것은 동의할 수 없다며 거들었다.

이때 린이 인터넷에 검색해 보고 심경에 변화가 일어났는지 이렇게 말한다.

"아빠, 엄마. 빨리 가요. 저 기 받으러 갈래요. 정말 여기가 기가 많대요. 강력한 자기장이 있어서 나침반이 제멋대로 돌아가고 그런대요. 믿거나 말거나일지도 모르지만, 밑져야 본전이니깐 빨리 가서 일출 볼래요."

린의 설명에 예린이는 더 이상 강아지 조건을 내세우지 못한다. 쌀쌀한 날씨 탓에 예린은 수면 바지와 카디건 차림으로 길을 나섰다. 차로 1분 거리도 안 되는 에어포트 메사 초입 갓길 주차장에 차를 세우고 에어포트 메사로 올라갔다. 300m 정도의 거리지만 경사가 있는 오르막길이라 숨이 차다. 벌써 정상에는 여행객으로 보이는 20여 명의 사람이 일출을 보기 위해 자리를 잡고 있다. 제법 차가운 새벽 공기 때문에 모두 웅크리고 앉아 있는 모습에서 아름다운 세도나의 일출을 보며 기를 받기 위한 여행자들의 집념을 엿볼 수 있다. 그 사람들 중에는 일본인 가족이 세 팀이나 되는 듯하다. 일본인들도 세도나의 기에 대한 관심이 많다는 걸 알 수 있는 모습이다. 조금씩 날은 밝아지고 있지만 해는 떠오르지 않는다. 세도나 시내가 빨갛게 홍조를 띠며 빛이 돌기 시작할 무렵, 멀리 서쪽 하늘에서 열기구 3개가 떠오른다. 그 위치에서 열기구는 햇빛을 받아 반짝이며 잘 보인다. 곧이어 또 다른 열기구가 올라가

는 모습이 보인다. 그러던 중에 이곳 메사에서도 일출이 시작되는
데, 때맞춰 열기구는 어디론가 사라졌다. 아마도 새벽에 열기구를
타고 해돋이를 볼 수 있는 투어가 있나 보다. 미리 알고 있었으면
좋았을 거라는 아쉬움이 남는다. 일출을 보고 롯지에 돌아오니 6
시가 되었다. 아침 식사(누룽지, 멸치볶음, 포도, 사과 등) 후 잠시 쉬었
다가 배낭에 물병 4개를 넣고 스카이 렌치 롯지에서 차로 10여 분
거리에 있는 데빌스 브리지로 떠났다.

에어포트 메사 트레일

에어포트 메사

세도나 전경(에어포트 메사)

세도나 주요 포인트

☰ 악마가 만든 다리, 데빌스 브리지

데빌스 브리지(Devil's Bridge)란 말 그대로 악마의 다리다.

아치스 국립공원에도 데빌스 가든이 있듯이, 미국에서는 악마라는 이름이 붙은 곳을 쉽게 볼 수 있다. 악마(Devil)라는 지명을 처음 접할 때는 무섭거나 괴기하다든가 공포감을 연상시키는 무언가가 있을 것으로 생각하지만, 조금 독특하다 싶은 바위 형상이나 풍경이 있으면 악마라는 단어를 붙이는 것 같다.

당초 계획은 데빌스 브리지 트레일 주차장까지 가서 주차하고 하이킹을 하고자 했지만, 마지막 1.6마일 구간은 비포장도로인 데다 노면 상태가 너무 좋지 않아 일반 승용차로는 도저히 갈 수 없을 것 같았다. 별수 없이 드라이 크릭 비스타(Dry Creek Vista) 주차장에 차를 세우고 2마일(3㎞) 정도를 걸어야 했다. 병풍처럼 펼쳐진 붉은색 바위산 아래에 관목들이 숲을 이루고 있고, 건조한 기후에도 잘 자라는 키 작은 향나무와 선인장이 늘어서 있는 비포장도로는 한적하지만 가족 단위 여행자들이 하이킹을 함께하고 있다.

거의 데빌스 브리지에 닿을 무렵엔 약간 힘들 수 있는 오르막길이지만 높이 올라갈수록 붉은 바위산과 주변의 경치가 눈에 들어오면서 힘들다는 생각은 금방 잊게 된다. 길은 데빌스 브리지 근처에 와서 양 갈래로 나눠진다. 왼쪽은 다리 아래로 가는 길이고, 오른쪽은 다리 위로 올라가는 길이다. 악마의 다리는 위에서 보는 것이 짜릿한 스릴이 있다 하여 곧장 다리가 있는 위쪽으로 올라갔다.

악마의 다리 앞에 서자, 탁 트인 시야와 함께 주변의 멋진 풍경이 펼쳐진다. 악마의 다리는 아치 모양이다. 윗면이 평평한 형태로 깎여 있으므로 자연이 만든 아치교라고 할 수 있는데, 그 모습이 신기하기만 하다. 다리는 먼저 온 5명의 여행자가 선점하고 있었다. 캐나다에서 왔다는 그들은 다리 위에서 다양한 포즈로 사진을 찍으면서 즐기는 모습으로 한동안 다리를 장악하였다. 그리고 린과 예린을 보더니 다리 위로 가기 힘들 것 같다며 자신 있는지 물어본다. 예린이가 "No Problem."이라고 말하며 다리를 건넜다. 약간 겁이 나는 듯, 무릎도 제대로 펴지 못하다가 웬만큼 적응하고 나더니 높이뛰기를 하면서 사진을 찍어 달라고 한다. 군 유격 훈련 중에 사람이 가장 공포감을 크게 느낀다는 11m 높이에서 뛰어내리는 코스가 있다. 이 아치 다리의 높이는 50피트(15m)인 데다 안전 펜스나 잡을 만한 것이 하나도 없기 때문에 고소 공포감은 이루 말할 수 없다. 그런데 막상 다리에 올라서니 폭이 상당히 넓어서 생각만큼 무섭지 않았다. 오히려 아래쪽이 내려다보이는 건너편이 더 무섭게 느껴진다. 구름 한 점 없는 파란 하늘과 녹음이 짙은 관목숲, 하얀색과 붉은색이 어우러져 성벽처럼 둘러쳐진 산들은 독특한 아름다움을 자랑하는 세도나만의 풍경일 것이다. 내려오는 길에 바위 그늘에 앉아 쉬면서 간식을 꺼내 먹는 풍경은 마치 이상한 나라에 빨려 들어와 소풍을 즐기고 있는 것 같은 비현실적인 분위기였다.

데빌스 브리지 전망

데빌스 브리지

　주차장으로 돌아갈 때, 울퉁불퉁한 이 길을 가끔씩 지프를 타고 오는 관광객을 보게 되었다. 세도나 투어 회사에서 사륜구동차를 렌트하여 오프로드 주행을 할 수 있다는 정보를 알고 있었으나, 렌터카로 어디든 갈 수 있을 거라는 생각으로 관심을 두지 않았다. 이것은 실수였다. 지프를 빌려서 이곳에 왔다면 시간도 벌고 오프로드에서 지프를 타는 재미도 있었을 것이다.

　드라이 크릭 비스타 주차장으로 돌아오니 이제 겨우 9시다. 이른 시간의 하이킹은 시원해서 공기도 상쾌하지만, 여행자들이 많지 않아 자유롭고 불편함이 적다. 또한 더운 낮에 활동하는 것보다 힘들지 않아 체력 소모도 적다. 이런 점에서 일찍 일어나는 일이 힘들지라도 이른 아침에 하이킹을 진행하는 것은 현명한 방법이었다고 본다. 반면 하이킹에 대한 준비는 소홀했다. 미국 서부 여행을 다시 계획하게 된다면 등산화를 꼭 준비할 것이다. 황톳길을 2시간 이상 걸었던 탓에 운동화는 온통 흙먼지 투성이가 되었다. 한참 동안 먼지를 털어내고 차에 올라 10여 분 거리의 성 십자가 예배당으로 향했다.

데빌스 브리지

🪧 성 십자가 예배당

세도나 시내 근처에는 관광객들이 타고 가는 사발이(사륜 오토바이), 코끼리 열차, 오프로드 차량들이 많이 지나다닌다. 9시가 넘으니 관광객들이 제법 많아졌다. 열기구를 타고 일출을 보는 투어가 있는 걸 보면 틀림없이 여행자가 많은 유명한 관광지임에 틀림없다. 예배당 근처에 이르자 붉은 사암의 산을 재료로 하여 자연이 만든 기암괴석들이 먼저 눈에 들어온다. 애니메이션에 나오는 돌도깨비 형상부터 가지각색의 모양을 하고 있는데, 보는 사람의 관점에 따라서 동상 혹은 동물을 닮았다며 모양의 형태를 다르게 말한다. 안내 지도를 보면 스누피 형상의 바위를 스누피 록(Snoopy Rock)이라고 하여 이곳을 소개하고 있다. 또한 예배당 앞은 성당 같은 느낌을 준다고 해서 이름 붙여진 카테드랄 록이 있고, 왼편으로는 가장 기가 많다는 벨 록이 보인다.

그 붉은 산 밑에 십자가를 심어 놓은 듯한 모습을 한 성 십자가 예배당(Chapel of the Holy Cross)이 눈에 들어왔다. 주차장에 차를 세우고 걸어 올라가면 잘 정비해 놓은 도로와 화단과 화분을 볼 수 있고, 독특한 디자인의 셔틀버스와 마차도 있다. 막상 예배당에 들어서니 아담한 규모라 예배당으로서 뭔가 부족한 듯하지만, 붉은 산 아래 십자가를 주 기둥으로 삼아 독특한 디자인을 돋보이게 함으로써 종교의 힘과 권위를 보여준다는 인상을 심어준다. 붉은 바위산을 배경으로 삼는 이 로마 가톨릭 예배당은 자연과 인공의 묘한 조화를 신성한 느낌으로 웅변하고 있다. 인디언들도 이 지역을 매우 신성하게 여겼다고 하는데, 어떤 종교가 되었든 종교 제단으로서 좋은 입지 조건에 위치해 있나 보다. 조용한 내부에 들어서니 경건한 분위기에 압도되어 잠깐이라도 기도를 하지 않을 수 없을 것 같다는 생각이 들었는데, 이미 린과 예린은 자리에 앉아 눈을 감고 두 손을 모아 쥐고 있었다. 눈을 떴을 때, 십자가에 매달린 예수님 뒤로 세도나의 풍경이 들어오는 구도에 감탄하지 않을 수 없었다. 보통 십자가에 매달린 예수님의 배경이 그림이나 건축물인 것에 비해 이 설정은 너무나 특별해 보인다. 게다가 성 십자가 예배당 뒤를 병풍처럼 감싸고 있는 황토 바위들이 만들어낸

성 십자가 예배당 내부

성 십자가 예배당에서 본 전망

성 십자가 예배당 후면 바위산

조각 작품들도 인상적이었을 뿐만 아니라 벨 록, 카테드랄 록, 세도
나 시내가 보이는 전망은 최고라고 말하고 싶다.

동서양을 가리지 않고 세도나에서 영적인 기운을 느끼는 데는
이런 연유가 있는지도 모른다. 세도나에서 창작 활동을 하면 좋은
작품을 내지 않는 게 오히려 이상하다고 말한 어떤 예술가의 얘기
도 이런 영적 기운과 맞닿아 있다. 그래서 "그랜드 캐니언을 신이
만들었다면, 그 신이 사는 곳은 세도나다."라는 세도나의 독특한
영적 분위기를 강조하는 재미난 이야기도 생겨났다. 이런 점에서
도 이 예배당이 세도나와 잘 어울리는지도 모른다.

🪧 벨 록/코트하우스 뷰트

⊙ 벨 록(Bell Rock)
: 벨 록이라고 불리는 거대한 바위는 신비로운 에너지가 가장 많이 나오는 곳으로 유명한데, 색깔이 주변의 다른 뷰트나 바위에 비해 더욱 붉다. 벨록과 코트하우스 뷰트 트레일(혹은 루프)은 산책하듯 여유롭게 돌면서 거대한 바위와 뷰트를 볼 수 있는 코스다.

⊙ 코트하우스 뷰트(Courthouse Butte)
: 법원이라는 이름을 가진 걸 보면 엄숙하고 딱딱한 느낌을 주는데, 트레일을 이용하면 코트하우스 뷰트는 물론 주변의 벨 록과 우주선 바위(Spaceship Rock) 등 3곳을 한꺼번에 구경할 수 있다.

세도나 지역 자체에도 기가 많지만, 이 지역에서도 볼텍스 스팟이라고 하는 지역이 있다. 새벽에 일출을 보았던 에어포트 볼텍스가 그중 하나이고, 또 하나는 뾰족한 종 모양의 바위인 벨 록이다. 이곳은 성 십자가 예배당에서 10여 분 거리에 있어 잠깐이면 갈 수 있다. 기가 가장 세다고 알려져 있기 때문에 벨 록에 오르려는 여행자가 많다. 아직 10시지만 트레일은 무리일 것 같았다. 아침 일찍 악마의 다리를 다녀온 탓에 아이들은 차에서 내리는 것조차 거부한다. 린은 악마의 다리까지 갔지만, 기가 보충되지 않는 것 같다며 기를 믿지 못하겠다고 한다. 단지 미신을 더해서 관광 홍보를 하는 것이라며 목소리를 높인다. 재료 공학을 전공했던 나는 자기장과 전기장의 생성 원리를 공부했기 때문에 기의 정의를 특정할 수도 있다. 일반인이 기를 '믿고 안 믿고'를 떠나서 이와 같은

코트하우스 뷰트(Courthouse Butte)

벨 록(Bell Rock)

지질 환경에 노출되는 자체만으로 건강에 이롭다는 것은 경험치의 사례로 설명을 하는 것이 효과적일 것이다. 린과 예린은 기의 유무보다 건강에 좋은 물질이 많은 곳으로 결론짓자고 하고, 더 이상 기에 관한 논쟁을 하지 말자고 한다. 논쟁을 끝내고 벨 록 트레일 헤드에 서서 벨 록이 발산하는 기를 받는 자세를 취해 보았다. 이곳에서 기를 충분히 받았다고 생각하고 다음 방문지로 예정했던 카테드랄 록 방문은 접기로 하였다.

롯지에 돌아오니 11시가 지나고 있다. 잠시 쉬다가 짐을 정리하고 린과 예린이 좋아하는 짜장밥으로 점심을 해결하고 나서, 오후 1시 무렵 글렌 댐이 있는 페이지(Page)로 출발하였다.

오크 크릭 캐니언

세도나에서 글렌 댐까지는 3시간 정도의 거리다.

세도나 관광 안내도를 살펴보니, 어제 오면서 통과했던 한계령 같은 느낌의 숲길은 슬라이스 록 주립공원(Slice Rock State Park)을 관통하는 89A번 도로이다. 이 도로는 미국에서 가장 아름다운 드라이브 길로 선정된 적이 있을 만큼 유명한 도로였다. 어제는 옆에서 줄곧 잠만 자고 있던 아내를 깨워가며 짬짬이 풍경을 보여 주긴 했어도 별 반응이 없었다. 하지만 오늘은 이 도로의 유명세를 알고 가기 때문인지 달리 보인다고 한다. 아무런 정보 없이 가는 길이라도 독특하거나 아름다운 풍경을 지날 때면 그냥 지나치지 않고 잘 봐두는 것도 중요하다. 멋진 드라이브 길을 따라 올라가면 한계령만큼이나 꼬불거리는 구간이 나오는데, 그 정상에 오크 크릭 비스타가 있다. 주차장에 차를 세우고 전망대로 가는 길엔 인디언들이 집에서 만들었다는 액세서리 기념품점과 여러 먹거리를 파는 노점상들이 늘어서 있다. 미국 공원에서 노점상의 커피 맛을 볼 기회였다. 커피 한 잔을 사서 아내와 함께 나눠 마시며 협곡을 볼 수 있는 전망대에 섰다. 역시 높은 위치에 있는 전망대라 난간을 둘러쳐 놓았는데, 그 아래를 보면 아찔하다. 탁 트인 풍광이 볼 만한 이 협곡이 오크 크릭 캐니언(Oak Creek Cayon)이다.

플래그스태프(Flagstaff)를 지나 89번 도로에 진입하면 나무숲은 사라지고 전형적인 애리조나 풍경이라고 할 수 있는 황량한 벌판이 끝없이 펼쳐진다.

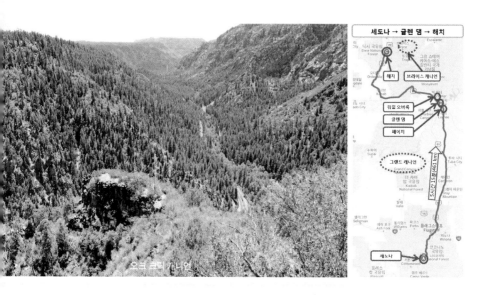

오크 크릭 캐니언

글렌 댐/파월호수

지평선까지 이어진 사막의 고속도로엔 한낮의 뙤약볕 알갱이가 아스팔트에 부딪힐 때마다 뿜어내는 뜨거운 열기에 이글거리는 물결이 아지랑이처럼 춤을 춘다. 인적 없는 사막에서 연료가 1/4까지 내려가자 조금씩 불안해졌다. 마을도 없는 사막에서 다행히 주유소가 보여 곧바로 연료부터 채웠다. 이후 지루한 이동 시간은 아내와 아이들에게 꿀처럼 달콤한 낮잠 시간을 제공한다. 마침내 페이지에 이르러 글렌 댐(Glen Dam)이 그 모습을 드러낸다.

칼 헤이든 방문자 센터(Carl Hayden Visitor Center)에 차를 세우고 차 문을 여는 순간 작열하는 태양에 금방이라도 타 버릴 것 같다. 더욱이 눈을 뜰 수 없을 정도로 강렬한 햇볕은 선글라스를 착용하지 않을 수 없게 한다. 글렌 댐 안내소인 칼 헤이든 방문자 센터 내부는 더위를 피해갈 수 있는 쉼터이자, 실내에서 글렌 댐과 파월 호수를 관람할 수 있는 전망대다. 센터 내 안내도에는 콜로라도강의 물줄기를 막아서 세운 댐이 글렌 댐이고, 이 댐으로 인해 300㎞가 넘는 파월호수가 만들어졌다는 설명이 있다. 또한 글렌 댐의 건설 배경, 각종 건설 기계, 전력 생산 과정, 담수의 활용에 대해서도 자세히 안내하고 있다. 이 댐이 건설되어 중하류 유역에서 발생하던 홍수가 사라졌다는 이야기도 있다. 콜로라도강이 흐르는 하류에는 조금 전에 건너온 거대한 아치 모양의 글렌 댐 브리지가 댐과 마주 보고 서 있다. 댐 하부에서는 발전기 터빈에서 만든 전기를 변전 설비로 전달하는 고압 전선들이 빨랫줄처럼 널려있는 것이 보인다. 황토색 절벽 사이에 곡선으로 콘크리트 벽을 쌓아 만든 거대한 글렌 댐은 용수를 제공함과 동시에 수력 발전을 하는 다목적 댐이란 걸 쉽게 이해할 수 있다.

TIP

글렌 댐과 파월호수

⦿ 콜로라도강에는 글렌 댐을 포함하여 모두 16개의 댐이 있다. 미국에서 댐으로 만들어진 가장 큰 호수는 후버 댐이 있는 미드 호수이고, 두 번째가 글렌 댐의 파월호수이다. 높이 220m, 길이 480m인 거대한 글렌 댐은 규모만큼이나 발전이 가능한 수위까지 물을 채우는 데 13년이나 걸렸다. 파월이란 이름은 남북 전쟁 후 콜로라도강을 탐험한 존 웨슬리 파월의 공로를 기리기 위한 것이다.

글렌 댐

글렌 댐 브리지

파월호수

해치 풍경

글렌 댐에서 5분 거리에는 워윕 오버룩(Wahweap Over-look)이 있다. 뜨거운 날씨 때문에 방문자 센터 바깥으로 잠시라도 나가고 싶지 않지만, 파월호수의 전망을 제대로 볼 수 있다는 워윕 오버룩을 그냥 지나치기 아쉬워 예정대로 들렀다. 더운 날씨에도 불구하고 그늘이 있는 쉼터는 파월호수의 전망을 보기 위해 관광객들이 모여 있다. 푸른 하늘보다 더 짙푸른 파월호수는 평화롭게 보인다. 아니, 적막해 보인다. 붉은 대지는 나무 한 그루 없이 덤불 같은 가시나무만 드문드문 있어 척박해 보인다. 이곳 황야는 생명의 근원인 물이 풍부함에도 대지가 숨 쉬는 것을 거부하는가 보다. 그런데도 이곳에 정착하여 살았을 인디언들을 떠올리면 인간이 얼마나 삶의 의지가 강한지 엿보게 되고, 환경에 적응하는 능력을 가늠해 보게 된다. 하지만 여행자 입장에서는 성벽처럼 늘어선 메사와 뷰트가 호수와 어우러져 만들어내는 흥미로운 볼거리가 더 큰 관심사일 것이다.

애리조나주와 하와이를 제외한 미국 전역은 서머타임제를 시행하고 있다. 그래서 애리조나주에서 유타주로 경계선을 넘어가면 한 시간이 빨라진다. 이틀 전에는 한 시간의 여유가 생겨 좋았지만, 오늘은 한 시간이 줄어 하루가 짧아졌다. 숙소가 있는 해치(Hatch)까지 갈 길은 많이 남았는데, 벌써 오후 5시라 서둘러야 한다. 89번 도로를 따라가다 보면 카나브(Kanab) 인근에 피카부(Peekaboo) 캐니언이 있다. 독특하면서 인적이 드문 이 캐니언을 방문하고 싶어서 일정에 넣어두었으나, 바쁜 여행자에게 시간은 넉넉하지 않았다. 카나브를 통과하면 지루했던 사막 풍경이 사라지고 조금씩 산림이 보이기 시작한다. 얼핏 평탄해 보일 수도 있는 오르막길이 한동안 계속되었다. 선선해지는 공기가 상당히 높은 고도까지 올라왔음을 느끼게 해 준다. 숙소가 있는 해치에 도착했을 때는 해가 뉘엿거렸다. '부화하다'란 의미의 해치는 캐니언의 골짜기 아래에 위치하고 있으며, 꽤 넓은 목초지가 있어 목축업을 할 수 있는 좋은 조건으로 보인다. 그래서 이 지역에 제법 큰 마을이 만들어졌고, 브라이스 캐니언을 방문하는 여행자들의 중간 기착지로서 좋은 역할을 하는 듯하다. 우리도 이곳을 중간 기착지로 삼아 하룻밤 묵은 뒤 브라이스 캐니언에서 일출을 볼 요량으로 해치 스테이션이라는 모텔을 숙소로 삼았다. 게다가 가격 대비 방이 크고 청결해서 만족도가 좋고, 단층으로만 되어 있어 여행자들이 짐을 싣고 내리기에도 편리하다. 또한 해치 스테이션의 주인은 바로 옆의 레스토랑을 겸업으로 운영하고 있다. 해가 뉘엿거리면 독특한 아름다움이 있는 마을과 어우러진 선셋을 보고, 저녁 식사는 레스토랑에서 하기로 결정하였다. 멋진 배경을 가진 국립공원이 아닐지라도 여행할 때 보게 되는 선셋은 저마다 아름다운 풍경을 연출한다. 평지의 푸른 잔디, 적색과 흰색 띠를 두르고 있는 성벽 같은 산과 푸른 능선은 빨갛게 익어가는 구름과 함께 아름다운 광경을 연출한다. 이처럼 브라이스 캐니언의 초입에서 보는 화려한 선셋은 내일 보게 될 브라이스 캐니언에서의 일출을 더욱 기대하게 만든다.

숙소 옆 레스토랑은 저녁 9시에 문을 닫는다고 하여 서둘러 레스토랑으로 갔다. 기대보다 깨끗하고 잘 꾸며진 내부 인테리어는 시골 마을의 식당 같지 않았다. 특히 벽에 걸려있는 긴 뿔을 가진 사슴 머리 박제 장식이 인상적이다. 오랜만에 레스토랑에서 하는 식사라 가격도 보지 않고 린과 예린에게 메뉴를 고르라고 했더니, 폭립(포크립) 스테이크와 피자를 선택하였다. 미국에서 먹어본 폭립은 항상 린과 예린의 만족도를 충족시켜주었기에 의심 없이 주문하였다. 그런데 이 폭립은 너무 질겼다. 옆 테이블의 아저씨는 뼈에 붙어있는 살점을 한 점도 빠짐없이 맛있게 먹는데, 우리는 질겨서 그렇게까지 먹지 못하고 많은 살점을 남겼다. 레스토랑을 나왔더니 완전히 어두워졌다. 밤하늘엔 반짝이는 별들이 가득하고 은하수가 흐르고 있다. 은하수가 보일 만큼 깨끗한 하늘이 미국 서부에서는 일상인가 보다. 아내는 냉장고에서 꺼내온 시원한 캔 맥주를 건네주며 밤하늘을 구경하다가 들어가자고 한다. 한국에서는 한 번도 본 적 없다던 은하수를 미국 여행을 하며 거의 매일 봐서 정말 신기하다고 한다.

LINN&YERIN'S DIARY

2018년 6월 7일

　새벽부터 아빠가 일출을 보러 가자고 깨웠다. 해도 안 떠서 깜깜했다. 잠깐 차를 타고 높은 언덕이 있는 산으로 갔는데 벌써 사람이 많이 가 있었고 열기구도 있었다. 그 언덕 위에서 한참을 기다리니 드디어 해가 뜨기 시작했다. 우리 가족은 그 해를 배경으로 사진을 찍었다. 그리고 언덕에서 내려와 아침밥을 먹고 악마의 다리로 갔다. 생각보다 멀어서 힘들었다. 계속 걷다 보니 올라가는 길이 나왔는데 경사가 매우 급해서 아빠는 무서워했다. 그렇게 계속 올라가니 악마의 다리가 나왔다. 발을 헛디디면 바로 낙사할 것 같았다. 그래서 무서웠지만, 사진을 찍기 위해 목숨을 걸고 다리의 끝까지 가서 건너편에 있는 카메라를 보고 사진을 찍었다. 그렇게 가족 모두 사진을 찍고 내려와 성 십자가 성당에 가서 엄마가 기도하는 걸 구경하고 나와서 풍경을 구경했다. 멋있었다. 그리고 아빠가 기가 제일 세다고 한 벨 록(bell rock)에 갔다. 바위가 종 모양이라서 벨 록이라 한다. 아빠가 자꾸 기가 세다고 하는데 난 그 기라는 게 벨 록에 있다는 걸 믿지 않았다. 그리고 내가 자는 동안 아빠는 사막을 달려 글랜 댐에 도착했다. 글랜 댐은 엄청나게 컸다. 지금까지 본 댐 중에 가장 큰 것 같았다. 아빠는 저 댐으로 수력 발전을 해서 전기도 만들고 우리 생활에 필요한 물도 제공한다고 했다. 글랜 댐을 구경하고 사진을 찍은 후 차를 타고 해치라는 마을에 있는 숙소에 갔다. 가서 짐을 정리하고 옆에 있는 식당에 가서 저녁을 먹었다. 그리고 뒤에 잔디밭에서 별을 보다가 잤다.

Part 9.

브라이스 캐니언,
자이언 캐니언
(여행 8일 차)

| 선라이즈 포인트, 인스퍼레이션 포인트&선셋 포인트, 해치, 캐니언 오버룩 트레일, 리버사이드 워크, 라스베가스 |

브라이스 캐니언 국립공원(Bryce Canyon National Park)

⊙ 유타주 남부에 위치한 브라이스 캐니언 국립공원은 거대한 계단식 원형 분지로서 미국에서 가장 유명한 국립공원 중의 하나이다. 1923년 국립 기념물로서 보호 지정된 후, 1924년에 국립공원으로 지정되었다. 1850년대 모르몬 교도들이 정착하는데, 초기 정착자였던 에비니저 브라이스(Ebenezer Bryce)의 이름을 따서 명명되었다.

브라이스 캐니언의 포인트와 트레일

⊙ 트레일
: 퀸스-나바호 컴비네이션 루프, 햇 숍 트레일(Hat Shop Trail)

⊙ 포인트
: 선라이즈 포인트(Sunrise Point), 선셋 포인트(Sunset Point), 인스퍼레이션 포인트(Inspiration Point), 브라이스 포인트(Bryce Point), 레인보우 포인트(Rainbow Point)

🪧 찬란한 일출, 선라이즈 포인트

새벽 5시에 눈을 떴다(애리조나 시각으로는 새벽 4시). 커튼을 걷고 창밖을 보니 어둠이 걷히지 않은 깜깜한 새벽이다. 오늘의 가장 중요한 일정 중 하나는 브라이스 캐니언에서 일출을 맞이하는 것이다. 대략 6시가 일출 시각이라 1시간 동안 모든 준비를 끝내야 한다. 전자레인지에 어묵국 3팩을 데워 새벽 간식을 준비함과 동시에 곤히 잠들어 있던 린과 예린을 깨워서 쌀쌀한 아침 공기에 대비토록 따뜻한 옷과 담요를 챙겨서 차에 올랐다. 해치에서 브라이스 캐니언까지는 40여 분이 소요된다. 늦은 감이 있어 급한 마음에 시속 160㎞ 이상 과속으로 달리는데, 커브 길에서 불안정한 쏠림으로 인해 뒷좌석에서 자고 있던 린이 뒹굴게 되었다. 그러자 볼멘 소리로 불만을 터트렸다.

"아빠! 꼭 일출을 봐야 해? 이러다 옥황상제 먼저 보러 가게 될 것 같아요!"

"브라이스 캐니언에서 일출을 본다는 게 얼마나 멋진 일인지 네가 모르고 하는 소리지! 평생 기억에 남을 찬란한 아침이 될 거니까 잠자코 잠이나 더 자."

"차가 흔들려서 잠이 다 깼어요. 안 봐도 되니깐 제발 살살 달려요."

"그래~. 알았다."

투덜거리는 린과 대조적으로 아내와 예린은 잘도 자고 있다. 조금씩 여명이 보일 무렵에는 레드 캐니언 지역을 통과하게 되었다. 희미하게 보이는 캐니언의 풍경이 예사롭지 않았다. 이 캐니언만 봐도 황토색 사암이 만들어낸 아름다운 풍경이 어떨지 짐작이 된다.

마침내 선라이즈 포인트 주차장에 도착하였다. 벌써 많은 차가 주차되어 있고, 여행자들은 선라이즈 포인트를 향해 걸어가고 있다. 일출을 놓치고 싶지 않은 마음에 우리도 서둘러 걸었다. 선라이즈 포인트에는 벌써 와서 좋은 자리를 차지하고 있는 이들이 많았다. 부지런한 여행자들이 정말 많다는 생각을 하게 된다. 차가운 공기 때문에 담요를 둘러 덮고, 적당한 바위에 자리를 잡고 앉았다. 조금씩 환해지면서 여태껏 보지 못했던 독특한 풍경을 자랑하는 브라이스 캐니언의 모습이 드러나는 시간이 되었다. 멀리 희미하게 보이는 하얀 조각들은 지표면의 피부가 벗겨진 땅의 속살처럼 보인다. 이 풍경은 마치 애니메이션에 나오는 유럽의 성들을 연상시키는 몽환적인 분위기이다. 점점 날이 밝아질수록 그 어디서도 보지 못했던 감동적인 풍경이 더욱 선명해진다.

잠시 후 동쪽 산 능선에서 해가 솟아오르자 빛에 반사되는 캐니언의 모습은 거대하고 화려한 원형 극장의 모습으로 보이기 시작한다. 매 순간 변하는 명암과 색채를 놓치지 않으려고 세계 각지에서 찾아온 여행자들이 누르는 카메라 셔터 소리가 빠르게 이어지고, 여기저기서 감탄사를 쏟아내는 소리도 끊이지 않는다. 가끔 한국말도 들리는 것으로 보아 한국인 여행자들도 섞여 있나 보다.

광활한 분지 지형 형태의 캐니언을 좀 더 자세히 들여다보면 후두라 불리는 석순 모양의 지형지물이 오렌지색, 백색, 빨간색, 노란색, 갈색 등으로 섞이며 선명한 파스텔 색조로 채색되어 더욱 몽환적인 분위기를 느끼게 한다. 이런 다양한 색상을 띠는 이유는 흙이나 바위에 포함된 철분의 함량에 따라 그 색깔이 결정되기 때문이다. 후두는 흙과 바위의 중간 정도의 강도를 가진 기둥으로, 끝이 뾰족하지 않고 뭉툭한 모양을 하고 있거나 돌을 하나 얹어 놓은 것들도 있다. 높이는 천차만별이지만 웬만한 빌딩 높이와 견줄 수 있다. 보기에 따라 마치 매스 게임이나 열병식을 연상시키기도 하고 군중들이 모여 축제를 벌이고 있는 것처럼 보이기도 한다.

일출을 보기 위해 모여 있던 여행자들은 숙소로 돌아가려는 듯 자리를 뜨기 시작하고, 대여섯 명만이 선라이즈 포인트에서 출발하는 퀸스 가든 트레일을 따라 하이킹을 하고 있다. 사실 하이킹이라기보다는 후두 가까이 가서 사진을 찍기 위해 트레일을 따라 캐니언의 속으로 들어간다는 표현이 맞을 것이다. 이처럼 바로 눈앞에서 후두를 보고 싶으면 트레일을 따라 하이킹을 하면 된다. 선라이즈 포인트에서 시작해 '후두의 빌딩 숲속'을 한 바퀴 돌아오는 트레일 코스는 가까이서 후두를 볼 수 있는 최고의 방법이다. 이 트레일이 이른바 '퀸스-나바호 컴비네이션 루프(Queen~Navajo Combination Loop)'다. 이 환상적인 트레일은 총 길이가 약 3마일이라서 세계 최고의 3마일 하이킹(World's best 3mile hike) 코스라고 불리기도 한다. 걸어갈 때마다 변하는 후두와 풍경은 발걸음을 옭아매고 사진을 찍게 만들기 때문에 이 트레일에서는 제대로 된 하이킹을 할 수 없을지도 모른다. 가까이서 보는 후두의 모양은 다양함 때문에 많은 사물과 비교를 하게 된다. 무엇을 연상토록 하는지 묘사가 가능한 닮은꼴을 찾아보면 말굽 모양의 아치, 성당의 첨탑, 성, 성벽 등으로 보여 다채롭다. 이들 작품에는 걸리버의 성, 월스트리트, 타워브리지 등과 같은 흥미로운 이름도 붙어 있다. 몇 안 되는 여행자들은 오직 작품 사진을 찍기 위해 하이킹을 하는 것처럼 보인다. 특히 커플로 보이는 아랍인은 우리와 보조를 맞춰 하이킹을 하였고, 서로 가족사진을 찍어 주며 좋은 장면을 많이 남기게 되었다.

성곽처럼 보이는 흰 띠(원형 극장)

선라이즈 포인트 일출

퀸스 가든

빅토리아 여왕

햇불 모양 후두

ET를 닮은 두상

사열한 듯 서 있는 스타워즈 병사

개구리를 닮은 후두

애니메이션에 나올 법한 움직이는 나무

동유럽의 고성들과 유사한 후두

퀸스 가든에 들어서면 개선문 같은 아치형 지형도 있고, 녹색의 전나무 숲이 중간마다 어울려 있는 모습도 이채롭고 환상적이다.

후두로 가득 채워진 정원을 지나 캐니언 내부로 들어서니 전나무와 유타 향나무가 밀집된 오솔길 같은 숲길이 펼쳐진다. 아내가 이제 별 볼 일 없어 보인다며 돌아가자고 한다. 린과 예린에게는 경사가 심한 하이킹이 다소 힘들 수 있을 것 같아 퀸스-나바호 컴비네이션 루프 트레일 횡단을 포기하고 돌아가는 것으로 결정하였다. 이때 아내가 풍경을 보고 걷다가 그만 비탈진 계곡으로 발을 헛디뎌 넘어지고 말았다. 무릎의 상처가 상당히 커 보였는데 물로 씻고 보니 다행히 살 속으로 깊게 파이진 않고 피부만 벗겨진 상태였다. 살이 깊게 파여 꿰매야 할 정도의 상처를 입었을까 내심 걱정했는데 천만다행이었다. 이로써 즐거웠던 브라이스 캐니언의 일출 관람과 하이킹은 아내의 부상이라는 뜻밖의 변수를 만나 전투에 패한 패잔병처럼 철수하기 바쁜 모습으로 왔던 길을 되돌아가게 되었다.

선라이즈 포인트에 되돌아오자, 린과 예린이 숙소에 가자고 주장했는데 받아들이지 않고 애초의 계획대로 인스퍼레이션 포인트와 선셋 포인트에 들렀다 가기로 했다.

🚩 인스퍼레이션 포인트&선셋 포인트

선라이즈 포인트에서 인스퍼레이션 포인트(Inspiration Point)까지는 차를 타고 8분 정도면 갈 수 있다. 인스퍼레이션 포인트에 올라서자 선라이즈 포인트와 성격이 다른 장대한 풍경이 바로 눈앞에 펼쳐진다. 특히 왼쪽으로 촘촘하게 모여 있는 후두들은 병마용을 연상하게 만드는 신비로운 모습이라 그만 입이 벌어지고 말았다. 병사들이 사열한 모습과 흡사한 이 자연의 작품들은 자연적으로 만들어졌다기보다 신이 직접 설계한 것이 아니었을까 하는 생각을 하게 만든다.

인스퍼레이션 포인트에서 조금만 이동하면 선셋 포인트(Sunset Point)다. 선셋 포인트라고 명명한 만큼 해 질 녘에 보는 풍경이 아름답겠지만 낮에 보는 풍경만으로도 충분할 것으로 판단된다. 선셋 포인트에서 시작되는 나바호 트레일은 후두 빌딩 사이를 헤쳐나가야 하므로 뉴욕 맨해튼의 마천루 사이의 길을 연상시킨다. 그래서 월스트리트로 불리기도 한다. 선라이즈 포인트에서 시작했던 하이킹을 중도에 그치지 않고 계속했더라면 나바호 트레일을 통해서 이곳 선셋 포인트에 도착했을 터인데 그렇게 하지 못한 것에 대해 아쉬움이 남는다.

이밖에 브라이스 포인트(Bryce Point)와 레인보우 포인트(Rainbow Point)도 가 보고 싶었지만 빡빡한 일정에 따른 시간 제약 때문에 발길을 숙소로 돌려야 했다.

별마용 후두 숲(인스퍼레이션 포인트)

맨해튼을 닮은 빌딩 숲(선셋 포인트)

숙소에 돌아가면서 본 공원 입구에는 입장하려는 차들이 줄을 서 있었다. 차량이 많아지는 것으로 보아 관광객들로 붐빌 것 같은 예감이 든다. 우리는 새벽부터 관람을 시작한 덕분에 선선한 아침 공기를 마시며 더위를 피해 하이킹을 할 수 있었고, 체력 소모도 적었다. 그뿐만 아니라 많은 관광객과 뒤섞이지 않고 조용하고 여유롭게 탐방할 수 있었다.

브라이스 캐니언 방문은 6시부터 9시까지, 거의 3시간 동안 이어졌다.

⛏ 해치

새벽에 레드 캐니언을 지나면서 어두워서 보지 못했던 붉은색의 독특한 풍경을 감상하다 10시가 다 되어 스테이션 해치에 돌아왔다. 전날 먹다 남은 피자로 늦은 아침 식사를 하면서, 자이언 캐니언에서 점심때 먹을 주먹밥을 준비하였다. 햇반에 양념장, 맛살, 김 가루, 멸치 등을 잘 비벼서 주먹밥을 만드는데, 만드는 시간이 짧고 우리 입맛에도 잘 맞아 도시락으로 제격이다. 해치 스테이션에서 떠날 채비를 마치고 사무실을 찾았다. 그런데 주인이 말하기를, "특별한 체크아웃 절차 없이 말굽 모양의 열쇠 뭉치를 문 앞에 걸어두고 가면 된다."고 하니, 시골 마을의 자유로움이 느껴진다. 숙소 앞에 있는 주유소와 편의점에 들러 연료를 보충하고 아내와

해치 스테이션

나는 커피를, 린과 예린은 핫초코를 주문하고 잠시 기다리고 있었다. 그때 승합차로 가족 여행을 하는 한국인들이 가게 안으로 들어왔다. 오랜만에 보는 한국인이라 반갑기에 인사를 나눴다. 그들은 승합차를 렌트하여 두 가족이 함께 여행 중이며, 브라이스 캐니언으로 이동 중이라고 한다. 이때 한 아이 엄마가 브라이스 캐니언에 대한 정보를 물었다. 날씨가 점점 더워지는 시간에 브라이스 캐니언에 가면 트레일을 따라 하이킹하기는 힘들 것 같고, 대신에 모든 포인트를 둘러보는 것이 좋을 것 같다는 말을 건네주었다. 이 아이 엄마는 귓속말로 "두 가족이 함께 움직이다 보니 의견이 달라 일정을 자주 수정하게 되는데, 브라이스 캐니언에서는 포인트를 다 둘러볼 수 있도록 의견 일치가 잘될지 모르겠다."는 말을 하며 견해차에 대한 고충을 토로하였다. 그래도 즐거운 시간이 되도록 서로 참고 양보하며 좋은 여행이 될 수 있기를 바란다는 말을 건네고 해치를 떠났다.

🪧 캐니언 오버룩 트레일

자이언 캐니언

⊙ 유타주 남서부에 위치한 자이언 캐니언은 붉은색의 약한 퇴적 암석을 파고들어간 가파른 수직 절벽이 있는 협곡이다. 가파른 절벽을 푸르게 장식한 숲과 폭포, 멋진 사암 기둥, 이스트 템플 같은 바위 피라미드가 여기저기 흩어져 있어 성스러운 분위기마저 든다. 이 공원은 쉬운 코스부터 고난도 등반 기술을 요하는 어려운 코스까지 다양한 등산로가 있다. 수위가 내려가면 협곡의 꼭대기에서 내로우 트레일을 통해 하이킹도 할 수 있다. 하지만 협곡이 좁아 돌발적인 홍수가 일어나기라도 하면 수위가 8m까지 빠르게 상승하므로 조심해야 한다. 엔젤스 랜딩(Angels Landing)에 올라가면 절벽과 협곡으로 된 절경이 한눈에 들어온다.

자이언이라는 이름은 예루살렘의 옛 이름인 시온에서 유래되었다. 유타주로 이주한 모르몬 교도들이 자이언 국립공원의 웅장한 바위산에 압도되어 '시온처럼 크고 아름다운 곳이다' 라는 의미로 시온이라고 명명하였다. 시온은 고대 히브리어로 평화와 피난처를 의미하기도 한다.

유타주 남쪽 지역에는 아치스, 자이언, 브라이스 캐니언, 캐니언 랜즈, 캐피톨 리프(Capitol Reef)에 이르는 무려 5개의 국립공원이 몰려있다. 오후에 자이언 국립공원을 방문하면 캐피톨 리프를 제외한 유타주의 모든 국립공원을 구경하게 된다. 만일 우리가 시카고가 아닌 라스베가스에서 여행을 시작하였다면, 일반적인 미국 서부 여행 일정(자이언→브라이스 캐니언→캐피톨 리프→캐니언 랜즈→아치스)을 만들어 유타주에 있는 국립공원을 모두 방문하려고 하였을 것이다. 그러나 시카고에서 출발한 여행은 주어진 시간과 조건이 다른 탓에 미국 대평원을 밤새 달려 횡단하면서 폭풍우도 만나는 남다른 여행을 하게 되었다. 자이언 캐니언은 유타주에서 마지막으로 방문하게 되는 국립공원으로, 캐니언 오버룩 트레일(Canyon Overlook Trail)과 리버사이드 워크에서 하이킹을 계획하고, 저녁 시간은 화려한 풍류의 도시 라스베가스에서 보낼 예정이다.

자이언 국립공원은 브라이스 캐니언 국립공원에서 85마일(140㎞) 정도 떨어져 있어 바쁜 여행자에게는 2개의 국립공원을 함께 여행하기가 수월하다. 해치에서 오버룩 트레일의 시작점까지는 불과 1시간밖에 걸리지 않는다. 지금까지 보았던 국립공원들이 황토색 사암으로 만들어진 특성을 보였다면, 자이언 국립공원은 화강암이 섞여서 퇴적층이 더욱 선명하게 보이는 특징이 있다. 그동안 지겹도록 봐왔던 황토색 사암과 차별되는 거대한 바위가 새로운 흥미를 유발한다. 자이언 국립공원을 관통하는 UT9번 국도(Mt. Carmel Highway)에 들어서자 고원 지대가 펼쳐지고, 조금만 더 가면 공원의 동쪽 매표소가 나온다. 직원에게 여권과 국립공원 애뉴얼 패스를 보여주었더니, 공원 안내도를 주면서 덕담도 건네준다.

"와우~! 한국에서 왔어요? 당신은 대단한 풍경을 구경하게 될 겁니다. 즐거운 여행이 되길 바랄게요!"

"고맙습니다. 당신이 친절하게 대해주니 기분이 더욱 좋아집니다."

매표소에서 직원을 만난 경우는 로키산 국립공원, 그랜드 캐니언 국립공원에 이어 세 번째인데, 모두 밝은 미소로 대하는 태도가 여행자들의 기분을 좋게 만든다.

매표소를 통과하면 꼬불꼬불한 도로 양옆으로 붉고 하얀색으로 물든 거대한 바위산이 늘어서 있다. 얼마 가지 않아 오버룩 트레일 인근에 이르게 되어 속도를 줄이고 천천히 운전하면서 주차할 수 있는 갓길이나 주차장이 있는지 살펴보았다. 운 좋게 오버룩 트레일 시작점 근처인 갓길 주차장에 빈자리가 있어 곧바로 차를 댈 수 있었는데, 반대편에서 오는 차들은 건너편 주차장에서 주차 공간을 찾지 못해 한참을 기다리는 모습이었다. 대부분의 차가 공원의 남쪽 도로를 통해 들어오는 반면에 우리는 동쪽에서 온 덕을 톡톡히 봤다.

멋진 경치를 보여주는 자이언 국립공원의 많은 트레일은 힘들 뿐만 아니라 종종 낭떠러지를 통과하므로 고소 공포 때문에 결국 포기하는 여행자들도 더러 있다. 그래서 고소 공포증이 있는 사람들은 마지막 고비가 되는 길을 가지 못해 최고의 절경을 보지 못하고 돌아가는 안타까운 상황이 연출된다고 한다. 이런 사람들에게 캐니언 오버룩 트레일을 강력하게 추천하고 싶다. 엔젤스 랜딩 트레일처럼 캐니언의 전반을 볼 수 있는 멋진 뷰를 선사하면서 힘들게 올라가는 코스 없이 오솔길 혹은 자연이 만든 정원을 산책하듯이 걸어가면 된다. 그러나 트레일이 평탄하고 넓은 길이 아니라, 돌계단을 걸어야 하거나 간혹 안전 펜스까지 설치된 절벽을 종종 지나가게 되므로 몸이 불편한 노약자나 어린이들이 걷기에는 위험한 곳이라 중급 트레일로 분류된다. 1.6마일(2㎞)도 안 되는 짧은 트레일이지만, 아기자기하게 변하는 길을 걷는 재미가 쏠쏠할 뿐만 아니라 많은 볼거리가 있는 풍경 때문에 잠시도 지루할 겨를이 없다. 트레일 중간쯤에 동굴처럼 뚫린 커다란 바위는 여행자에게 시원한 그늘을 제공하여 쉬어가기에 안성맞춤이다. 그곳에 앉아 쉬게 되면 건너편에 솟아오른 바위산의 단면이 굉장히 인상적으로 보인

캐니언 오버룩 전망

다. 가운데에 불상만 놓는다면 누가 봐도 암벽에 불상을 앉혀 놓기 위해 인위적으로 만든 인공 조각품으로 여길 것으로 보인다. 그러나 최고의 절경은 트레일의 끝인 아웃룩 포인트에 있다. 꼬불거리는 오솔길을 지나면 넓은 바위 평면이 나오는가 싶더니 절벽 끝에 서게 된다. 이 깎아지른 듯한 바위산 절벽 아래로 큰 골짜기가 펼쳐지는 풍성에 그만 숨이 멎을 듯하였다. 바위 아래를 내려다보는 것은 하늘에서 지상을 내려다보는 듯하여, 마치 신이 되어 인간계를 훔쳐보는 것 같은 착각마저 들게 한다.

이 광대한 풍경 앞에서 린과 예린의 이목을 더욱 끌어당기는 것이 있었는데, 그것은 어이없게도 다람쥐였다. 절벽 아래를 자유자재로 오르내리는 다람쥐를 쫓아다니는데, 혹시라도 바위 끝이 절벽이란 사실을 잊고 뛰어갈 것 같아 크게 소리 질러 위험을 알려야 했다.

자이언 국립공원 동편

불상 같은 바위(캐니언 오버룩 트레일)

동굴 같은 바위(캐니언 오버룩 트레일)

📑 리버사이드 워크 트레일/내로우 트레일

오후 1시가 되어 캐니언 오 버룩 트레일 하이킹 입구로 돌아왔다. 이제 캐니언 오버 룩에서 보았던 자이언 국립 공원 내부로 들어가 리버사 이드 워크 트레일(Riverside Walk Trail)을 걸어 볼 생각이 었다. 차를 타고 출발하자마 자 긴 암벽 터널을 맞이하게

된다. 이 터널은 1930년에 완공한 자이언 마운트 카멜 터널(Zion-Mount Carmel Tunnel)로 총길이가 1.1마일에 이르고, 차가 교행할 수 없을 정도로 폭이 좁기 때문에 일방통행 형식으로 대기하였다 가 차례로 차를 보내준다. 그래서 종종 차량 정체가 일어나는 곳 이다. 20세기 초의 토목 기술로 건설되어 절벽 옆구리를 뚫어서 창 을 내고, 터널 공사에서 나오는 돌을 그 창에 버려가며 만들었다. 그래서인지 터널 내벽이 암벽 상태로 되어 있는 데다, 중간에 바깥 을 볼 수 있는 창문이 있어 더욱 이색적인 느낌을 준다. 터널을 빠 져나오면 스위치 백(Switch Back, 지그재그) 형식의 내리막길이 한동 안 지속되므로 오버룩 포인트가 얼마나 높은 위치에 있는지 다시 금 깨닫게 된다.

자이언 국립공원은 교통과 관련한 특별한 사항이 있다. 공원을 방문하는 많은 여행자의 차를 전부 수용할 수 없어, 자이언 국립공원 방문자 센터에 주차하고 무료 셔틀버스를 타고 이동해야 한다는 것이다. 만일 리버사이드 워크 트레일 입구까지 차를 가지고 갈 수 있다면 시간과 체력을 많이 아낄 수 있는 걸 생각하니 아쉬움이 크다. 단, 장애인 차량 등 특정 차량은 진입이 가능하다.

이때 오늘 일정에 대해 아내가 불편하다는 의견을 제시했다.

"오늘은 벌써 두 번이나 트레일을 걸었고, 여태껏 여행하면서 숙소에 일찍 들어가 본 적이 없잖아. 그래서 말인데, 지금 라스베가스로 출발해서 조금 쉬었다가 저녁에 야경 투어에 나서는 것은 어떨까?"

나는 잠시 여러모로 생각해 보고 나서 원래의 계획대로 진행하기로 하고, 아내를 설득하였다.

"그것도 좋은 생각이긴 한데, 지금 오후 2시니깐 시간에 여유가 있어. 물론 리버사이드 워크 트레일을 하고 나면 저녁에 시간이 부족할 거야. 근데 애초 이번 여행의 목적이 도시보다는 미국 서부 국립공원을 보고 가는 데 있잖아. 그리고 라스베가스의 밤거리에 린과 예린을 데리고 다니기엔 긍정적이라고 생각하지 않아. 물론 나쁜 것도 아니겠지만…."

"그래, 알았어. 그럼 원래 계획대로 해."

비록 내 의견에 동의는 하였지만, 아내는 내심 내키지 않아 보인다.

"방문자 센터도 구경하고, 특이하게 생긴 공원 셔틀버스를 타 보는 것도 재밌지 않을까?"

그러자 린과 예린은 셔틀버스를 타보고 싶은 마음에 기꺼이 리버사이드 워크 트레일을 걷는 것에 동의하였다. 하지만 내로우 트레일(Narrow Trail)에서 물길을 걸어 보고 싶은 마음이 더 강했던 것으로 보인다.

방문자 센터 주차장에 차를 세우고 배낭에 물, 초코바, 체리 등 요기가 될 만한 간식을 챙겨서 그린라인 셔틀버스를 탔다. 리버사이드 워크 트레일 입구(Riverside Walk Trailhead)까지 무려 20분이나 소요되지만, 창밖으로 스쳐 가는 거대한 바위산들을 보면서 가면 그렇게 지루하지는 않다. 에메랄드 풀스 트레일이 있는 자이언 롯지(Zion Lodge) 정류장(5번), 그로토 트레일과 엔젤스 랜딩의 그로토(Grotto) 정류장(6번), 옵저베이션 포인트의 위핑 록(Weeping Rock) 정류장(7번)에 차례로 정차한 끝에 셔틀버스 종점이면서 리버사이드 워크 트레일 입구인 템플 오브 시나와바(Temple of Sinawava) 정류장(9번)에 도착하였다.

리버사이드 워크는 내로우즈(The Narrows)로 가는 관문이면서 동시에 자이언 국립공원에 있는 트레일 중에서도 하이라이트라고 할 수 있다.

버진 리버(Virgin River)를 따라 흐르는 리버사이트 워크는 경사가 거의 없는 산책로와 다름없기에 몸이 불편한 사람들도 얼마든지 갈 수 있는 평범하고 쉬운 길이다. 게다가 '처녀 강'이라고 붙여진 이름에서도 알 수 있듯이, 버진 리버의 이미지도 확인할 수 있다. 즉, 자이언 캐니언의 속살을 고스란히 다 보여주는 길이라고 할 수 있다. 이 트레일을 따라가다 보면 바위 틈새에서 나오는 물을 볼 수 있는데, 이 물은 버진 리버의 원천이라고 할 수 있다. 계곡의 양쪽에 늘어선 거대한 바위에 구멍이 많아 이 구멍을 타고 바위 윗부분에서 아래까지 물이 내려오기도 하고 중간에 절벽 쪽으로 빠져나와 흐르기도 한다. 어디에서도 보기 드문 이런 특유의 지질 특성 때문에 이 지역에서만 사는 동물들이 생겨났을 정도다. 이렇게 형성된 자연과 생태계를 '행잉 가든(Hanging Garden)'이라고 한다. 이런 지형의 특성은 겨울부터 이른 봄까지 눈이 녹으면서 계곡의 물이 많이 불어난다는 것이다. 이때는 위험하기 때문에 개방하지 않는다.

역시 인기 있는 트레일 코스라는 정보만큼이나 여행자들이 많다. 이미 하이킹을 끝내고 나오는 여행자들과 이제 출발하는 여행자들이 정류장을 가득 메우고 있다. 한 손에 지팡이를 들고 걷는 이들은 리버사이드 트레일을 지나 내로우 트레일까지 갈 준비를 하고 온 사람들이다. 암벽으로 둘러싸인 평탄한 길을 따라 20여 분이 소요되는 리버사이드 트레일은 싱겁게 끝나고, 곧 계곡물 속을 걸어야 하는 내로우 트레일 시작점에 도착하였다. 여기서 더 가야 할지 말아야 할지 결정해야 하는데, 벌써 린과 예린은 운동화를 신은 채로 계곡물에 뛰어들었다. 상황이 이렇게 되자 더 이상 망설일 필요 없이 내로우 트레일을 걷기로 했다. 미끌미끌한 돌이 많은 물속이라 다수의 여행자가 나무 막대나 등산 스틱을 준비하여 걸어가는데, 아무런 준비가 없이 물속을 걷는 우리는 조심히 계곡물을 헤쳐나가야 했다. 손에 들고 있는 카메라가 걱정되기는 하지만 조심하면서 걷기 때문에 미끄러져 넘어질 위험이 크지 않을 것 같았다. 사진으로 보았던 내로우 트레일은 환상적인 모습이었으나 실제 풍경은 그다지 화려한 분위기는 아닌 것 같다. 그저 우리나라의 흔한 계곡물 속을 걷는 느낌이랄까? 그래도 거대한 암벽이 좌우에 둘러쳐져 있는 색다른 풍경을 보며 시원한 물길을 걷는 재미가 흥미를 부추겼다. 흐르는 물길을 거슬러 올라가야 해서 진행이 더디지만 굽이친 협곡을 돌 때면 계곡이 어떤 모습으로 변할지 궁금하여 끝을 보고 싶은 유혹이 생긴다. 간혹 깊은 수심을 만날 때는 예린이의 손을 꼭 잡고 우회하는 길을 찾아 걸었지만, 엉덩이까지 물속에 잠기는 것은 피할 수 없었다. 예린은 팬티까지 젖었어도 재미있어한다. 놀 때는 재미있겠지만 물 밖에 나오면 틀림없이 찝찝할 텐데, 뒷일은 생각하지 않고 즐거워하는 표정을 보니 후회하지는 않을 것으로 보인다. 어떤 이들은 이보다 깊은 물에 몸을 담그고 물장구를 치며 놀기도 한다. 그늘진 구간이 많고 발도 시원하여 기분이 상쾌해졌다.

비좁은 절벽을 따라 계곡을 걷는 체험은 그 끝이 어떤지 보고 싶어 계속 가 보고 싶었으나 이곳에서 마냥 시간을 소비할 수는 없었다. 라스베가스로 가는 시간이 너무 늦어질 것으로 우려되어 사람들이 별로 가지 않는 지점에서 내로우 트레일을 정복하였다고 선언하고 되돌아가기로 결정하였다. 이로써 자이언 국립공원을 대표할 만한 두 개의 트레일을 모두 체험하였다. 내로우 트레일을 빠져나오자 젖은 신발과 옷 때문에 유쾌함은 사라지고 금세 피로를 호소하는 린과 예린에게 체리가 위안이 되었다. 유난히 체리를 좋아하는 예린은 곧바로 기운이 솟았던지 트레일 입구까지 씩씩하게 잘 걸어가 주었다. 셔틀버스를 타고 방문자 센터에 돌아왔더니 예상했던 시간보다 1시간이 더 소요되어 거의 5시가 되었다. 젖은 옷과 신발은 샌들로 갈아 신고 출출해진 배는 주먹밥과 얼큰한 어묵국으로 달랜 후, 차를 타고 라스베가스를 향해 달리기 시작했다.

자이언 국립공원 방문자 센터

자이언 셔틀버스

리버사이트 트레일 종점(내로우 트레일 시점)

외벽 물줄기

내로우 트레일

내로우 트레일

♇ 화려한 유흥의 도시 라스베가스를 향해

미국 서부 국립공원 여행 계획을 세우고 조사하다 보면, 흔히 라스베가스를 기점으로 출발하여 큰 원을 그리고 다시 라스베가스로 돌아오는 그림을 그리게 되는 것을 지도상에서 확인하게 된다. 이때 여러 캐니언들을 방문하게 되는데, 이 모든 캐니언을 두고 캐니언 루프라고 부른다. 라스베가스는 미국 서부 캐니언 여행의 시점인 동시에 종점 역할도 하지만 이 도시 자체만으로도 충분히 휴양과 오락(도박)과 관광을 즐길 수 있다. 그래서인지 이 도시를 향해 가는 것만으로도 흥이 솟는다. 고속도로에 들어서기에 앞서 허리케인(Hurricane)에서 편의점을 겸하는 주유소에 들러 연료를 보충하고, 린과 예린이 원하는 시원한 탄산음료와 간식도 샀다. 허리케인에서 15번 고속도로를 타면 라스베가스까지 2시간 정도 소요된다. 우리 가족은 새벽부터 시작한 세 번의 하이킹으로 체력이 완전히 고갈되었던지 고속도로에 진입하자마자 모두 잠이 들었다. 평소에 헬스로 다져 놓은 내 체력은 웬만한 강행군에 견딜 수 있는 기초가 되었다. 덕분에 이 같은 바쁜 여행 일정도 소화해내고 있다고 본다. 사막이 대부분인 15번 고속도로를 달리면 암벽 사이에 처녀 강이 흐르는 멋진 구간을 지난다. 설리번즈 캐니언(Sullivan's Canyon)이라고 부르는 이 지역은 회색 바위산 사이를 통과하는 이색적인 풍경의 볼거리를 제공한다. 이후엔 끝이 없을 듯한 사막이 펼쳐지고 유타주의 경계를 넘어 네바다주로 들어서게 된다.

⊙ '네바다'는 스페인어로 '눈으로 덮인, 눈이 내린'이라는 뜻이다. 1848년에 공식적으로 미국에 속하게 되었고, 콤스톡 로드(Comstock Lode)에서 금이 발견되면서 골드러시가 일어나 인구가 폭발적으로 늘었다가, 1880년대에 금이 나오지 않자 인구도 함께 감소했다. 하지만 금광 외에 은, 동과 같은 여러 광물이 발견되어 다시 인구가 늘어났고 이 분위기는 1920년대까지 계속된다.

멀리 신기루처럼 보이는 라스베가스가 가까워지자 차들이 많아졌다. 시내를 관통하는 고속도로를 달려 목적지에 가까워지자 신데렐라 성을 닮은 매력적인 호텔이 눈에 들어왔다. 이 호텔을 보고 예린이가 말한다.

"엄마~. 우리도 저런 호텔에 가 봤으면 좋겠어."

"아빠한테 부탁해 봐."

"아빠! 우리는 저런 호텔에 언제 가 보는 거야?"

"저 호텔에 가 보고 싶어?"

"당연하지!"

"예린이가 그럴 줄 알고 아빠가 저 호텔 예약해 놨어. 오늘 저 호텔에서 잘 거야!"

예린이는 "정말? 아빠 최고!"라며 내 목을 끌어안았다.

예린이에게 '아빠 최고'란 찬사를 듣게 되니, 그동안 쌓인 여행의 피로가 싹 날아가고 활력이 솟는다.

숙박비가 약간 비싸더라도 좋은 호텔에서 묵어보자는 생각에 이

틀 전에 후터스 카지노 호텔(Hooters Casino Hotel) 예약을 취소하고 엑스칼리버 호텔(Excalibur Hotel)을 예약하였다. 그러나 화려한 이 호텔은 기대와는 달리 많은 실망을 안겨주었다. 카지노 1층에 들어서자 메케한 담배 연기가 린과 예린에게 불쾌감을 주었다. 어렵사리 프런트를 찾아 체크인했지만, 많은 짐을 들고 객실까지 가는 것도 힘들었다. 더구나 기대했던 객실은 오래된 설비 때문인지 지금까지 묵었던 숙소 중에서도 가장 형편없어 보였다. 게다가 샤워실에서 바퀴(혹은 빈대)가 있다며 아내가 한바탕 소동을 일으켰다. 화장지로 재빨리 잡아 변기에 넣고 물을 내려 문제를 해결했지만, 이 호텔에 대한 기대는 완전히 무너지고 말았다.

짐을 정리하고 한숨 돌리고 나니 저녁 8시가 되었다. 라스베가스의 화려한 야경 투어를 잠시 미루고, 린과 예린이 좋아하는 아이홉(IHOP) 레스토랑에 가기로 했다. 구글 지도에서 검색했더니 호텔 남쪽 방향으로 10분 거리에 있었다. 이 레스토랑은 중저가이지만 음식이 우리 입맛에 잘 맞고, 특히 린과 예린이가 특정 메뉴(티본 스테이크)를 좋아한다.

저녁 식사를 마치자 새벽부터 시작한 여행의 피로가 급격히 몰려왔다. 아무래도 야경 투어는 힘들 것으로 보였다. 대신 차를 타고 스트립 거리를 왕복하는 것으로 야경 투어를 갈음하고 호텔에 들어갔다. 호텔로 들어왔다고 마냥 쉴 수 있는 형편은 아니다. 하이킹하면서 흙먼지로 뒤덮인 신발과 옷가지를 정비하고 나서야 비로소 편히 쉴 수 있는 여건이 된다. 그러자 시간은 밤 11시가 넘었다. 온종일 바쁘게 이어진 일과를 끝내고 나서야 여행용 전기냄비에 쥐포를 굽고 아내와 캔 맥주를 마시는 시간을 가졌다. 많은 시간이 허락되지 않는 바쁜 여행자에게도 이 시간만큼은 여유가 있다. 브라이스 캐니언의 수많은 후두와 자이언 국립공원의 장대한 풍경을 두 눈으로 직접 본 소감에 대한 이야기를 주요 화제로 삼았다. 만일 시간이 넉넉한 여행자가 되는 기회가 주어진다면 이곳에 오랫동안 머물기를 바란다는 서로의 생각을 주고받았다. 그리고 라스베가스 하늘에 반짝이는 별들과 도시의 불빛, 그리고 창밖의 피라미드 야경을 바라보면서 라스베가스의 밤거리를 거닐지 못하는 아쉬움을 맥주 한 캔으로 달랬다.

룩소르 호텔(엑스칼리버 객실 전망)

엑스칼리버 호텔

LINN&YERIN'S DIARY

2018년 6월 8일(예린)

6월은 엄마의 생일이 있는 달이다. 음력 생일, 양력 생일, 호적 생일 등 온갖 생일을 다 챙기신다. 오늘은 엄마의 양력 생일이다. 숙소에서 일어나자마자 일출을 보기 위해 여왕의 정원이라는 곳을 갔다. 여왕의 정원에서 엄마가 발을 헛디뎠다. 아빠는 다친 엄마를 무시하고 리버사이드 워킹(물속에 들어가야 함)으로 갔다. 나랑 오빠는 재밌어했다. 엄마랑 아빠는 잘 모르겠다. 우리는 차를 타고 라스베가스로 갔다. 라스베가스 호텔은 정말 화려했다. 마치 신데렐라의 성 같았다. 나는 너무 좋아서 소리를 질렀다. 호텔에는 부자들이 많았다. 왜냐하면 리무진이 2대나 들어왔기 때문이다. 그리고 호텔 안으로 들어가 보니 화려한 불빛과 드레스를 입은 사람들이 보였다. 정말 신기했다. 아빠와 오빠는 체크인을 하러 갔고 엄마랑 나는 오빠와 아빠를 기다렸다. 아빠와 오빠가 오고 우리 가족은 기대하는 마음으로 호텔 방으로 갔다. 그런데 호텔 방 안에는 냉장고도 없고 전자레인지도 없어 평범한 숙소보다 더 안 좋다고 느꼈다. 오늘도 재밌는 하루였다.

Part 10.

라스베가스,
데스밸리 국립공원
(여행 9일 차)

|라스베가스 스트립, 단테 뷰, 자브리스키 포인트,
배드워터 분지|

🪧 라스베가스 스트립

라스베가스

⊙ 1855년 유타주의 모르몬 교도들이 처음 정착하였던 라스베가스는 스페인어로 '푸른 초원'이라는 뜻으로 메마른 계곡에 있는 깊은 샘이 대지를 적셔 주어 초원이 만들어진 데서 유래되었다. 금광이 발견되어 골드러시로 번영을 누리다가 침체기를 겪기도 했으나, 1931년에 합법화된 도박 때문에 관광, 도박, 휴양, 오락 등으로 다양하고 독특한 문화를 형성하면서 인구도 불어났다. 이 도시는 크게 호화 호텔이 즐비한 스트립(Strip) 구역과 서민적인 다운타운(Downtown) 구역으로 구분된다.

가볼 만한 곳

⊙ **베네시안 호텔**
: 곤돌라, 호텔 내부 등을 보면 베네치아를 배경으로 하고 있다.

⊙ **팔라조 폭포 공원(24시간 개방)**

⊙ **플라밍고 야생 생태계(8시~20시)**
: 플라밍고 호텔의 정원으로 조류 위주의 동물과 식물들을 전시하여 아이들과 함께 볼 만하다.

⊙ **CBS 텔레비전 시티 센터**
: 네트워크 텔레비전 쇼 과정을 견학할 수 있는 비즈니스 센터로서 MGM 호텔 내부에 있다.

⊙ **더 파크(24시간 개방)**
: 춤추는 여자 조각상, 폭포 등 다양한 조각상들을 전시하고 있다.

⊙ **M&M 초콜릿 공장&선인장 정원(8시~18시)**
: M&M 초콜릿 견학, 제작, 무료 샘플 시식이 가능하다.

⊙ **골든 너겟 호텔의 금덩어리(24시간)**
: 세계에서 가장 크다고 하는 금덩어리를 전시하고 있다.

⊙ **기타**
- 라스베가스는 여러 가지 쇼를 진행하는 호텔 투어가 주요 볼거리라고 할 수 있는데, 낮 기온이 높기 때문에 호텔 사이로 이어진 통로를 이용하면 좋다.
- 스트립의 카지노가 있는 호텔은 셀프 파킹하면 무료 주차다.

시카고를 떠난 지 벌써 8일째가 되는 날이다. 홈스테이의 하이디(호스트)로부터 카카오톡 메시지가 와 있었다. 장거리 운전을 하는 것이 염려된다며 줄곧 걱정하고 격려해 주는 마음에 고마움과 따뜻함이 묻어난다.

"Hi, everyone! Looks like you are enjoying the beautiful country! It is so different than any other place. I remember traveling to some of those places. I'm glad the weather is nice. You will have some really nice memories! We all send you hugs from our house, which is still so quiet! Lukie has Yerin's 'Bye' note hanging on his wall."

하이디의 말에 의하면, 전에는 집에 아이들이 있어 시끌벅적해서 좋았는데, 린과 예린이 떠나가니 휑하니 집안에 생기가 없는 듯 보이고, 여행 내내 좋은 날씨가 이어지고 있는 것은 대단한 행운이라고 한다. 유학을 마치고 한국 학교에 복학하기에 앞서 미국 서부 여행을 권한 사람은 하이디였다. 지난해 9월, 하이디 집에 처음 방문하여 크리스마스 방학 시즌을 이용하여 아이들과 그랜드 캐니언에 가 보고 싶다고 했더니, 하이디가 "미국 서부 겨울 여행은 눈폭풍(Blizzard)이 발생하면 위험하므로 크리스마스 방학 때는 따뜻한 플로리다로 여행을 떠나는 것이 좋을 것 같다."고 제안하였고, 덧붙여 "그랜드 캐니언은 그리 덥지 않고 극성수기도 아닌 학기가 끝나는 시기(6월 초순)에 맞춰 가는 것이 좋을 것 같다."고 조언해 주었다.

하이디의 제안대로 진행하는 이 여행은 참 잘한 결정이었다고 본다. 여행 내내 날씨가 좋고, 방문하는 관광지마다 여행객이 붐비지 않아 순조로운 여행이 되고 있다.

미국 서부 캐니언 루프를 여행하는 동안 일출을 보기 위해 매일 새벽에 일어나야 했다. 그만큼 피로는 꾸준히 누적되고 있었다. 이런 이유로 라스베가스에서는 충분하게 잠을 자기로 하고 푹 잤는데, 막상 일어난 시각은 아침 8시였다. 시간이 부족한 여행은 바쁜 여행자를 부지런하게 만들고 더 이상 휴식을 허락하지 않는 것 같다. 커튼을 걷어 라스베가스의 하늘을 보니 구름 한 점 없이 파랗고 강렬한 햇빛에 눈이 부시다. 기지개를 켜고 전자 상비와 충전지를 정리하는 일부터 시작해서 슬슬 짐을 챙기며 하루를 시작한다.

여행 9일 차에는 인간의 생명력이 가장 왕성하고 생기 가득한 라스베가스와 생명체가 도저히 살 수 없을 것 같은 데스밸리를 누벼 보는 일정을 세워두었다. 아마도 지구상의 천당과 지옥을 다 경험하는 날이 될 것이다. 하지만 애초 계획에 있었던 후버 댐 방문은 시간이 충분하지 않은 관계로 취소하였다. 그 배경에는 페이지에서 본 글렌 댐이 후버 댐을 대신할 수 있다는 충분한 만족감이 있었기 때문이다.

아침 식사는 누룽지에 멸치볶음 반찬을 곁들여 먹는 것으로 간단하게 해결하였다. 호텔을 나설 때는 따가운 햇볕과 더위에 지치지 않도록 최대한 몸을 가볍게 하고, 선글라스와 모자를 준비했다. 2시간 정도면 라스베가스의 스트립을 여유 있게 돌아볼 수 있을 것으로 예상하고, 시간이 많이 소요될 만한 이벤트는 가급적 생략하기로 하였다. 하지만 엑스칼리버 호텔 앞에 있는 뉴욕뉴욕 호텔의 롤러코스터를 보자마자 예린이는 타고 싶다고 졸라댄다. 지난 크리스마스 때, 플로리다 올랜도에 있는 유니버설 스튜디오에 가서 지상 최고이며 최대 수준의 온갖 놀이기구를 탈 수 있었건만, 그에 비하면 한참 수준이 떨어지는 롤러코스터를 타자고 조르니 요구를 들어주기가 망설여졌다. 라스베가스에서 놀이기구를 타는 것은 그 의미가 다르다는 논리에 아내도 그 간절한 청을 들어주자고 한다. 린과 나는 놀이기구를 타면 멀미가 나서 컨디션이 나빠지기 때문에 타지 않기로 하고, 종일권 2매를 구입하여 아내와 예린이만 타기로 했다. 마냥 신나서 즐거워하는 예린이를 보고 많은 시간을 주고 싶지만, 스트립의 호텔과 거리를 당초 일정대로 오전에 둘러보기에는 여유가 없을 듯 보였다. 예린이를 잘 구슬려 놀이기구를 세 번 타는 것으로 협의를 이루었다. 뉴욕뉴욕 호텔을 나오자 쉑쉑버거 가게가 눈에 들어왔다. 아침 식사로 누룽지를 먹어서 그런지 모두가 출출해 하여 가게에 들어가 쉑쉑버거를 주문하였다. 쉑쉑버거는 유명세만큼 맛있었는지 린과 예린이 호평을 하였고 기분까지 좋아져 가게를 나서서 스트립 거리를 걷는데 더운 날씨임에도 발걸음이 가벼워 보인다.

도보로 뉴욕뉴욕, 벨라지오, 미라지, 베네치안, 파리스 등의 호텔을 돌아보는 데 2시간가량이 걸렸다. 호텔마다 1층엔 카지노가 성업 중이고 담배 냄새가 코를 자극하는데도 불구하고 뜨거운 날씨를 피하고자 카지노에 들어가서 더위를 식혀야 했다.

스트립 거리에 늘어서 있는 호텔 건축물 중엔 세계의 유명 건축물을 모방해 놓은 건물들이 있기 때문에 이곳을 돌아보면 세계 여행을 압축해서 하는 느낌이 있다. 특히 파리의 에펠탑과 개선문, 뉴욕의 브루클린 다리와 맨해튼, 베네치아의 두칼레 궁전과 레알토 다리는 지난 여행에서 본 적이 있어 실제 모습을 떠올리고 비교하면서 대화를 나누는 소재가 되었다. 뉴욕에서 보았던 허쉬, M&M 등의 브랜드 기념품 스토어는 별 흥미가 없었지만, 코카콜라 스토어는 독특한 매력이 있어 린과 예린의 관심을 끌었다. 그래도 라스베가스에 다녀왔다는 흔적을 가지고 가야 할 것 같아 코카콜라 스토어에서 개성 넘치는 기념품을 몇 개 구입하는 것으로 라스베가스 스트립(Las Vegas Strip) 투어를 마쳤다.

여행 기간 동안 묵었던 롯지는 객실 바로 앞에 주차할 수 있도록 되어 있어 짐을 풀고 챙기는 데 이동이 필요하지 않아 편리하였다. 그런데 호텔은 주차장과 거리가 있어 불편하기 짝이 없다. 10층에 있는 객실에서 짐을 끌고 나오면 멀리 있는 엘리베이터로 이동해서 타고 내려오는 데도 힘이 들었다. 주차장까지 가려면 너무 힘들 것 같아 아내더러 호텔 정문에서 기다리도록 하고 차를 끌고 와서 짐

벨라지오 호텔

MGM Caesars Palace&자유의 여신상

뉴욕뉴욕&브루클린 다리

리알토 다리와 산 마르코 종탑

개선문

곤돌라(베네치아 호텔 앞)

에펠탑(파리스 호텔 앞)

을 실었다. 라스베가스에서 하룻밤만 자고 가는 가족 여행자라면 호텔은 좋다고만 할 수 없을 것이다. 물론 고층에서 보는 뷰와 유명한 호텔이라는 점에는 점수를 줄 수 있겠으나, 아이들에게 해로운 담배 연기가 가득하고 큰 규모 때문에 길을 헤맬 수 있다는 단점이 더 크게 느껴진다. 여하튼 여장을 챙겨 호텔을 나오는 일은 지금까지 숙소에서 겪지 못했던 힘든 일이었다.

흥미로운 라스베가스 법

⊙ 도박의 합법화
: 1931년에 네바다 농장주였던 필 토빈(Phil Tobin)에 의해 네바다주에서 도박이 합법화되었다. 그 이전에는 누가 술을 살 것인지 동전을 던져 결정하는 것조차 금지할 정도였다.

첫 번째 라이선스는 매미 스토커(Mamie Stoker)라는 여성에게 주어졌는데, 그녀는 노던 클럽(Northern Club)이라는 라스베가스의 첫 도박 홀을 개업했다. 오늘날에는 수백 개의 카지노가 라스베가스에서 성업 중이다.

⊙ 결혼과 이혼 법률
: 팝 가수 브리티니 스피어스가 2004년에 그녀의 어린 시절 친구와 결혼하기 위해 라스베가스에 왔고, 그보다 60년 전에 노마진 도로시(마릴린 먼로)가 당시 남편이었던 제임스와 이혼하기 위해 라스베가스에 왔다. 이들처럼 유명인들 혹은 일반인들까지 수많은 사람이 쉽게 속성으로 결혼 또는 이혼을 위해 라스베가스를 방문한다.

이처럼 간편하게 할 수 있는 라스베가스의 결혼과 이혼 법은 도박과 함께 라스베가스의 독특한 전통이 되었다. 특히 이혼 법에 따라 이혼 판결을 받으려면 네바다 카운티의 거주자로 인정되기 위해서 네바다 카운티에 6주간 거주해야 하는데, 이 점이 초기 라스베가스의 발전에 중요한 요소가 되었다.

📍 데스밸리로 가는 길(네바다 사막을 달리다)

데스밸리를 통과할 때는 꼭 주유소에 들러 연료를 가득 채워야 한다. 또한 따가운 뙤약볕 아래에서 메마른 사막 도로를 쉬지 않고 운전하려면 카페인 보충도 꼭 필요할 것이다. 라스베가스 시내를 벗어날 무렵, 주유소에 들러 연료를 채우고 아메리카노와 핫초코를 두 잔씩 샀다. 화려한 유흥의 도시 라스베가스에서 오래 머물지 않고 떠나는 아쉬움이 크지만, 미국 서부 자연을 탐방하려는 여행의 당초 목적이 있었기 때문에 별다른 미련 없이 단테 뷰, 자브리스키 포인트, 배드워터 분지가 있는 데스밸리 국립공원을 향해 떠났다.

여행 준비 기간에 데스밸리에 대해 조사할수록 이곳이 죽음의 계곡이라고 불리는 이유를 잘 알게 되었고, 그만큼 심각한 위험이 따를 수도 있다는 변수 때문에 정말 가도 괜찮을지 고민을 많이 했다. 이 지역을 조사하다 보면 무더운 여름에 데스밸리를 갔을 때 차가 더위를 견디지 못하고 퍼질 수 있다는 경고와 더불어 엔진 과열로 차가 퍼졌다는 실제 경험담도 보게 된다. 또한 사실관계를 확인할 수는 없지만, 데스밸리에서 실종된 관광객을 며칠 만에 시신으로 발견하였는데, 이미 미라 상태였다는 끔찍한 이야기도 있다. 이렇듯 여름철의 데스밸리가 사고가 빈번하고 위험한 지역이라 판단된다면 피해야 할 것이다. 겨울이면 도로를 폐쇄하는 요세미티 국립공원의 티오가 패스나 로키산의 트레일 리지 로드처럼, 혹서기에는 데스밸리 국립공원도 차량 운행을 통제해야 할 것이다. 하지만 차량을 통제하지 않는 것으로 보아 정말 운이 나쁘지 않은 이상 큰 문제는 아닐 것으로 보였다. 그러던 중 반가운 글을 찾아서 보게 되었다.

"메이저 회사의 렌터카는 대부분 새 차입니다. 그러므로 웬만해선 퍼질 걱정이 없으니 마실 물만 잘 챙기세요."

이 멘트를 보고 고민 없이 데스밸리를 일정에 포함했다.

단단히 각오하였지만, 한낮에 사막 고속도로를 달리는 것은 상당히 힘든 일이었다. 미국 차들은 차창에 선팅을 하지 않아 직사광선에 그대로 노출된다. 뒷좌석의 창문은 옷으로 햇볕을 차단할 수 있지만, 앞좌석은 운전에 방해가 될 수 있어 햇볕을 맞아가며 달렸다. 그런데 이런 기후 조건이 아무렇지 않은 듯 고속도로를 질주하는 오토바이가 한 대 있었다. 아무리 폼에 살고 폼에 죽는 '폼생폼사'라고는 하나, 이 환경에서 달리는 오토바이 운전자의 모습이 측은해 보인다. 95번 고속도로가 2차선 도로로 바뀌고 나면, 곧 네바다주를 지나 캘리포니아주에 들어선다. 끝이 보이지 않는 불모지에 강풍이 불기 시작하여 차가 흔들리고, 지평선은 뿌연 먼지처럼 날리는 모래바람으로 인해 점차 흐려져 땅과 하늘을 구분할 수 없게 되었다. 뿌연 풍경만큼이나 심상치 않은 바람 소리는 공포감을 증폭시킴으로써 데스밸리에 가까워지고 있음을 알리는 전주곡처럼 들린다. 오죽했으면 그 이름을 죽음의 계곡(데스밸리)이라 지었을까? 데스밸리라고 이름 지은 이유는 1849년 골드러시 때 이곳에서 금광을 찾던 사람들이 혹독한 더위에 많이 사망했기 때문이다. 이곳은 보통 49℃를 넘나드는 여름 기온 때문에 모래언덕의 사막과 사막화가 진행되는 곳이 많아 생명력이 강한 선인장이나 가

시렁굴 같은 식물만이 식생을 이루고 있다. 실제로 이곳에 여행을 왔다가 일사병으로 쓰러져 사망하는 경우도 있었다고 한다.

🪧 지옥을 볼 수 있는 곳, 단테 뷰

데스밸리 정크션(Death Vally Junction)에서 190번 도로를 타고 20분 정도 달리면 단테 뷰로 가는 이정표가 나온다. 도로는 단테 뷰까지 잘 정비되어 있지만, 지그재그로 된 오르막 경사라 조심해서 운전해야 한다. 라스베가스에서 단테 뷰까지는 쉬지 않고 정확히 2시간 반이 소요되었다. 전망대 바로 앞에 있는 주차장에 차를 세우고 차 문을 열자 몸을 가누기 힘들 정도의 강풍이 불었다. 단테 뷰는 1,669m의 고지대로 아래 지역보다 화씨 20F(섭씨 6.6℃) 이상 기온이 낮기 때문에 덥지는 않지만, 강풍이 부는 날씨 탓에 바람막이 잠바를 입고 전망대에 섰다. 단테 뷰는 사방으로 볼 만한 전망을 모두 갖추고 있다. 북쪽에서 남쪽으로 이어진 여러 갈래의 아름다운 산맥이 파노라마로 펼쳐져 있고, 그 아래로 평평하게 드넓은 소금밭이 펼쳐진 골짜기는 산맥의 하얀 속살처럼 보인다. 바로 앞 단테 뷰에서 2,500m 수직 아래에 있는 배드워터 분지(Bad-water Basin)는 삼각주 모양을 하고 있다. 멀리 데빌스 골프 코스도 한눈에 들어온다. 단테 뷰에 서서 덥고 메마른 데스밸리를 내려다보고 있으니, 마치 지옥을 천상에서 보고 있는 느낌이다. 그래서일까? 이 전망대는 단테의 『신곡』에 묘사된 지옥의 모습을 볼 수 있는 곳이라고 해서 단테 뷰라 부르게 되었다는 이야기가 있다.

제법 해가 기우는 것 같아 시간을 보니 6시가 지나고 있었다. 강풍 탓에 오래 머물기도 힘들고 해가 지기 전에 배드워터 분지까지 가려면 서둘러야 할 것 같아서 다음 목적지인 자브리스키 포인트로 내려갔다.

단테 뷰 전망(배드워터 분지)

단테 뷰 안내도

단테 뷰

⛳ 화성일까? 자브리스키 포인트

단테 뷰에서 꼬부랑 고갯길을 내려가 30분 정도 달리면, 도로 왼편으로 마치 공사장에 모래를 언덕처럼 쌓아 놓은 것 같은 능선이 늘어서 있다. 오랜 시간 풍화와 침식을 겪고 나서 수많은 골이 생겨난 그 모습이 기이하다. 그 능선을 따라서 가던 차에 '자브리스키 포인트(Zabriskie Point)'라고 적힌 표지판이 눈에 들어왔다. 주차장에 차를 세우고 문을 여는 순간 단테 뷰보다 더 강한 바람이 머리를 들 수 없게 만들었다. 이런 강풍에도 많은 사람이 전망대까지 오가는 걸 보면 꼭 들려볼 만한 가치가 있어 보인다. 체격이 작은 예린이는 바람에 견디지 못하고 날아갈 것 같다며 엄마를 꼭 끌어안고서 자브리스키 포인트까지 300m 이상 되는 거리를 걸었다. 자브리스키 포인트를 오르는 언덕 왼편에 데스밸리의 형성 과정 같은 모습이 펼쳐지는 걸 보면서, 전망대에 가면 무슨 광경이 펼쳐질지 궁금증이 커진다. 강풍을 이겨내고 전망대에 마주 서니 시야에 한 번에 담을 수 없을 만큼 굴곡진 언덕이 넓게 펼쳐진다. 마치 지구가 아닌 SF 영화에 나오는 외계 행성에 온 것 같은 착각을 일으키게 하는 풍광이 연출된다. 이 초현실적인 자연은 기울어진 햇빛을 받아 언덕마다 분홍색 색채가 더해지면서 더욱 깊은 인상을 심어준다. 다르게 보면, 마치 큰 너울이나 파도가 뒤섞여 그대로 굳어버린 언덕들이 늘어선 것처럼 보인다. 퇴적층이 깎여서 만들어진 언덕 표면은 바닐라 색부터 갈색 톤의 물감을 명도와 채도를 달리해 가며 배합해 풀어 놓은 듯 다양한 줄무늬와 색상을 보여준다.

눈앞에 펼쳐진 풍광이 아무리 화려할지라도 오래 머물 수는 없었다. 시간이 부족한 이유도 있지만, 모래 섞인 강풍 탓에 몸을 가누기 힘들 뿐 아니라 노출된 피부를 모래가 바늘로 찌르듯 따갑게 때리기 때문이었다. 린이 말하길, 알프스에서 눈썰매 탈 때 맞았던 눈보라와 거의 비슷한 수준이라면서, 알프스의 눈과 데스밸리의 모래가 뺨을 아프게 때릴 때마다 무언가로부터 공격을 받는 것 같아 무섭다고 한다.

TIP

◉ 자브리스키 포인트
: 자브리스키 포인트를 포함하는 데스밸리 일대는 고도가 태평양 수면보다 훨씬 낮지만, 약 1,000만 년 전에는 호수였다. 이 호수에 물이 사라지기 시작한 것은 500만 년 전부터인 것으로 추정되는데, 물이 마르면서 바닥의 진흙과 퇴적물이 풍화와 침식에 의해 만들어진 지역이다. 자브리스키란 명칭은 붕사(Borax) 광산을 운영하던 회사의 부사장 이름에서 따왔다.

자브리스키 포인트 우측 풍경

자브리스키 포인트 좌측 풍경

📍 소금 사막, 배드워터 분지

⊙ 배드워터 분지(Bad Water Basin)는 해수면보다 85.5m나 아래에 있어 북미에서 가장 낮은 곳이다. 미국 본토에서 가장 높은 휘트니산(4,421m)이 불과 100㎞ 정도의 거리에 떨어져 있어 대조를 이룬다.

입구엔 소금물이 고인 웅덩이가 있고, 하얗게 반짝이는 소금 길이 마치 하얀 카펫처럼 끝없이 펼쳐져 있다.

데스밸리 국립공원의 특징을 설명한다면, 다음과 같은 세 가지 표현을 들 수 있다. 세 표현 모두 최상급이다.

'Hottest, Driest, Lowest(가장 뜨겁고, 가장 건조하고, 가장 낮은 곳)!'

데스밸리 내에서 이 조건을 대표하는 장소가 배드워터 분지(Bad-water Basin)다.

자브리스키 포인트에서 190번 도로를 타고 5㎞ 정도 가면 배드워터 방향으로 갈 수 있는 갈림길이 나오는데, 아무도 없을 것 같은 이곳에 별장처럼 보이는 리조트가 눈에 들어온다. 이것은 사막 한 가운데 오아시스가 있는 퍼니스 크릭(Furnace Creek) 인근의 숙박업소다. 메마르고 거친 토양을 보면 물 한 방울 나오지 않을 것 같지만, 사람이 살 수 있도록 오아시스가 존재하니 다행이다. 그래서 숙소의 이름조차 데스밸리 오아시스(The Oasis At Death Valley)라고 지었나 보다. 이곳에서 차로 20분 정도 달리면 배드워터 분지가 나온다.

데스밸리 일대는 미국에서 해발 고도가 가장 낮은 지역이다. 그 중에서 배드워터 분지는 해수면 아래에 있어 세계에서도 손꼽히는 저지대이다. 그만큼 다른 지역보다 더울 것으로 예상하고 단단히 각오하였다. 다행히 해가 기울고 바람도 적당히 불고 있어 돌아보지 못할 정도의 더위는 아니었다. 아무리 그렇다 해도 낮 동안 달궈진 열기 때문에 한증막 사우나에 온 듯 후덥지근하다. 드넓은 벌판에 하얗게 펼쳐진 배드워터 분지를 보고 있자니, 그 풍경에 매료되어 끝까지 걸어 보고 싶은 충동이 일었다. 하지만 더위에 금방이라도 탈수가 일어날지도 몰라 감히 덤벼들지 못했다. 대신 적당한 거리를 걸어봤는데, 눈처럼 빛나는 하얀색 결정체가 진짜 소금인지 확인하고 싶은 호기심이 일었다. 그래서 깨끗한 부분을 골라 내어 맛을 보았다. 미량이었음에도 굉장히 짰다. 소금보다 훨씬 짠 맛이 느껴지는 것은 더위 때문일까?

데스밸리에서 물을 찾던 사람이 이곳에서 물을 발견하여 좋다고 마시다가 소금물인 것을 알고 절망하며 'Bad Water'라고 부른 것이 지명의 유래가 되었다고 할 만큼, 이곳은 오랜 시간 머물기엔 너무도 가혹한 환경이다. 분지 반대편의 바위산 정상은 한 시간 전에 머물러 있던 단테 뷰다. 산 중턱에는 'Sea Level(해수면)'이라는 푯말이 선명한 글씨로 적혀 있다. 이것은 배드워터 분지가 바다 수면보다 85.5m 아래에 위치해 있다는 것을 알려주고 있는 표지이다.

배드워터 분지(Bad Water Basin)

단테 뷰가 있는 산

🚏 무사히 데스밸리에서 떠나다

저녁 7시가 지나자 곧 어두워질 것 같았다.

데빌스 골프 코스(Devils Golf Course), 아티스트 팔레트(Artist's Palette), 솔트 크릭 인터프리티브 트레일(Salt Creek Interpretive Trail), 샌드 듄(사구, Mesquite Flat Sand Dune), 파더 크라우리 오버룩(Father Crowley Overlook), 우베헤베 크레이터(Ubehebe Crater) 등 보고 싶은 풍경들이 더 있지만, 아쉬움을 남기고 서둘러 떠나야 했다. 거처도 마련되어 있지 않은 사막에서 늦은 시간까지 있는 것이 부담스럽게 느껴졌다. 또한 차 연료가 1/4밖에 남지 않아 불안하기도 했다. 다행히 퍼나스 크릭(Furnace Creek)에 무인 주유소가 있어 연료 문제는 해결할 수 있었다. 1갤런당 4.5달러가 넘는 고가였지만 수유소가 있는 것만 해도 감사하게 생각한다. 수유소 옆에는 퍼나스 크릭 방문자 센터(Furnace Creek Visitor Center)가 있다. 늦은 시간이라 이미 영업이 끝났기 때문에 들어가 볼 수는 없었다. 조금 더 아쉬웠던 곳은 샌드 듄이다. 이곳에 도착했을 때는 붉은 노을이 짙게 퍼져 있어 먼발치에서나마 샌드듄을 흐릿하게 보는 것으로 만족해야 했다. 마침 인근 지역에 휴게소(Stovepipe Wells General Store)가 있어 저녁 식사로 먹을 빵과 주스를 살 수 있었다.

데스밸리 여행은 이렇게 지나치듯 둘러보는 것으로 만족하고 보금자리를 찾아 떠나야 했다. 차 안에서 맛이 없는 빵을 씹어가면서 칠흑 같은 어둠을 가르며 달리기 시작했다. 내비게이션이 안내하는 대로 사막을 달리고 산을 넘고 파더 크라우리 오버룩(Father Crowley Overlook)을 통과했다. 불빛이라곤 별밖에 없는 암흑 속을 달리다 불현듯 불안한 생각이 엄습해 왔다. 온실 같은 환경에서 보호받고 살아왔던 가족이 현실 세계를 이탈하여 방황하고 있는 것은 아닌지, 지나가는 차 한 대 없이 황량한 사막에서 차가 고장이라도 나서 꼼짝없이 암흑 속에 갇히게 되는 것은 아닌지, 이런저런 두려운 생각이 스쳐 지나간다. 오선까지만 해도 화려한 인류 문명의 결정판이라 할 수 있는 라스베가스에 있었는데, 불과 몇백 킬로미터밖에 떨어져 있지 않은 이곳은 사람들의 접근을 허락하지 않는 곳으로 도로 말고는 인간이 만들어 놓은 문명이 거의 없다. 이런 도로조차 만들지 않았다면 감히 여행할 생각은 엄두도 내지 못할 것이다.

　암흑과 정적만이 있는 데스밸리를 빠져나오는 동안 린과 많은 대화를 나누게 되었다. 린은 1년 동안 지냈던 미국 학교생활에 대한 이야기를 들려주었다.

　'자신들이 머물렀던 호스트 집이 다른 집에 비해서 제일 좋았다는 점, 은근히 인종차별을 느끼게 했던 선생님, 암산으로 수학 계

산을 하면 전자계산기를 이용하라는 선생님의 지적, 시골이라 집에 오면 친구들은 만날 수 없고 심심해서 게임만 하게 된다는 점, 한국에서 유학 온 중·고등학생들의 정서나 학력 수준, 예린이의 친구들은 예린을 잘 챙겨주고 무리에 끼워주려고 하는데, 자신은 몇 개월 동안 왕따 체험 기간이었다는 점' 등에 대하여 그동안 자신이 겪고, 느낀 점을 이야기해 주었다.

시간 가는 줄 모르고 2시간 동안 이런저런 이야기를 나누다 보니, 어느새 비숍(Bishop)에 도착했다(23시). 데스밸리의 숙박 시설은 1박에 300불이 넘는 고급 리조트라서 너무 비싼 데다 두 곳뿐인데, 비숍이라는 도시는 내일 가야 할 요세미티 국립공원과 최대한 가까운 위치에 있고, 다른 지역에 비해 비교적 저렴한 편이다. 그중에서도 비숍 타운하우스 모텔이 경제적이고 깨끗해 보였다.

아랍계인 숙소 주인은 우리가 도착하길 기다렸다며 반갑게 맞이하면서 방을 안내해 준 뒤, 곧바로 사무실 불을 끄고 사라졌다. 객실에 들어서자마자 린과 예린은 곧 잠이 들었고, 아내는 아껴두었던 쥐포를 구우며 캔 맥주를 꺼냈다. 쉼 없이 달려온 미국 서부 여행이 막바지에 이를수록 피로와 아쉬움

휴게소(Stovepipe Wells General Store)

이 뒤섞여 밀려오는데 아내는 이렇게 말한다.

매일 보는 미국 서부의 국립공원들이지만 가는 곳마다 경치가 완전히 다르고 새롭기 때문에 날마다 기대를 하게 된다면서, 내일 국립공원 여행이 마지막이라니 많은 아쉬움이 남는다고 한다. 힘든 일정이라 할지라도 체력이 닿는 한, 더 오랫동안 머물면서 아직도 가보지 못한 새로운 국립공원을 여행하며 아름답고 생경한 풍경을 감상하고 싶다고 한다. 가보고 싶은 여행지를 제한된 시간 내에서 최대한 방문하려면 하이디가 말했듯이 우리와 같은 비지 트래블러(Busy Traveller)가 될 수밖에 없다. 그런데도 항상 시간의 부족함 때문에 아쉬움과 미련이 남는 것은 어쩔 수 없는 일이다. 그래도 온실 같은 사회의 구성원이 되어 일상이라는 구속된 삶을 살아야 하는 우리는 이만큼 시간을 제공받는 것만으로도 감사하게 생각하고 있다.

추천 방문지

⊙ **데빌스 골프 코스(Devil's Golf Courtse)**
: 약 2천 년 전에는 깊이 9.1m의 호수였을 것으로 추정되는데, 악마만이 즐길 수 있을 만큼 흙과 소금의 결정체들이 뒤섞여 드넓은 벌판에 펼쳐진 곳이다.

⊙ **솔트 크릭 인터프리티브 트레일(Salt Creek Interpretive Trail)**
: 솔트 크릭에 흐르는 냇가의 염도는 바다보다 4배 이상 높은데, 펍피시(Pupfish)라는 물고기가 살고 있어 유명하다. 어떤 동식물도 살아가기 힘든 곳에 물고기가 있어 신비감이 든다.

⊙ **메스키트 플랫 샌드 듄(사구, Mesquite Flat Sand Dune)**
: 사막에 있는 사구다. 메스키트(Mesquite) 나무가 대량으로 서식하기 때문에 메스키트 플랫 샌드 듄이라고 이름 지어졌다.

⊙ **우베헤베 크레이터(Ubehebe Crater)**
: 우베헤베 크레이터는 데스밸리의 12개 분화구 중 한 곳으로 2천 년~7천 년 전에 형성된 것으로 추정된다(폭 800m, 깊이 150~237m). 인디언 말인 '우베헤베'는 'Big basket in the rock'이라는 뜻이다.

LINN&YERIN'S DIARY

2018년 6월 9일(예린)

라스베가스에서 아침에 일어나서 롤러코스터를 타러 갔다. 너무 재밌었다. 나는 엄마랑 타기로 했다. 엄마는 3번 타고나서 어지러워서 그만 타자고 했다. 그러고 나서 2시간 동안 라스베가스를 1바퀴 돌면서 구경을 했다. 라스베가스는 너무 더웠고, 호텔마다 도박장이 있었다. 거기에서는 많은 사람이 아침 일찍부터 도박을 하고 있었다. 실내에서 담배를 피워서 냄새가 지독했고 오빠는 그 광경을 보고 문화충격이라고 했다. "어떻게 실내에서 담배를 피울 수가 있지?"라고 말했다. 그리고 데스밸리(죽음의 계곡)로 갔다. 엄마가 그곳은 50도까지 올라간다고 했는데 막상 가보니 그렇게 덥지 않았다. 이유는 우리가 늦은 시간에 그곳에 갔기 때문이다. 그곳은 더운 바람이 세게 불어서 엄마는 차 문을 열 수 없었다. 나는 바람을 이길 수 있었다. 엄마는 어떻게 된 게 아빠보다 다리가 두꺼운데 힘이 없었다. 바람이 너무 세게 불어서 신이 났다. 그래서 우리 가족은 제자리를 뛰었는데 한 칸 옆으로 갔다. 신기했다. 바다 수면보다 낮은 곳에 있는 데스밸리는 말 그대로 죽음의 땅이었다. 살아있는 생물을 볼 수 없었다. 나는 숙소로 돌아오는 차에서 엄마 품에 안겼다. 엄마의 품은 뱃살이 많아 포근하고 따뜻했다. 숙소로 돌아오자마자 나는 잠이 들었다.

Part 11.

요세미티 국립공원
(여행 10일 차)

| 비숍, 모노호수, 티오가호수, 투얼럼 메도우스, 테나야호수,
옴스테드 포인트, 요세미티 터널 뷰,
미러 레이크, 요세미티 폭포 |

비숍 모텔

설산이 보이는 비숍 풍경

비숍의 아침

　구름 한 점 없는 파란 하늘에 아침 햇살은 눈 부시게 빛나고, 선선
하고 촉촉한 공기가 상쾌함을 더해주는 비숍(Bishop)의 아침이다. 어
제와 전혀 다른 환경이라 언제 사막에 있었나 싶은 생각이 든다.

　서쪽으로 하얀 눈이 쌓여있는 시에라네바다(Sierra Nevada) 산맥
을 보니 이름 때문에라도 왠지 친근하게 느껴진다. '눈으로 덮인 산
맥'을 뜻하는 스페인어로 된 이름이 그라나다 알함브라궁에서 보
았던 시에라네바다 산맥과 같기 때문이다. 미국 서부에 첫발을 내
디딘 스페인 군대가 만년설로 뒤덮인 거대한 산맥을 탐사하면서
본국(스페인)의 시에라네바다 산맥과 비슷하여 같은 이름으로 부르
기 시작한 것이 그 유래가 되었다. 미국 서부의 많은 지명이 스페
인어라는 점을 상기하면 대항해시대에 중남미뿐만 아니라 북미까
지도 스페인이 지배하였음을 알 수 있다. 오늘 여행하게 될 요세미
티 국립공원과 더불어 세쿼이아, 킹스 캐니언 등의 국립공원들도
포함하는 시에라네바다 산맥은 남에서 북으로 미국 서부를 가로

막는 장벽 역할을 하고 있다. 이 때문에 우리나라 동해의 푄 현상처럼 태평양에서 불어오는 바람은 서쪽 사면에 많은 비를 내리게 하고, 동쪽의 네바다주는 고온 건조 현상으로 사막이 될 수밖에 없다. 또한 미국의 최고봉인 휘트니산(4,418m)을 비롯해서 4,000m 이상의 고봉이 솟아 있고 미국 유일의 활화산도 있다. 이 가운데 있는 비숍은 축복받은 곳에 위치한 곳이라고 할 수 있다. 많은 여행자가 설산의 능선을 넘어서 평원에 이르러 간절히 쉬어가고 싶을 때 건물들이 옹기종기 모여 있는 이 도시를 만나게 된다. 아메리카에 처음 발을 내디딘 인디언들은 천혜의 장벽인 시에라네바다 산맥과 데스밸리로 둘러싸인 이 지역에 정착지를 만들었을 거라는 추측을 하게 된다.

모텔 주변을 한 바퀴 돌며 비숍의 풍경을 둘러보고 객실로 돌아와 누룽지와 자장면으로 아침 식사를 하고 나서 7시 반에 숙소를 나섰다. 인근에 있는 케이마트(K-mart)에 들러 선크림, 우유, 주스, 물, 캔 맥주 등의 다양한 생필품을 사고, 주유소에서 연료도 가득 채웠다. 데스밸리 국립공원에서 1갤런당 4.5유로 이상이었던 고가의 휘발유 가격은 비숍에 와서 정상가가 되었다. 또한 주변에는 상당히 많은 호텔과 맥도널드, KFC 등의 패스트푸드 등 상점들이 있어 여행자들에게 쉼터로서의 역할을 톡톡히 하고 있다.

이 쉼터에서 하룻밤을 보냈으니, 요세미티 국립공원의 초입에 있는 모노호수(Mono Lake)부터 방문하기 위해 출발했다.

눈 쌓인 시에라네바다 산맥(359번 도로)

☍ 모노호수

　북쪽으로 뻗어 있는 395번 도로를 달려 1시간 만에 모노호수 방문자 센터(Mono Basin Scenic Area Visitor Center)에 도착하였다. 요세미티 국립공원의 동쪽에 자리하고 있는 이 호수는 화산 폭발에 의해 한가운데에 섬이 생겨난 독특한 지형으로 오래전부터 인디언들이 살았다고 한다. 주변의 눈이 쌓인 높은 산들과 어우러진 모노호수의 풍경은 독특하면서 한가롭게 보인다. 물이 흐르는 소리도 없이 조용하기 때문에 신비한 느낌도 심어준다. 호수의 기운이 차분해서 그런지 여태껏 정신없이 달려온 여정 때문에 산만해져 있던 정신도 편안하고 차분해지는 것 같다.

　이 호수에는 고농도의 염분이 녹아 있어 물고기가 살수 없다. 하지만 박테리아에 의해서 앨

지(Algae, 조류)라는 미생물이 살고, 그것을 먹는 작은 새우도 있다. 그리고 그 새우를 먹고 사는 파리들이 많아 호수의 이름을 모노호수(Mono Lake)라고 부르게 되었다. 모노는 인디언 말로 '파리'라고 한다. 그리고 그 파리를 잡아먹는 여러 새가 서식하고 있다. 한때는 빅풋(Bigfoot)이 출현했다는 이유로 유명세를 얻기도 했다.

쌀쌀한 공기 때문에 린과 예린은 담요를 둘러쓰고 잔잔해서 평화로워 보이는 호수와 넓게 펼쳐진 경관을 구경하며 트레일을 따라 잠시 걷는 여유를 즐겼다. 트레일을 마치고 방문자 센터에 들어가 보면 호수의 역사, 생태계 그리고 독특하게 형성된 투파(Tufa)를 설명해 놓은 전시물을 관람할 수 있다.

모노호수(모노호수 방문자 센터)

⊙ 모노호는 약 76만 년 전에 형성된 북미에서 가장 오래된 호수이다. 이스라엘의 사해나 유타주의 솔트레이크(Salt Lake)처럼 산맥들의 융기 활동으로 바다가 갇혀서 만들어진 호수로서, 약 280만 톤의 소금이 용해되어 있다. 태평양의 염분 농도가 3.5%이고 모노호는 10%인 것을 보면 모노호가 태평양보다 3배나 짜다. 그래서 특이한 새우나 플랑크톤, 갈매기 등과 같이 일반적인 호수에서 볼 수 없는 생태계를 가지고 있어 이색적인 호수의 광경을 보여준다. 또한 이곳에는 호수 내 지하수의 많은 칼슘과 호수 자체에 있는 탄산이 만나 탄산칼슘이 만들어지게 되는데, 이것이 쌓여 특이한 석회석 기둥인 투파(Tufa)가 만들어졌다. 그리고 호수의 수위가 낮아지면서 호수 밑에 있던 많은 투파가 수면 위로 모습을 드러내고 있다.

투파(Tufa)
태평양과 모노 호수의 소금 함유량 비교

모노호수 방문자 센터

모노호수 방문자 센터에서 본 모노호

요세미티 국립공원(Yosemite National Park)

⊙ 시에라네바다 산맥 서쪽에 위치한 '요세미티'는 인디언 말로 '회색곰'이라는 뜻이다 (면적 3,061㎢, 해발 671~3,998m). 약 1백만 년 전 빙하의 침식 작용으로 화강암 절벽과 U 자형의 계곡이 형성되었고, 1만여 년 전 빙하가 녹으면서 300개가 넘는 호수, 폭포, 계곡 등이 만들어졌다. 이 절경을 감상하려는 관광객과 높은 암벽에 오르려는 암벽 등반가들이 이곳을 즐겨 찾는다.

- 1890년 미국 국립공원 지정, 1984년 유네스코 자연유산 지정

- 입장료: 애뉴얼 패스 또는 차량 1대당 35불(1주일 내 재방문 가능)

- 여행하기 가장 좋은 시기: 6월~10월

🪧 티오가호수/투얼럼 메도우스/테나야호수

　모노호수에서 요세미티 국립공원을 가려면 백두산보다 더 높은 티오가 패스(120번 도로)를 통과하게 되는데, 고도가 약 3,000m나 되는 산정도로라고 할 수 있다. 로키산의 트레일 리지 로드처럼 티오가 패스도 겨울 동안 통행이 금지되었다가 보통 5월 말이나 6월 초에 통행할 수 있게 된다. 여행 시작 전, 5월 말경에 국립공원 홈페이지를 통해 길이 열린 것을 확인하였는데, 만일 여행 기간에 길이 닫혀있었더라면 일정의 수정이 불가피했을 것이다.

티오가 로드 고개마루 전망

티오가호수(Tioga Lake)

모노호수가 시야에서 사라질 무렵부터 바위산을 깎아 만든 경사진 도로가 엘러리호수(Ellery Lake)까지 이어지는데, 마치 미시령 옛길을 올라가는 기분이다. 로키산을 헤집고 다닐 때처럼 고도에 따라 변하는 식생, 눈 쌓인 바위산, 눈이 녹아 흐르는 풍성한 수량의 계곡과 폭포, 여기에 파란 하늘까지, 눈이 부시도록 아름답고 상쾌한 자연 속에 묻혀 있는 기분은 즐겁기만 하다. 이 멋진 풍경을 그냥 지나칠 수 없어 차례대로 만나게 되는 티오가 패스 밸리 뷰, 엘러리호수, 투얼럼 메도우스(Tuolumne Meadows), 티오가호수(Tioga Lake) 등지에 차를 세우고 풍광을 감상하면서 사진을 찍었다. 그리고 가족들과 다양한 이야기를 나누었는데, 알프스를 추억하는 이야기가 많았다.

　"아빠. 알프스에 온 것 같아요. 눈 쌓은 바위산과 나무들이 라우터브루넨에서 본 것과 비슷해요." (린)

　"그러게 말이야. 로키산도 알프스 느낌이 들었는데, 이곳의 식생이나 우뚝 솟은 바위가 마치 알프스에서 봤던 것과 비슷한 풍경인 것 같아."

　"알프스에서 눈썰매를 탔던 것처럼 여기도 그런 곳이 있을까요? 알프스에 가서 눈썰매를 다시 타고 싶어요." (린)

　"하하. 그래? 하지만, 이젠 초등학생도 아니니깐 스키를 타고 내려와야지. 요세미티 국립공원의 시에라네바다 산맥에도 큰 스키장이 많은가 보더라. 아까 비숍에서 오다 보면 맘모스(Mammoth)라는 큰 산이 있는데, 눈이 많아서 스키 타기에 좋은 코스가 정말 많다고 하더라. 은퇴하고 시간이 많아지면 스키를 타러 오면 좋겠다. 그때까지 아빠, 엄마가 건강해야 하고, 너희들은 공부 잘하고, 좋은 직업도 가져야겠지?" (아빠)

예린이도 거들며 말했다.

"그건 걱정하지 말아요. 내가 어른이 되면 엄마, 아빠 데리고 다닐 수 있도록 돈 많이 버는 사람이 될게요." (예린)

"돈이 전부는 아니야. 우리처럼 바쁘게 여행을 하지 않으려면 시간이 많은 사람이 되어야 해. 그래야 여행을 편안하게 즐길 수 있을 거야." (엄마)

도로는 뾰족하게 솟은 침엽수림과 바위산 사이로 이어진다. 캠핑 그라운드마다 차들이 많은 걸 보면 피크닉과 하이킹을 나온 현지인들이 많을 것으로 보인다. 쌓인 눈이 녹으면서 개울 같은 테나야강으로 많은 물이 흐르고 있다. 폴리 돔이 있는 바위산 사이를 빠져나오자 천상에 떠 있는 것처럼 보이는 호수가 나타났다. 해발 2,484m에 있는 테나야호수(Tenaya Lake)다. 인디언들은 '빛나는 바위의 호수'라는 뜻의 '파이-위-악'으로 불렀으나, 백인들은 족장인 테나야(Tenaya)의 이름을 따서 이 호수를 불렀다. 바위산과 하늘을 그대로 담고 있는 이 아름다운 호수를 사진에 담고자 갓길에 차를 세웠다. 가까이 다가가 호수의 물을 내려다보는데, 얕고 깨끗해서 빛이 거울처럼 반사되므로 자신의 얼굴을 그대로 볼 수 있다. 물에 비친 자신의 외모에 자신이 있는 사람이라면 나르시시즘에

빠질 수도 있을 법하다. 이번엔 높은 곳에서 풍경을 보기 위해 가파른 바위산에 올랐다. 평평한 곳에 자리를 잡고 테나야호수를 내려다보니 찰랑거리는 은빛 물결에 햇빛이 반사되어 눈이 부신다. 사방이 커다란 바위산으로 둘러싸여 있는 것으로 보아 움푹 파인 이곳에 물이 고여 이 호수가 만들어졌다는 것을 쉽게 알 수 있다.

린과 예린은 평평한 바위에서 뛰어다니며 놀다가 작은 도마뱀을 발견하고 쫓기 시작했다. 바위틈으로 숨은 녀석을 보고 싶다며 한참을 기다리다가 결국 포기하고, 이번엔 다 같이 점프하는 모습을 사진으로 찍어보자고 한다. 린과 예린이 점프하는 모습에서 1년 사이에 훌쩍 자란 걸 알 수 있었다.

한창 성장기인 린과 예린이 시카고에 있는 동안 미국 음식이 맞지 않을까 봐 걱정을 많이 했었는데, 그 걱정은 기우였다. 호스트인 하이디는 인터넷으로 한국 요리를 검색하여 불고기와 밥 등 한국 요리를 자주 해 줬다고 한다. 또한 하이디가 요리해 준 피자나 스파게티의 맛이 좋아 린과 예린이 즐겨 먹었다고 하니 먹는 문제는 다소 걱정을 덜 하였다. 초중고생들의 미국 유학 이야기를 들어보면 홈스테이 호스트에 대한 호불호가 극명하게 갈린다. 특히 집에서 요리하지 않고 마트에서 냉동식품을 사다가 냉동실에 저장해 둔 가공 음식을 전자레인지에 데워먹는 가정이 많다고 한다. 이렇듯 먹는 문제가 불만족스럽다는 사례가 많아 걱정이 앞섰지만, 하이디는 차분하고 부지런한 성격에 상냥한 말로 대화를 즐기고, 넉넉하고 풍족해 보이는 전형적인 미국인이었다. 린과 예린이가 그 집에 머물 수 있었던 것은 큰 행운이었다.

테나야호수

바위 언덕에서 본 테나야호수

TIP

요세미티 국립공원 겨울철 통행 금지 도로(Closed load)

⊙ 티오가 패스(Tioga Pass):
보통 11월~5월(6월 초)
- 구간: 투얼럼(Tuolumne Grove)~크레인 플랫(Crane Flat) 동쪽

⊙ 글레이셔 포인트 로드 (Glacier Point Road): 보통 11월~5월(6월 초)

⊙ 마리포사 그로브 로드 (Mariposa Grove Road): 보통 11월(또는 12월)~4월

TIP

티오가 패스에서 꼭 쉬어가야 할 곳

⊙ 티오가호수(Tioga Lake)
: 얕은 빙하 호수로서 '티오가'는 인디언 말로 '갈라지는 곳' 또는 '급류'를 뜻한다.

⊙ 투얼럼 메도우스(Tuolumne Meadows, 투얼럼 평원)
: 고도가 2,600m를 넘지만, 주변의 산들보다는 낮기 때문에 강물과 시냇물이 초원을 관통해서 흐른다. 병풍처럼 둘러싼 산들과 풀밭, 그리고 그 사이로 흐르는 냇물과 투얼럼강이 아름다운 풍광과 평화로운 분위기를 자아내는 초원이다. 미국 최고의 트레일로 알려진 존 뮤어 트레일(John Muir Trail)과 퍼시픽 크레스트 트레일(Pacific Crest Trail)이 이곳을 통과한다.

⊙ 테나야호수(Tenaya Lake)
: 요세미티에서 가장 아름다운 호수로서 3면이 거대한 화강암 산으로 둘러싸여 있고, 주변은 초목이 감싸고 있다.

⊙ 옴스테드 포인트(Olmsted Point)
: 탁 트인 요세미티 계곡과 하프 돔 전망이 빼어난 곳이다.

📍 옴스테드 포인트

테나야호수를 떠나 굽이진 도로를 따라 언덕을 넘으면, 탁 트인 요세미티 풍경이 한눈에 펼쳐지는데 누가 봐도 그냥 지나칠 수 없는 울림이 느껴지는 곳이다. 아니나 다를까, 표지판에 옴스테드 포인트라고 쓰여 있다. 티오가 패스에서 꼭 보고 가야 하는 포인트에 온 것이다. 많은 여행자가 쉬었다가 가는 전망대인 만큼 넓은 주차장도 마련되어 있다. 주차하고 요세미티 계곡까지 이어지는 테나야 크릭(Tenaya Creek)과 그 너머에 우뚝 솟은 하프 돔을 잘 보기 위해 몇십 미터 떨어진 오버룩을 향해 걸었다.

이 옴스테드 포인트라는 지명은 뉴욕 센트럴 파크를 설계한 건축 조경사이면서 요세미티 국립공원의 보호에 기여한 옴스테드(Olmsted)를 기념하기 위해 헌정되었다고 한다. 요세미티 계곡(테나야 크릭) 건너편을 보면 바위 능선이 펼쳐져 있는데, 가장 높은 봉우리(3,027m)는 '구름도 쉬어간다'는 뜻의 클라우드 레스트(Cloud Rest)이다. 기회가 된다면 테나야호수에서 출발하는 트레일을 따라 클라우드 레스트 정상에 올라 구름과 함께 잠시 쉬면서 하프 돔을 감상하다가 요세미티 밸리까지 하이킹해 보면 좋을 것 같다.

요세미티 바위산은 수백만 년 전에 빙하 시대를 거치면서 빙하의 침식에 의해 만들어진 작품이다. 그 증거로 오버룩 인근에는 빙하에 의해 깎이고 미끄러지다 제자리를 잡은 크고 작은 화강암 바위들이 빙하의 표석이 되어 널려 있다. 갈라진 바위틈에는 흙이 고여 있고, 그곳에 뿌리를 둔 침엽수림이 강인한 생명을 자랑하며 뾰족하게 솟아있다. 옴스테드 오버룩에서 이 장엄한 산세를 바라보며 요세미티가 지나온 시공간 이력을 생각해 보게 된다.

옴스테드 포인트(펀팅)

요세미티 밸리(하프 돔 뷰)

🪧 요세미티 터널 뷰

옴스테드 포인트를 떠나면 세쿼이아 나무가 빼곡한 침엽수림 사이의 길로 들어선다. 계속해서 내려가다 보면, 울창한 숲을 벗겨 놓은 듯 세쿼이아 나무들이 검게 그을리고 앙상하게 몸통만 드러낸 지역이 나온다. 캘리포니아 일대에서 대형 산불이 자주 일어나는 뉴스를 보곤 하는데, 이 풍경은 화마가 지나간 참상의 흔적일 것이다.

요세미티 밸리가 얼마 남지 않은 곳에 이르러 여러 대의 차가 서 있는 전망대가 있어 잠깐 차를 세웠다.

"여기에 왜 차가 많이 서 있지? 전망이 좋을 것 같으니까 일단 내려서 보자."

"졸려~. 귀찮으니까 저는 차에 그냥 있을게요." (린)

"나도 그냥 차에 있을래~." (예린)

한참 동안 꼬부랑길을 내려와서 그 후유증으로 린과 예린은 멀미가 난다고 했다. 그래서 눈을 감고 자면 괜찮을 거라고 했더니, 이젠 구경조차 싫어졌나 보다. 하는 수 없이 아내와 둘이서 전망대로 갔다. 전망대에는 하프 돔 모양의 조형물을 만들어 놓았고, 그 위에는 하프 돔 뷰(Half dome view)라고 쓰여 있다. 역시 이곳에서는 하프 돔이 잘 보이고, 그 왼쪽으로 엘 캐피탄(El Capitan) 바위가 자리하고 있는 모습이 보인다. 하지만 옴스테드 포인트에서 보았던 전망에 비해 감흥이 떨어지기에 곧 차에 다시 올랐다. 요세미티 계곡에 도착하면, 먼저 전망 좋은 글레이서 포인트에 차로 올라갔다가 터널 뷰와 요세미티 밸리 내부를 순서대로 방문할 계획을 세워 두었다. 그래서 밸리로 들어가지 않고 곧바로 글레이서 포인트로 향했다. 도로에 차들이 많아 제 속도를 내지 못하고 천천히 올라 갔다. 생각해보니 일요일이다. 그래서 관광객이 많이 몰려든 것으로 보이는데, 교통체증에 대한 걱정이 일어났다. 글레이서 포인트를 향해 이동한 지 20분이 될 무렵, 교통 안내원들이 도로를 통제하고 차량을 우회시켰다. 이유를 물어보았더니, 현재 글레이서 포인트 정상은 주차할 수 있는 공간이 없을 정도로 붐빈다고 한다. 그래서 이곳에 대기하였다가 내려오는 차량의 숫자만큼 통과시켜 준다고 한다. 그런데 내 앞으로 차들이 너무 많았다. 몇몇 사람은 주차장에 자리를 잡고 돗자리를 깔고 도시락을 먹으며 기다리고 있었다. 내가 어떤 결정을 내려야 할지 몰라 심란해하고 있을 때, 아내가 좋은 제안을 하였다.

"점심 먹을 시간도 되었으니까, 우리도 돗자리를 깔고 주먹밥을 만들어 먹는 게 어때? 그렇게 시간을 보내고 나면 기다리는 시간 이 얼마나 될지 대충 상황을 파악할 수 있을 것 같지 않아?"

"그거 좋은 생각! 금강산도 식후경이니깐 우선 주먹밥이나 만들 어 먹자고~."

미국 여행을 하면서 익히게 된 끼니 해결 방법 중 하나는 비닐 팩에 햇반과 비빔장, 김 가루, 볶은 멸치, 참기름, 게맛살을 넣고 비닐장갑을 낀 손으로 비벼서 조그맣게 주먹밥을 만들면 우리 입맛 에 잘 맞는 도시락이 된다는 것이다. 입맛이 까다로운 린과 예린을 위해서 먹거리를 준비하다 보니, 이처럼 간편하고 입맛에 맞는 끼니 해결 방법이 만들어진 것이다. 여기에 어묵국 한 그릇을 같이 곁들이면 개운하면서 얼큰하기까지 하다. 마지막으로 포도와 오렌지를 꺼내 후식으로 삼으니 피크닉 분위기를 만드는 데 부족함이 없다. 이렇게 점심을 먹는 데 20분이 지났다. 하지만 앞에 줄을 서 있는 차들은 전혀 움직일 기미가 보이지 않는다. 점심 식사 시간은 글레이서 포인트에 갈 가능성을 가늠하기에 충분하다고 판단하였다. 여기까지 올라온 시간이 아깝지만 그렇다고 더 이상 시간을 낭비할 수 없어 글레이서 포인트 관람은 포기하는 것으로 결정하고 차를 돌려 왔던 길을 되돌아서 내려가기 시작했다. 요세미티 밸리에 가까워질 무렵에는 터널을 통과하게 되는데, 터널이 끝나는 지점에 요세미티 밸리를 한눈에 볼 수 있는 요세미티 터널 뷰(Yosemite Tunnel View) 전망대가 나온다. 글레이서 포인트에 가지 못한 아쉬움을 터널 뷰에서 요세미티 밸리 풍광을 보는 것으로 만족해야 할 것 같았다. 주말을 이용해 여행하는 많은 인파로 인해 터널 뷰에서도 주차가 어려울 듯하다. 하지만 운 좋게 주차장에 진입할 때 빠져나오는 차가 있어 곧바로 자리를 확보해서 시간을 많이 번 느낌이 들었다.

터널 뷰 전망대에 서면 탁 트인 요세미티 골짜기의 유명한 바위나 폭포가 보기 좋게 펼쳐져 있다. 양쪽으로 거대하게 자리한 바위와 그 사이의 밸리를 보면서, 문득 이틀 전 보았던 자이언 국립공원이 연상되었다. 1,000m가 넘는 어마어마한 절벽이나 경사면은 빌딩 같은 인공 구조물에서나 주로 볼 수 있는데, 미국 국립공원을

엘 캐피탄 클라우드 레스트 브라이덜베일 폭포

홀스테일 펄 세티널 락 카테드랄 락

하프돔

요세미티 밸리(터널 뷰 전망)

여행하면서 이런 엄청난 높이의 절벽이 벌써 몇 번째인가? 바쁜 여행자에게 대자연은 잠시도 정신을 차릴 여유를 주지 않았고, 날마다 새로운 풍경으로 형언할 수 없는 새로운 감동을 주고 있다. 이런 수직 절벽 풍경은 캐니언 랜즈, 사우스 림, 자이언, 데스밸리에서 지속해서 보고 있지만, 그때마다 심금을 울리는 느낌은 너무도 다르다. 미국 서부 국립공원들은 각각 하나의 특징적인 무지개색을 표현하고 있는 것처럼 보이는데, 결국 여러 국립공원의 기억을 모두 재생하였더니 내 머릿속에 무지개가 그려졌다.

세상에서 가장 큰 바위라는 엘 캐피탄, 돔의 절반은 계곡이 삼켜버렸을 하프 돔, 요세미티를 지키고 있는 센티넬 록이 계곡을 가운데 두고 마치 사열을 하듯 서 있고, 그 사이마다 홀스테일 폭포(Horsetail Falls), 브라이덜 베일 폭포(Bridal Veil Falls)가 물을 뿌리고 있다. 특히 브라이덜 베일이라고 이름 붙여진 폭포는 그 이유를 증명이라도 하듯, 마치 신부의 면사포가 바람에 날리듯 수시로 방향을 바꾸어 가며 흩날린다. 이 터널 뷰 풍경은 글레이서 포인트를 방문하지 못한 아쉬움과 서운한 마음을 조금이나마 녹여주고 있다.

⊙ 요세미티 밸리 내 드라이브

: 요세미티 국립공원의 아름다움을 남긴 사진작가 엔젤 아담스의 갤러리부터 시작해서 요세미티 밸리 내 드라이브 로드를 따라 대표 포인트인 터널 뷰, 하프 돔, 엘 캐피탄, 요세미티 폭포 등을 둘러볼 수 있다.

⊙ 글래이셔 포인트(Glacier Point)

: 트레킹을 하지 않더라도 자동차로 쉽게 올라가서 요세미티 국립공원의 절경을 파노라마로 감상할 수 있다(개방 시기: 5월~10월, 고도: 2,199m).

⊙ 터널 뷰(Tunnel View)

: 요세미티 국립공원을 한눈에 바라볼 수 있는 곳 중에서 가장 멋진 전망을 보여준다.

⊙ 요세미티 폭포(Yosemite Falls)

: 세계에서는 두 번째로, 미국에서는 가장 높은 폭포다. 3단(상부 폭포, 캐스케이드 폭포, 하부 폭포)으로 이루어진 폭포로서, 세 폭포의 총 낙차는 739m이다. 수량이 많은 3~6월경에 굉음과 함께 물보라를 일으키며 최고의 웅장함을 선보인다.

⊙ 하프 돔(Half Dome)

: 하프돔은 엘 캐피탄과 함께 요세미티 빌리지에서 우뚝 솟아 있는 거대한 화강암 바위다. 요세미티 계곡에서의 높이는 1,444m이고, 해발 2,693m에 달한다. 샌프란시스코에서 탄생한 세계적인 브랜드인 노스페이스의 로고가 바로 이 하프 돔을 모티브로 만들어진 것이다. 바가지를 엎어 놓은 것 같은 거대한 화강암 덩어리가 반구 모양이라 하프 돔이란 이름이 붙었다. 무어 트레일을 따라가면 네바다 폭포를 지나서 정상까지 올라갈 수 있다.

⊙ 노스 돔(North Dome)

: 하프 돔 북쪽에 위치한 높이 2,299m 바위산으로 중턱에 무지개 모양의 로열 아치(Royal Arch)가 있다. 노스 돔 옆의 바위 봉우리는 워싱턴 칼럼(Washington Column)이다.

⊙ 엘 캐피탄(El Capitan)

: 요세미티 계곡 입구에 우뚝 솟아 있는 세계에서 가장 큰 화강암 바위(높이 1,078m)로서 '지휘관(captain)' 또는 '우두머리(chief)'라는 뜻을 담아 엘 캐피탄(대장 바위)이라 불린다. 이 바위는 암벽 등반가들에게 성지로 여겨지고 있다. 엘 캐피탄 옆 절벽에 있는 아름다운 폭포는 '처녀의 눈물'이라 불리는 리본 폭포다.

⊙ 브라이덜 베일 폭포(Bridal veil fall)

: 절벽을 가르는 바람 때문에 폭포가 날리면서 퍼지는 모습이 신부의 면사포 같다고 해서 브라이덜 베일 폭포라 불린다. 인디언들은 브라이덜 베일 폭포를 가리켜 '훅~ 하는 바람의 신'이라는 뜻으로 '포호노'라고 부른다.

⊙ 버넬 폭포(Vernal Fall), 네바다 폭포(Nevada Fall)

: 동쪽 시에라네바다 산맥에서 시작하는 머시드(Merced) 강줄기가 요세미티 계곡에서 떨어져 네바다 폭포와 버넬 폭포를 만들었다.

요세미티 국립공원 내 무료 셔틀버스 노선

◉ **그린 라인(Valley Shuttle)**
: 캠핑장과 아와니 호텔, 롯지 등(7시~22시, 10~20분 간격)

◉ **브라운 라인(El Capitan Shuttle)**
: 카테드럴 비치와 엘 캐피탄 피크닉 등(여름철 9시~18시, 30분 간격)

◉ **익스프레스(Express)**
: 요세미티 밸리 빌리지 주차장과 커리 빌리지 주차장을 운행(여름철 9시~18시, 20분 간격)

🪧 호수는 어디에 있단 말인가? 미러 레이크

다시 차를 타고 터널 뷰에서 밸리 내부로 들어가면 높이 자란 나무가 숲을 이루고 있다. 지금껏 침엽수림 일색이던 식생이었는데, 여기부터는 활엽수도 볼 수 있다. 나무들이 울창하여 그늘이 많고 계곡에는 머시드(Merced) 강물이 흐르고 있다. 요세미티 밸리에는 수많은 볼거리와 트레일이 있다. 가능하다면 두루 둘러보고 싶지만 바쁜 여행자는 시간과 체력을 고려해야 한다. 그래서 애초 계획대로 미러 레이크(Mirror Lake)와 로워 요세미티 폭포(Lower Yosemiti Falls)를 방문하는 정도의 하이킹을 할 것이다.

미러 레이크 트레일 입구에 차를 세우고 내리자 바로 앞에 고압적인 태도의 바위가 곧 덮칠 듯한 모습으로 서 있다. 세테니얼 바위다. 터널 뷰에서 볼 때와는 달리 가까이에서 본 바위의 모습은 실로 엄청난 위용을 자랑한다. 세테니얼 록과 하프 돔 사이의 계곡에는 존 무어 트레일이 있다. 그 길을 따라가면 하프 돔 정상까지 갈 수도 있다. 한 번쯤 오르고 싶은 하프 돔에 도전하고자 한다면 충분한 시간과 체력을 가져야 하겠지만 우리에겐 시간이라는 조건부터 허락되지 않는다. 만일 시간에 여유가 있었을지라도 가족들의 체력으로는 만만치 않을 것이라 처음부터 계획에 포함하지 않았다. 시간과 체력 안배에 적절한 미러 레이크 트레일은 세쿼이아 나무로 둘러싸여 있어 마치 우리나라 명산의 초입 같은 느낌이다. 미러 레이크까지 30분 만에 걸어가서 호수가 있을 자리에 도착했는데, 호수가 보이지 않았다. 그저 모래톱이 잘 펼쳐진 냇가만 있을 뿐이다.

"아빠~! 호수 어딨어요?" (린)

"글쎄~. 이 자리가 호수래."

"아빠! 뭐야? 힘들게 여기까지 왔는데…." (린)

나는 곧바로 화제를 바꿨다.

"린! 예린! 저기 위를 봐. 뭐가 보이지? 옴스테드 포인트하고 터널 뷰에서 봤던 하프 돔이야. 우리가 그 아래까지 온 거야. 정말 대단하지?"

"와~! 신기하다. 여기까지 오다니…." (린)

이렇게 가족들이 하프 돔을 보고 있을 때, 나는 자세한 해설이 실린 안내판을 찾을 수 있었고, 그 내용을 빠르게 읽어 내려갔다.

안내판 설명에 따르면 미러 레이크는 아주 오래전에는 호수였으나, 오랫동안 침식이 이루어져 현재와 같이 되었다고 한다. 보아하니 이 호수에 비친 하프 돔, 노스 돔의 모습이 거울에 반사된 것처럼 보인다고 해서 미러 레이크라고 부르게 된 것 같다. 허탈했지만 하프 돔과 노스 돔을 가까이서 보는 것만으로 만족해야만 했다. 고운 모래가 깔린 미러 레이크에서는 무릎까지 올라오는 물속을 걷는 이들이 많다. 우리도 발의 열을 식힐 겸 맨발로 투명한 물속을 걸어서 건너편으로 건너가기를 시도했다. 그런데 물이 얼음처럼 차가울 거라고는 전혀 생각하지 못했다. 견디기 힘든 차가운 물 속에 들어가자 가까워 보이던 건너편이 멀게 느껴졌다. 고통을 참고 뛰었다. 건너고 나서 뒤를 돌아보니 따라온 사람이 아무도 없었다. 가족들은 차가운 물에 버티지 못하고 되돌아가 버렸던 것이다. 얼었던 발을 녹인 후에 예린이와 동시에 출발해서 강 중간 지점에서 만나 업어 오기로 작전을 세웠다. 냇가 중간까지 달려가서 예린이를 업는 데는 성공했는데, 이 녀석이 얼마나 목을 세게 조르던지, 발의 차가운 고통을 잠시 잊을 수 있었다. 린은 콧수염도 날만큼 컸으니 뛰어서 건너보라고 했다. 아내는 내가 감당할 수 있는 몸무게가 아니라 도와줄 수 없다고 했다. 여하튼 예린이만 구한 느낌이다. 아내와 린은 잠시 망설이고 나서 마음의 준비를 하였던지 물속으로 들어가 빠르게 걷기 시작했다. 나는 물살이 제법 센 곳까지 마중을 나갔다. 차가운 통증이 뼛속까지 느껴졌다. 이 조그만 냇가를 건너는 일이 이처럼 괴로운 미션이 될 줄 누가 알았을까? 아프리카의 누우(Gnu) 떼가 대이동을 하면서 목숨을 걸고 강을 건너는 장면이 연상되었는데 너무 과한 비유였을까? 어쨌든 우리 가족은 요세미티에서 차가운 호수를 맨발로 건너는 대단한 일을 해냈다.

미러 레이크와 하프 돔

미러 레이크

머시드강

로워 요세미티 폭포

🪧 요세미티 폭포

미러 레이크 트레일 입구에 돌아왔더니 16시가 되었다. 이제 마지막 일정은 로워 요세미티 폭포 트레일(Lower Yosemite Falls Trail)을 따라 폭포 앞까지 가보는 것이다. 봄이 되면 요세미티 국립공원의 고원 지대에 겨우내 쌓였던 눈이 녹기 시작하는데, 이 시기(6월)에 물이 가장 많아 장관을 이룬다고 한다. 성공적인 여행이 되기 위한 중요한 조건은 계절과 날씨라고 할 수 있는데, 이 조건들이 딱 들어맞고 있어 감사한 마음이다. 요세미티 폭포 트레일 입구 갓길에 주차하고 산책로와 같은 트레일을 따라 폭포로 향했다. 곧 화려하게 물줄기를 내리꽂는 두 개의 폭포가 눈에 들어왔다. 세쿼이아 숲을 따라가면 폭포 바로 앞까지 갈 수 있다고 하니 린과 예린의 발걸음이 빨라진다. 그런데 갑자기 예린이가 길에 멈춰 선다. 세쿼이아 숲에서 유유히 걷고 있는 사슴 가족을 만났기 때문이다. 트레일을 사이에 두고 아기 사슴이 엄마 사슴에게 가지 못하고 관광객들의 눈치를 보며 망설이고 있었다. 관광객들을 귀여운 아기 사슴을 응원하였다. 한참을 망설이던 아기 사슴은 마침내 용기를 내어 트레일을 뛰어넘어 엄마 사슴에게 달려갔다. 동심에 빠져 눈을 떼지 못하고 있던 예린이는 엄마 품에 안겨 아기 사슴 흉내를 낸다. 엄마 품이 편한 것은 사람에게나 동물에게나 똑같은 진리라는 사실을 잠시 생각하게 되었다. 엄마에게 안긴 예린에게 시간이 없다고 채근하고 나서야 다시 걸을 수 있었다. 요세미티 폭포를 멀리서 보면 상부 폭포까지 볼 수 있는데, 거대하고 웅장한 모습이 하나의 화폭처럼 보인다. 하지만 비스타 포인트에서 보이는 하단 폭포는 흩날리며 떨어지는 물줄기와 소리가 마치 살아 있는 것처럼 생동감이 있게 들리면서 한 편의 오페라를 보는 듯하다. 폭포 바로 앞까지 다가가자 바람에 물 입자가 날리면서 차가운 기운이 온몸을 휘감았다. 얼마 지나지 않아 예린이의 입술이 새파랗게 변하고 이빨이 부딪히는 소리가 났다.

(달달달 떨며) "엄마~. 추워서 더 이상 여기 못 있겠어. 빨리 가자." (예린)

"그래, 빨리 가자. 린~. 너도 바위에서 빨리 내려와서 가자. 감기

걸리겠다." (엄마)

"전 괜찮은데요. 조금 더 있다 가면 안 돼요? 폭포가 굉장히 멋져요. 이렇게 폭포 가까이 갈 수 있어서 신기해요. 나이아가라 폭포보다 더 좋네요." (린)

"비교할 것하고 비교해야지. 어떻게 나이아가라 폭포하고 비교를 하니?" (엄마)

"나이아가라 폭포는 너무 커서 폭포 같지 않은데, 요세미티 폭포는 긴 물줄기가 떨어져서 진정한 폭포 같아요. 이렇게 높은 곳에서 물이 떨어지는 폭포가 진짜 폭포라고 생각해요."

린은 조금 더 구경하고 싶어 했지만, 입술이 새파랗게 변한 예린이를 생각해서 비스타 포인트까지 물러나야 했다.

린의 말대로 3단에 걸친 요세미티 폭포는 높이가 781m인 반면, 나이아가라 폭포의 높이는 50m이다. 물론 나이아가라 폭포의 수량하고는 비교가 불가하다. 하지만 반대로 폭포의 낙차를 따진다면, 이 또한 비교할 수 없는 크기로 요세미티 폭포가 압도적인 낙차 폭을 갖고 있다고 할 수 있다.

폭포를 떠나 차가 주차된 도로 갓길에 돌아오니 17시가 지나고 있었다. 해가 어느 정도 기울자 햇빛에 비친 세쿼이아 숲이 아름답게 비쳐졌다. 매일 이어지는 강행군에 요세미티 밸리 구경은 이 정도로 만족하고 오늘만큼은 해가 지기 전에 숙소에 들어가 인근에서 우리 입맛에 맞는 레스토랑을 찾아 제대로 된 저녁 식사를 하기 위해 서둘러 길을 나섰다.

120번 도로를 타고서 요세미티 국립공원을 품고 있는 시에라네바다 산맥의 지맥을 넘어 1시간 정도 달리면 평지에 들어선다. 그동안 황야와 사막 도로를 줄기차게 달려왔기 때문에 푸른 색의 평야가 반갑고 편하게 느껴진다. 힘든 여정이었지만 생소한 아름다움을 간직하고 있는 미국의 국립공원들과의 만남은 많은 감동을 주었다. 작별이 아쉽지만 한정된 시간의 제약 조건 속에서도 최대한 많은 것을 볼 수 있도록 노력하였고, 언제든 회상할 수 있는 추억이 되어가고 있다.

🪧 멘티카

멘티카는 샌프란시스코까지 1시간이면 갈 수 있고, 요세미티에서 2시간 반 정도 소요되는 지리적 위치 때문에 여행의 중간 기착지로서 숙박하기에 좋은 도시라 생각한다. 또한 숙박비를 고려하더라도 요세미티나 샌프란시스코에 비해 좋은 가성비를 제공한다.

멘티카 도심에 들어와 숙소에 거의 가까워졌을 무렵, 린과 예린이 동시에 소리를 질렀다.

"아이홉이다~! 아빠! 아이홉이야, 아이홉!" (린, 예린)

"저녁에 무엇을 먹어야 할지 걱정했는데, 아이홉을 찾아서 정말 다행이네." (아내)

"좋아~. 숙소가 3㎞밖에 안 남았는데, 지금 먹고 가는 게 어때?"

"좋지~." (아내)

미국 여행을 하면서 유난히 아이홉을 자주 찾게 된다. 음식이 우리의 입에 잘 맞을 뿐만 아니라 양도 푸짐하다. 3인분만 주문해도 우리 네 식구가 먹기에 충분한데, 때로는 남는 경우도 있다. 티본 스테이크는 아이홉에서 먹는 고정 메뉴가 되었다.

식사를 마치고 숙소에 도착했을 땐 21시 30분이 되었다. 비숍 숙소 주인은 인도인으로 보였는데, 멘티카 숙소 주인은 파키스탄 출신이라고 한다. 여러 인종이 정착하여 살아가는 미국 사회 구성원의 단면을 보게 된다. 여행할 때마다 느끼는 점이지만 지역적 특징 때문에 여행 시작점에서는 다소 적응이 힘들다. 하지만 시간이 지날수록 적응하면서 요령이 늘어간다. 미국 숙소에서 중요한 점 하나가 객실의 위치 선정이다. 객실 바로 앞에 차를 세워 편하게 짐을 싣고 내릴 수 있으면 제일 좋다. 그리고 삼만 자고 떠날 셋이브로 전망이나 고급스러움은 필요 없고 깨끗한 것이 우선이다.

짐 정리를 마치고 아내와 캔 맥주를 꺼냈다. 맥주를 마시며 마지막 여행지인 샌프란시스코의 일정을 체크하였다. 여행 첫날 시카고 오헤어 공항에 도착할 때 영사관으로부터 샌프란시스코 여행 주의보 문자가 왔다. 차량 유리창을 파손하고 물건을 훔쳐 가는 절도 사건이 많으니 주의를 당부하는 문자였다. 샌프란시스코 여행을 안전하게 하려면 어떻게 해야 할지 의논하다가 술기운에 잠이 들었다.

LINN&YERIN'S DIARY

2018년 6월 10일(예린)

　요세미티에 가기로 했다. 가는 길에 호수에서 도마뱀이 팔굽혀펴기하는 걸 봤다. 그리고 다시 차 안에서 오빠랑 나는 잤다. 자는 동안에 폭포에 도착했다. 그 폭포는 가장 높은 폭포이다. 폭포를 보고 숙소로 가는 길에 심심해서 엄마가 어렸을 때의 이야기를 들려주었다. 엄마가 좋아하는 닭을 할머니가 잡아서 삼계탕으로 만들어 먹은 이야기, 엄마가 보신탕을 모르고 먹은 이야기, 어미 고양이가 새끼 고양이를 지키려고 잡아먹은 이야기 등 많은 이야기를 해 주셨다. 숙소 거의 다 와서 아이홉(IHOP)이라는 고깃집을 발견했다. 나는 고기를 엄청 좋아한다. 고기를 배불리 먹고 숙소로 들어갔다.

Part 12.

샌프란시스코
(여행 11일 차)

| 소살리토, 보나타 등대, 호크 힐, 배터리 스펜서, 금문교 비스타
포인트, 트윈 피크스, 페인티드 레이디스, 롬바드가, 피셔맨스 워프 |

시각	경로
6시	기상
8시 20분	맨티카 숙소(트래블스 인) 출발
9시 30분	오클랜드 숙소(데이즈 인 호텔) 도착
10시 20분	숙소 출발
11시 10분	아이홉 레스토랑(12시 10분 OUT)
12시 30분	소살리토(13시 30분 OUT)
13시 50분	보나타 등대(14시 40분 OUT)
14시 50분	호크 힐
15시 15분	배터리 스펜서
15시 45분	비스타 포인트(17시 OUT)
17시 10분	Golden Gate Post Card Viewpoint(17시 26분 OUT)
17시 40분	이콜러지 트레일 Vista Point
18시 5분	트윈 피크스(Twin Peaks, 18시 11분 OUT)
18시 28분	페인티드 레이디스(Painted Ladies, 18시 31분 OUT)
18시 55분	유니언 스퀘어(Union Square)
19시	샌프란시스코 차이나타운(Chinatown)
19시 15분	롬바드가(Lombard Street, 19시 31분 OUT)
19시 50분	피셔맨스 워프 닉스 라이트하우스 식당(21시 31분 OUT)

⚲ 여행 마지막 날

여행 마지막 날이다.

커튼을 걷자 햇볕이 방 전체를 밝혔다. 날씨는 오늘도 좋다. 아이들은 세상모르고 깊이 잠들어 있다. 먼저 샌프란시스코 여행 일정을 체크하고, 내비게이션과 구글 맵에 방문할 지점을 제대로 즐겨찾기 해 두었는지 확인하였다. 샌프란시스코는 여행자의 자동차 유리창을 깨고 물건을 훔쳐 가는 절도 사고가 잦다는 정보를 인터넷을 통해 익히 알고 있음에도 외교부에서 다음과 같은 문자를 보내왔다.

> *"샌프란시스코 차량털이 범죄 빈발. 차량 내 귀중품 등 물품 보관 금지."*

아내는 카메라, 핸드폰, 여권, 지갑 등 중요한 것들은 정말 조심하자고 당부한다. 지난 3월에 린과 예린의 여권 분실 때문에 한바탕 난리가 났었기에 특히 중요 서류에 신경이 많이 쓰인다.

시간을 아끼기 위해 아내가 아침을 준비하는 사이에 모텔 앞에 있는 주유소에 가서 연료를 가득 채우고, 차에 짐도 미리 싣고 떠날 준비를 마치고 나서 아침 식사를 하였다. 체크아웃하려고 모텔 사무실에 갔더니 문은 잠겨있고 안내문이 걸려있다. 체크아웃 절차 없이 열쇠 통에 객실 키를 넣으라고 쓰여 있다.

멘티카 숙소를 떠난 시간은 8시다. 여행 내내 모든 곳이 첫 방문이지만 캘리포니아만큼은 왠지 친숙하게 느껴진다. LA, 샌프란시스코, 시애틀은 한인을 비롯한 동양인이 많아 아시아 문화가 많이 섞여 있어서 그런 것 같다. 또한 여행하는 동안 생경한 자연환경, 즉 사막, 황야, 고원이 있는 국립공원을 중심으로 여행하다 보니, 그나마 캘리포니아의 자연이 우리의 정서와 맞아서 친숙하게 느껴진다. 하지만 공기는 우리나라와 비교하기가 곤란하다. 구름 한 점 없는 맑은 하늘에 비행기가 지나간 흔적으로 보이는 하얀 선을 그린 구름, 뽀송뽀송하고 선선한 공기, 자외선이 강한 캘리포니아 햇살을 보면 사람이 살기에 좋은 환경으로 느껴진다.

출근하는 차들로 가득 찬 샌프란시스코 방향 S80번 고속도로 주변 풍경은 흡사 스페인의 안달루시아 지방을 연상케 한다. 비슷한 위도에 대륙 서안이라는 지리적 공통점 때문에 자연환경도 비슷하게 형성되는 것 같다. 거대한 너울처럼 펼쳐진 푸른 언덕 위로 내리쬐는 강렬한 햇볕은 과일 농장이나 목장을 운영하기에 더없이 좋은 환경을 만들어 주고 있다. 언덕 능선에는 수많은 풍력 발전기가 돌아가고 있는데, 이마저도 바람이 많은 스페인 안달루시아 지방에서 보았던 풍경과 비슷하다. 자원이 많은 나라지만 수력, 풍력, 태양광 등 녹색 에너지에 투자하는 실례를 실제로 접하고 있다.

"린~. 저기 봐봐. 풍차 정말 많지?"

"어디요?"

"저기에 풍차 엄청 많잖아~."

"에이~. 아빠 저건 풍차가 아니라 풍력 발전기예요. 지난번에도 말씀드렸잖아요."

"나도 알고 있어. 근데 그냥 풍차라는 말이 입에 익숙해서 그렇게 말하는 거야. 개떡같이 말해도 찰떡같이 알아들으면 안 되냐?"

"어떻게 개떡하고 찰떡이 같을 수가 있어요? 사실을 정확히 표현해야지…."

"알았다. 대꾸 그만하고 스마트폰 게임이나 계속해라…."

괜히 풍력 발전기가 있는 걸 알려줬다가 말꼬리만 잡고 늘어질 것 같아 린의 말끝을 잘랐다.

샌프란시스코로 가기에 앞서 차량털이에 대응하는 대책으로 오늘 숙소인 오클랜드의 데이즈 인 호텔에 먼저 들렀다. 호텔에서 빠르게 체크인하고 객실에 짐을 보관하려고 하는데, 11시부터 체크인이 가능하다고 한다. 그럼 1시간을 기다려야 하고 짐을 객실에 운반하고 나면 1시간 반 이상이 지체될 것 같아 체크인에 앞서 짐 보관 서비스가 가능한지 물었더니 얼마든지 보관해 줄 수 있다고 한다. 캐리어 5개와 이민 가방 2개인 짐을 호텔 수화물 보관소에 맡겨 두고 서류 가방과 물, 간식만 챙겼더니 거의 빈 차가 되어 호텔을 나서게 된다. 소살리토를 시작으로 금문교를 거쳐 샌프란시스코 시내를 둘러보는 것이 오늘의 일정인데, 그에 앞서 소살리토 인근에 있는 아이홉 레스토랑으로 향했다. 요즘 흔히 쓰는 말로 린과 예린의 입맛을 저격한 티본 스테이크 메뉴가 있는데, 여러 유명

식당 중에 아이홉 레스토랑이 제일 좋다고 한다.

1시간 동안 즐거운 식사 시간을 갖고, 12시쯤 레스토랑을 나와 20분 거리의 소살리토로 향했다.

샌프란시스코 교외 풍경

소살리토

사랑의 기적이 이루어지는 소살리토

"바다다~!" (린, 예린)

"아니야. 이건 바다가 아니라 만이야. 영어로 베이(Bay)라고 하지. 태평양 바다는 보니타 등대에서 보게 될 거야."

"만도 바다지. 바다의 일부니깐. 안 그래요?" (린)

"하긴 그렇기도 하겠다."

정확히는 샌프란시스코만에 온 것이다. 시카고에서 출발한 지 열흘 만에 미 대륙을 횡단하여 태평양 연안까지 달려온 것이다. 샌프란시스코 인근 첫 방문지는 영화 〈첨밀밀〉의 배경이었던 소살리토(Sausalito)라는 환상적인 마을이다. '버드나무 골'이라고 번역할 수 있는 소살리토는 들리는 발음부터 리드미컬하기 때문에 단어만 들어도 사랑과 낭만의 향기가 배어 나오는 느낌이 든다. 그래서인지 소살리토는 샌프란시스코가 자랑하는 휴양 마을로서 리조트 지역이며 서쪽의 리비에타(자유로운 영혼)라 불리기도 한다. 한때는 아편굴이면서 갱들의 소굴이 되기도 했으나, 지금은 그림, 음악 그리고 글을 쓰는 예술가의 마을이자 여행자에겐 평화로운 휴식처이다. 예술가 마을답게 언덕 위에 아름드리나무 사이로 촘촘히 들어선 고급 주택과 바다가 어우러진 집들이 인상적이다. 유럽풍 건물의 상점들이 늘어선 거리에서 산책하던 아내는 드라마 〈도깨비〉를 촬영했던 캐나다 퀘벡의 '라 브티끄 드 노엘'이 연상된다고 한다. 크리스마스트리 상점까지 있는 걸 보면 누구라도 그 말에 공감하게 될 것이다. 결국 퀘벡 혹은 소살리토 중 어느 한쪽이 벤치 마킹하지 않았을까 생각해 본다. 별장 같아 보이는 언덕 위의 집을 보고 있노라면 마치 시간이 정지되어 현재의 소살리토 모습이 영원히 평화롭고 행복할 것 같은 느낌이 든다. 혹 20년이 지난 〈첨밀밀〉 영화 3탄인 〈소살리토〉의 배경이 된 실제 모습을 보고 있어 그런 생각이 들고 있는지도 모른다.

산책하듯 소살리토 해변을 걸어 보고 샌프란시스코만의 헤라클레스 기둥이라 여겨지는 보니타 등대로 갔다.

🪧 보니타 등대

보니타 등대(Bonita Light House) 입구 주차장에 차를 세우고 등대까지 걷다 보면 땅굴처럼 만든 터널을 통과하게 되는데, 터널 입구에는 철문이 설치되어 있다. 철문 앞 안내판에는 토요일부터 월요일까지, 오후 12시 30분부터 15시 30분까지만 일반인에게 개방된다고 적혀있다. 방문한 때가 월요일 13시 30분이었으므로 여행운이 기가 막히게 좋다고 할 수 있다. 등대 앞 전망대에 서면 금문교와 샌프란시스코의 전망이 한눈에 들어온다. 구름 한 점 없는 쾌청한 하늘인데 샌프란시스코 반도를 보면 태평양 바다에서 긴 구름 띠가 만들어지고 있어 금방이라도 샌프란시스코를 삼킬 것 같은 신기한 풍경이 연출되고 있다. 바다에서 불어오는 해풍이 샌프란시스코 날씨를 시시각각 변화시킨다는 말을 들은 적이 있어 날씨가 나빠질 것 같아 걱정했지만, 그것은 기우에 불과했다. 등대로 가는 마지막 관문엔 구름다리가 설치되어 있다. 린과 예린에게 구름다리는 신나는 액티비티 체험과 같다. 현수교 다리를 몇 번이고 흔들어서 출렁이게 하여 아내를 괴롭히는 걸 보고 있는데 견학 온 미국 아이들까지 같이 합세한다.

"린! 예린! 이 다리에 2명 이상 건너면 안 된다는 안내 표지가 있어! 장난 그만해!"

이렇게 말하자, 그때야 장난을 멈추었다. 지금도 밤이나 안개가 끼는 날에는 강렬한 불빛을 쏘아 준다는 등대는 1877년에 태평양을 오가는 배들의 안전을 위해 세워졌다. 자그마한 내부엔 100년이 넘은 등대의 역사와 사진이 전시되어 있다. 보니타 등대에서 산책길을 따라 돌아오는 길에 아내가 이렇게 말한다.

"생각보다 금문교가 크지 않은 것 같은데 왜 유명한지 모르겠네. 샌프란시스코도 마을처럼 작아 보여."

"거리가 멀어서 그렇게 보이는 거야. 여기서 보면 굉장히 먼 거리잖아. 가까이 가면 엄청나게 클 거야. 호크 힐에 가면 가까워져서 볼 만할 거야."

내가 예린이와 같은 나이였던 초등학교 6학년 때(1985년), 수학여행을 남해대교로 갔던 기억이 난다. 당시 처음 보는 인공 구조물의 엄청난 크기에 입이 쩍 벌어졌었다. 선생님께서 설명해 주시길, 샌프란시스코에 있는 금문교도 현수교로 만들어져 남해대교와 거의 유사하지만 규모가 훨씬 크다고 하셨다. 어떻게 보면 남해대교는

보니타 등대와 구름다리

보니타 등대

보니타 등대 개방 시간
↑ Point Bonita
Lighthouse

OPEN SUN - MON
12:30 - 3:30 PM

No restrooms
at lighthouse

DANGER

Hazardous Cliffs
Stay on Trail

QUIET —
HARBOR SEALS AT REST

조용히! 물개가 쉬고 있어요.

금문교를 흉내 낸 것에 불과하다는 설명을 듣고서, 어른이 되면 금문교에 꼭 가 보자고 친구들과 이야기했던 기억이 난다. 이후 어언 35년의 세월이 흘렀고, 그들 중 한 소년이 그 이야기를 현실로 만드는 짜릿한 순간을 맞이하고 있었다. 남해대교보다 50년이나 앞선 시대에 만들어진 비교 불가한 규모의 금문교를 실제로 보고 있다는 현실 앞에 흥분되어 가슴이 벅차오르는 희열이 느껴져서 어서 빨리 가까이 달려가고 싶어졌다.

한참 동안 과거 생각에 잠겨있었는데, 갑자기 린이 소리쳤다.

"저기 물개다!"

말로만 들었는데, 보니타 등대 인근에는 정말 물개가 있다. 물개는 바위 위에 검은색 부대 자루가 널려 있는 것처럼 보였다. 가끔 물속으로 뛰어들었다가 나오는 물개도 보였다. 'Quiet-Harbor Seals at Rest'라고 쓰인 안내문이 있는 이유를 알게 되었다.

보니타 등대 전망(금문교)

ꝯ 마린 헤드랜즈 비스타 포인트

보니타 등대를 떠나 금문교를 조금 더 가까이 볼 수 있는 마린 헤드랜즈 비스타 포인트(Marin Headlands Vista Point)로 이동했다 (10분 소요). 트레일을 따라 호크 힐(Hawk Hill)에 올라가 보는 것도 괜찮겠지만 대부분의 관광객은 주차장에서 금문교를 전망하고 떠난다.

보니타 등대보다 훨씬 가까워진 금문교는 샌프란시스코를 가로지르는 구름 띠와 절묘하게 조화를 이루며 웅장하고 장엄한 분위기를 연출한다.

"너희, 학교 쉬는 날이니?"

샌프란시스코에서 처음 만나는 한국인 아저씨가 린에게 말했다.

"아니요. 유학 왔다가 여행 다니는 중이에요."

"그래? 학교는 어디에서 다녔는데?"

"시카고에서 다녔어요. 내일 서울로 갈 거예요."

"와~ 너희들 대단하다. 미국에 유학을 와 보고 부모님하고 여행도 하고… 정말 멋진 추억이 되겠는걸?"

"저도 그렇게 생각해요. 하지만 다시는 유학은 안 갈 거예요. 한국이 좋아요."

이들의 대화에 나도 끼었다.

"아저씨들은 여행 오신 건가요?"

"아뇨. 저희는 주재원으로 파견 나와서 일하고 있는데, 쉬는 날을 이용해서 잠깐 여행 중이에요. 시카고에서 여기까지 차를 끌고 여행을 오셨다니 대단하십니다. 오늘 날씨가 좋아 행운도 따르네요. 샌프란시스코 날씨가 이렇게 파란 하늘을 보여주기는 쉽지 않아요. 하지만 날씨가 사계절 내내 선선해서 공부하고 연구하기에 좋은 자연환경이라고 합니다. 그래서 실리콘 밸리를 샌프란시스코 인근에 만들었다고 하고, 구글 본사도 이곳에 있다고 하네요. 구글의 선견지명은 실로 대단한데, 본사를 이곳에 두었다는 것은 그만큼 샌프란시스코의 환경이 좋다는 뜻 아니겠어요? 또 스탠퍼드 대학도 이곳에 있어요. 이런 걸 보면 LA보다 샌프란시스코가 사람이 살기에 훨씬 좋다고 하네요. 자녀들과 샌프란시스코에 여행을 오는 부모님들을 보면 스탠퍼드 대학과 구글 본사를 꼭 방문한다고 해요. 나중에 공부 잘해서 그곳에 가기를 바라는 마음으로 견학을 시킨다는 거죠. (린과 예린을 보며) 애들아! 너희들도 샌프란시스코에 왔으니깐, 샌프란시스코에 있는 스탠퍼드 대학에서 공부하고 실리콘 밸리에 있는 회사에 들어갈 수 있도록 열심히 공부해야 해. 알았지? 그러면 사람들은 너희들에게 성공한 인생이라고 할 거야. 지금 여기에 있는 이 순간이 굉장히 의미 있는 시간이 될 거야."

"열심히 공부하는 건 싫은데…." (린)

함께 금문교를 감상하며 설명을 들려주는 한국인 주재원의 이야기는 다음 장소로 이동하기 위해 차를 탈 때까지 이어졌다.

"좋은 이야기 잘 들었습니다. 좋은 여행 되셔요."

"네. 그럼 샌프란시스코 여행 잘하시고, 귀국도 잘하세요."

마린 헤드랜즈 비스타 포인트 전망

♎ 배터리 스펜서

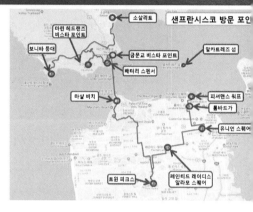

주재원들은 차를 타고 떠났고, 우리도 금문교를 더 가까이 볼 수 있는 차로 5분 거리의 배터리 스펜서(Battery Spencer)로 이동했다. 갓 길 주차장이 작아 주차가 어렵다고 하는데, 우리가 주차장에 도착했을 때는 마침 빈자리가 있었다. 미국 독립전쟁 영웅 조셉 스펜서 장군(Major General Joseph Spencer)을 기념하여 이름 지어진 배터리 스펜서는 말 그대로 포대다. 샌프란시스코만의 관문인 골든 게이트를 관망하기 가장 좋은 요새에 포대가 설치된 것은 당연하다. 하지만 세월이 흐른 지금은 포대라는 역사보다 금문교 전망을 감상하기에 가장 좋은 포인트로서 먼저 생각하게 된다. 주차장에선 교각 상부만 보이지만 5분 정도 걸어서 언덕을 넘으면 금문교가 찬란하게 제 모습을 드러낸다. 샌프란시스코 해협을 연결하는 이 현수교는 마치 공중에 떠 있는 듯한 착각을 일으키게 만든다. 구렁이가 담을 넘어가듯 꿈틀거리는 구름 줄기가 강 건너 샌프란시스코 반도를 가로지르는 풍경은 컴

퓨터 그래픽으로 가공한 영화에서나 볼 수 있는 장면이다. 다리를 건너면 구름 속 미지의 세계로 들어가는 것 같은 분위기인데, 다리 위의 자동차 행렬은 잠시도 끊이지 않고 그곳으로 향하고 있다.

배터리 스펜서에 포대가 있던 흔적은 찾지 못했다. 다만 여러 기능실로 사용되었을 벙커가 유적으로 관리되고 있는 듯하다.

배터리 스펜서 전망(금문교)

금문교(비스타 포인트)

샌프란시스코 투어 버스

🪧 금문교 비스타 포인트

배터리 스펜서의 벙커를 둘러보고 나서, 금문교에 근접해 있어 관광객이 가장 많이 찾는다는 금문교 비스타 포인트(Golden Gate Bridge Vista Point)로 향했다.

금문교가 시작되는 지점인 비스타 포인트는 고속도로 휴게소처럼 보인다. 끊임없이 오가는 차량 소리, 관광객들이 떠드는 소리, 바람 소리가 뒤섞여 활력이 넘쳐흐른다. 전망대 돌담에 올라서서면 교각이 가까운 교각 안에 들어오도록 사진을 찍었다. 언젠가 어디선가 보았던 금문교 사진을 그대로 재현한 프레임이다. 그리고 샌프란시스코 해협의 한가운데 서기 위해 금문교 다리를 향해 걸었다. 다만, 시간 문제로 인해 딱 중간까지만 걷기로 했다. 가끔 거세게 불어오는 바람에 모자가 날아갈까 봐 꼭 움켜쥐고 거대한 교각을 향해 앞으로 나아가며 린에게 금문교에 관한 다음과 같은 이야기를 들려주었다.

샌프란시스코 반도와 마린 카운티(Marin County)를 이어주는 이 다리는 센 물살과 바람 때문에 다리 건설이 불가능하다는 의견도 많았으나, 이 지역에 다리의 필요성이 꾸준히 논의되어 1937년에 만들어졌다. 건설 당시 많은 중국인 노동자의 희생이 있었다. 이렇게 만들어진 금문교는 미학적, 토목공학적, 건축학적인 측면 모두에서 최고의 찬사를 받고 있다. 또한 샌프란시스코 일대에 중국인들이 많이 거주하는 까닭에 한문으로 금문교로 번역되어 동양에 알려지게 되었다. 한편 세계에서 자살이 가장 많은 다리라는 오명 때문에 자살을 방지하기 위해 펜스를 설치하는 등 대책을 강구하고 있지만 제대로 막지는 못하고 있다.

금문교는 금색이 아니라 빨간색에 가까운 주홍색이다. 공식적으로는 짙은 오렌지색인 인터내셔널 오렌지(International Orange) 색상이라고 한다. 금문교 해역에 안개가 자주 끼는 점을 고려하여 안전을 위해서 눈에 잘 띄는 이 색을 선택한 것이다.

금문교라는 이름이 붙여진 데는 여러 가지 설이 있다. 공식적으로는 샌프란시스코만과 태평양 사이의 골든게이트 해협 이름을 따서 붙여진 것이고, 비공식적으로는 빛을 받을 때 금색처럼 보인다거나, 서부 개척시대에 금을 실은 배가 많이 지나다녀서 붙여졌다는 설도 있다.

금문교에 대한 설명이 지루했던지 린이 내 말을 끊고 물었다.

"아빠! 다리 중간이 어디예요?"

"교각과 교각 중간 지점이 다리의 중간 지점일 것 같은데…"

"그걸 어떻게 알아요?"

"잘 봐봐. 교각 꼭대기에서 철사를 꼬아 놓은 쇠줄이 내려오는데, 가장 낮은 위치가 중간이겠지?"

"아하~! 그렇겠네요. 근데 저 줄이 철사예요?"

"그래 '매달다'를 뜻하는 '현(懸)' 자를 써서 현수교라고 불러. 굵은 철사를 꼬아서 만든 줄을 케이블이라고 하는데, 그 케이블로 교각에 다리를 매달아 놓은 거야. 이렇게 만들어진 케이블은 탄성이 있어서 끊어지지 않아. 만일 쇳덩어리라면 부러질 거야."

"와~. 그럼 이 다리가 저 줄에 매달려 있는 거예요? 믿어지지 않아요. 어쩐지 다리가 흔들리는 것 같던데 정말 흔들리고 있는 거죠? 맞죠?"

"그래. 조금씩 흔들려야 충격에 견딜 수 있어. 높은 빌딩도 바람에 흔들린다는 거 알지?"

"예. 아무튼 현수교의 현이 진짜 '매달다'를 뜻하는 것이라고는 전혀 생각하지 못했는데, 진짜 신기하네요."

금문교 걷기에 시간을 많이 할애한 탓에 비스타 포인트에 돌아왔을 땐 17시가 되었다. 이제 금문교 다리에서 본 풍경을 뒤로하고, 다음 목적지인 트윈 피크스(Twin Peaks)로 향했다.

🪧 트윈 피크스

차를 타고 왕복 6차선 도로인 금문교를 건넜다. 샌프란시스코 방면에서 보는 금문교의 모습도 카메라에 담아보고 싶어, 배터리 마르쿠스 밀러(Battery Marcus Miller) 인근 주차장에 차를 세웠다. 해변을 따라 곳곳에 배터리라고 불리는 지명은 과거에 이곳에 포대가 있었음을 말해 준다. 즉, 이 지역도 골든게이트 해협을 지키는

군사적 요충지였음을 알 수 있다. 다시 차를 타고 트윈 피크스로 향했다. 내비게이션의 안내에 따라 이콜러지 트레일 비스타 포인트를 지나 주택가와 시내를 통과하는데, 언제부턴가 경찰차가 계속해서 내 뒤를 따라오는 걸 느꼈다. 아무래도 무슨 문제가 있는 것 같은 생각이 들어 갓길에 차를 세웠다. 역시 경찰차도 내 뒤에 멈춰 섰다. 지난 3월 뉴욕 맨해튼에 있는 '돌진하는 황소' 앞에서 신호 위반으로 경찰에게 단속을 받아본 경험이 있어 경찰에 대한 큰 불안감은 없었다. 그때는 처음이라 차에서 내려 내 차를 왜 세우는지 따져 물으려 했더니, 경찰은 내게 다가오지 말고 차에 있으라고 하였다. 그리고 한참 뒤 덩치 큰 흑인 경찰이 내 차에 다가와 신분증과 면허증을 보여 달라고 하는데, 하필 숙소에 여권 가방을 놓고 와서 신분을 증명할 방법이 없었다. 다급한 마음에 콘솔 박스를 뒤져보니 다행스럽게 국제 면허증과 렌터카 계약서가 있어 이를 보여주었다. 신분을 확인한 경찰은 신호 위반이라고 하였다. 진심으로 미안하다고 하였더니, 경찰은 조심하라고 주의를 주고 떠났다. 그때는 정말 긴장과 걱정을 많이 했었다.

그때 경찰과 접한 경험이 있어, 이번엔 큰 동요 없이 경찰이 다가오기를 차에서 기다렸다. 잠시 후 백인 미녀 경찰이 내게 다가와 뭐라고 하는데, 샌프란시스코 현지인의 억양에 익숙하지 않아 무슨 말인지 전혀 알아듣지 못했다. 그런데 린은 경찰이 말하는 것을 알아듣고서 내게 설명해 주었다.

"아빠. 신호등에서 빨간불일 때, 멈추지 않았대요."

"신호 위반이네. 그래서 경찰이 레드 시그널이 어쩌고저쩌고한 거구나?"

경찰에게 여권과 국제 면허증을 보여주며 말했다.

"나는 빨간 신호에서 길을 건너지 않았어. 샌프란시스코 신호등은 줄에 매달려 있는 것이 많아 알아보기가 어려운 것 같아. 앞으로 조심할게. 미안해."

경찰은 내 말을 알아들었는지 렌터카 계약서를 보고 나서 이렇게 말했다.

"좋아. 샌프란시스코 시내 신호등은 색다르니까 조심해. 그런데 시카고에서 샌프란시스코까지 차를 타고 왔어? 대단해. 샌프란시스코에 처음 온 거니?"

"아니, 10년 전에 한 번 온 적이 있어. 하지만 비행기 환승 때문에 공항에만 머물러 있다 갔어."

"그래? 그럼 샌프란시스코 방문은 처음인 거나 마찬가지잖아. 어디로 갈 거니?"

"트윈 피크스(Twin Peaks)."

"좋아. 여행 재미있게 하고 한국에 무사히 돌아가길 바랄게. 다음부터는 신호등 잘 보고 주의해서 다녀. 알겠지!"

"그래. 고마워. 좋은 하루 되길 바래."

미국에서 운전할 때, 경찰이 계속 따라온다면 교통 법규를 위반했다고 봐야 한다. 그런데 방송이나 사이렌 없이 따라오기 때문에 처음엔 단속 대상이 되었다는 사실을 모른다. 경찰차의 단속에 걸리면, 일단 차를 갓길에 세우고 경찰이 다가올 때까지 차 안에 가만히 앉아 있어야 한다. 경찰은 차 이력을 조회하고 나서 경찰차에서 내려 운전자 차에 다가와 조사하게 되는데, 여행자가 중대한 법규 위반이나 사고를 내지 않는다면 대개 순순히 보내 준다고 한다. 경찰의 주의를 받고 나서부터 조심스럽게 운전하며 트윈 피크스로 향했다.

트윈 피크스 전망

알라모 공원과 페인티드 레이디스

샌프란시스코 반도에 우뚝 솟아 있는 트윈 피크스는 전망 좋은 두 개의 정상이 비슷한 높이로 자리하고 있다. 오르막길을 지그재그로 올라가면 크리스마스트리 포인트(Christmas Tree Point)가 나오는데, 굳이 트윈 피크스에 오르지 않더라도 샌프란시스코 시내 전경을 내려다볼 수 있

러시안 힐

케이블카(유니언 스퀘어)

어 그곳에 차를 세웠다. 크리스마스트리 포인트에서 본 샌프란시스코 풍경은 태평양에서 불어오는 차가운 바람 속에 자연이 선물한 아름다움이라는 매력을 발산하는 모습이다. 샌프란시스코란 도시가 만들어질 수 있는 지리적 이점을 확인할 수 있는 자리이기도 하다.

어느덧 시간이 18시를 지나고 있었다. 어두워지기 전에 차를 타고 빠르게 시내를 둘러보기로 하였다.

🪧 알라모 공원/페인티드 레이디스/롬바드가

샌프란시스코의 상징처럼 인식되는 경사가 급한 도로를 오르내리며 알라모 스퀘어에 가서 갓길에 차를 세웠다. 연인들에게 낭만적인 데이트 코스라고 하는 상징성 때문인지 포근한 양탄자가 깔린 것처럼 운치 있어 보이는 잔디밭 공원이 알라모 스퀘어다. 이 공원은 페인티드 레이디스를 편하게 앉아서 조망할 수 있는 장소로 유명하다. 1850년부터 1910년까지 유행했던 건축 양식인 빅토리안 하우스로 지어진 이 알록달록한 페인티드 레이디스 건물들이 지금은 샌프란시스코의 랜드마크가 되었다.

다시 차를 타고 내비게이션의 길 안내로 놉 힐, 유니언 스퀘어, 차이나타운, 롬바드가의 러시안 힐까지 둘러보았다.

샌프란시스코는 대륙과 이어지는 남쪽 지역을 제외하면, 높은 언덕으로 이루어졌다. 즉, 넓게 펼쳐지는 평지가 별로 없다. 모두 44개의 언덕 지대로 이루어진 언덕 가운데, 북쪽 지역은 초창기부터 도시 개발이 이뤄진 7개의 언덕이 위치한 곳이다. 놉 힐(Nob Hill)도 이들 7개 원조 언덕 가운데 하나로서 특히 높은 위치에 있어 사방으로 조망이 좋다. 과거 부자 동네였던 탓에 놉(Nob)이란 단어가 비판적인 시각으로 인식되어 부유하고 잘난 사람들을 동경하는 속물이란 뜻의 'Snob'이란 단어에서 유래되었다는 설도 있고, 비슷한 뜻의 'Nabob'에서 유래했다는 설도 있다. 또한 놉 힐이라는 말은 힌두어로 '통치자'라는 뜻인데, 과거 이곳에 대부호들이 주로 살아 그렇게 불렸다는 설도 있다.

이곳은 남쪽으로 유니언 스퀘어, 마켓 스트리트 등의 상업 지구와 연결돼 있고, 동쪽으로 차이나타운이 있다. 북쪽은 러시안 힐인데, 여기서 바다를 향해 북쪽으로 더 내려가면 관광객들의 발길이 끊이지 않는 피셔맨스 워프와 39번 부두(Pier 39)가 나온다.

시간이 많지 않은 탓에 유니언 스퀘어와 차이나타운을 차로 둘러보고 러시안 힐로 이동했다. 러시안 힐에 이르러 여덟 번이나 꺾어지는 지그재그 길을 조심히 내려오니 많은 관광객이 우리를 맞이하는 것 같은 모습이 연출된다. 이 거리만큼은 광고, TV, 영화 등에 자주 등장했기 때문에 미디어에서 몇 번 보았던 터라 무척 반가웠다. 가파른 언덕을 지그재그로 수놓은 찻길은 붉은 벽돌로 포장돼 있어 깊은 인상을 심어준다. 길을 따라 조성된 화단의 꽃들은 푸른 하늘과 빨간 블록의 도로와 어우러져 그림 같은 사진을 만들어준다. 이 길은 땅 주인이었던 칼 헨리라는 사람이 제안한 것으로서 경사가 너무 심한 탓에 안전을 위해 1922년에 지그재그로 만들었다. 그런데 언제부턴가 샌프란시스코 여행자라면 꼭 들러야 할 유명한 관광지가 되었다.

🪧 피셔맨스 워프

해가 서쪽으로 기울어져 곧 어두워질 시간이라 서둘러 피셔맨스 워프(Fisherman's Wharf)에서 저녁 식사를 하고 숙소에 들어가기로 했다. 피셔맨스 워프 쏠 사인 앞에 있는 닉스 라이트하우스 식당에서 안내하는 주차장에 차를 세우고 식당에 들어섰다. 중국인들이 많아서 그런지 식당 내부는 홍콩이나 마카오 같은 분위기가 풍긴다. 이번 여행에서 처음이자 마지막인 해산물 요리 전문점에서 피셔맨스 워프의 대표적인 명물인 던지네스 게(Dungeness Crab)와 클램 챠우더(Clam Chowder)를 주문했다. 피셔맨스 워프 서쪽으로 세계 3대 초콜릿 중의 하나라는 기라델리 초콜릿 아웃렛이 있지만, 린과 예린이 던지네스 게를 훨씬 좋아할 것 같아 기라델리 초콜릿 아웃렛은 가지 않았다. 플로리다 올랜도에서 무한정으로 먹었던 보스턴 랍스터만큼 배부르게 먹을 수는 없었지만, 살이 많고 부드러운 맛에 린과 예린은 매우 만족해하며 행복한 표정을 지었다. 식사 전까지만 해도 빨리 숙소에 가자고 칭얼대던 린과 예린은 배가 고픈 상태에서 맛있는 음식을 먹어 기운이 솟아났던지, 조금씩 어둠이 내리는 피셔맨스 워프 거리를 활보하며 걸었다. 아내가 여행 끄트머리의 시간을 아쉬워하며 이렇게 말한다.

"다시 샌프란시스코를 찾을 땐, 시간에 구애받지 않는 여행자가 되어 느긋한 시간을 보내며 오늘을 회상하면 소중한 추억이 되겠지?"

속삭이듯 하는 말에 답했다.

"그래. 힘들고 어려울 수밖에 없는 빡빡한 일정을 별 탈 없이 잘 해낸 것도 다행이야. 지금은 젊고 체력이 허락하니까 가능한 여행이었겠지? 우리는 비지 트래블러로서 충분한 자격이 있다고 생각해. 다음엔 여유롭게 여행하는 시나브로 트래블러가 되어서 이곳에 왔으면 좋겠어."

앞서가는 린과 예린이 떠드는 소리가 잔잔히 들리는 가운데 43번 부둣가에 이르러 바다를 보았다. 불룩 튀어나온 39번 부두가 불을 밝히기 시작했고, 바다 한가운데는 알카트라즈(Alcatraz)섬이 물 위에 성과 같이 떠 있는 것처럼 보였다. 39번 부두와 알카트라즈의 교도소 대한 이야기를 설명해 주고 자리를 이동할 때, 래커(락카 페인트)로 그림을 그리는 길거리 아티스트가 눈에 들어왔다. 마땅한 샌프란시스코 기념품을 구입하지 못하였던 터라, 15달러인 그림 한 장을 사서 샌프란시스코를 추억할 수 있는 매개로 삼는 방법도 좋을 것 같았다. 린과 예린은 바쁜 여행 일정으로 지쳐있을 엄마, 아빠를 위해 요즘 유행이라는 춤을 추는데 개그맨들이나 할 것 같은 재밌고 웃기는 연출을 만들어낸다. 여행의 마지막은 공기

가 거의 빠져버린 고무풍선이 흐물거리며 얼마 남지 않은 공기를
뱉어내는 장면처럼 느껴진다.

피셔맨스 워프 폴 사인

알카트라즈섬

피어 43 크루즈 터미널

기념품

⊙ 피셔맨스 워프

: 피셔맨스 워프가 자리를 잡기 시작한 것은 캘리포니아를 향한 골드러시가 한창이었던 19세기 중반인데, 이탈리아 출신의 어부들이 이 지역에 정착하면서 던지네스 게를 잡기 시작하면서 선착장이 되었고, 현재는 명물 관광지가 되었다.

- 대표적인 먹거리
: 던지네스 게, 클램 차우더, 세계 3대 초콜릿 중 하나인 기라델리 초콜릿.

- 인근 명소
: 39번 부두, 리플리의 믿거나 말거나 박물관, 샌프란시스코 해양국립사적공원, 쇼핑센터, 왁스 뮤지엄, 다수의 레스토랑 등.

⊙ 알카트라즈섬(Alcatraz Island)

: 알카트라즈는 스페인어로 바닷새인 '펠리컨(Pelican, 사다새)'이란 뜻이다. 아주 커다란 바위섬이라 '더 록(The Rock)'으로 불리기도 하며, 영화 〈더 록〉의 배경이 되기도 했다. 미국 서부에서 가장 오래된 등대가 1854년에 세워졌고, 남북전쟁 당시에는 연방정부의 요새로 사용되었다. 높이 41m의 절벽으로 이루어져 있고, 주변의 조류는 흐름이 빠르고 수온이 낮아 탈옥이 불가능하기 때문에 이상적인 감옥으로 알려져 있다. 1907년에 최초로 군대 감옥이 만들어졌고, 1933년 연방 감옥으로 바뀌어 1963년까지 주로 감옥으로 사용되었다. 현재는 골든 게이트 국립 휴양지에 속하는 관광명소로 각광받고 있다.

⊙ 유니언 스퀘어

: 24시간 불이 꺼지지 않는 이곳은 샌프란시스코라는 도시의 심장과 같은 곳이다. 샌프란시스코의 각종 기념행사가 열리는 장소인 동시에 샌프란시스코 방문자들에게는 관광의 출발점과 같은 곳이라고도 할 수 있다. 유니언 스퀘어란 명칭은 남북전쟁 당시 유니언 측(북군)을 지지하는 시위 등이 계속 열려서 붙여졌다.

⊙ 차이나타운

: 미국에서 '차이나타운'이라고 하면 샌프란시스코의 차이나타운을 떠올릴 만큼, 이곳은 중국계 미국인들의 본거지라고 할 수 있다. 차이나타운은 1800년대 중반에 태동하였고, 1960년대 이후에 폭발적인 성장이 이뤄졌다.

⊙ 케이블카(Cable Car)

: 낭만의 도시로서의 샌프란시스코를 보여주는 상징물이다. 샌프란시스코의 케이블카는 공중에서 이동하는 케이블카가 아니라, 케이블로 움직이는 일종의 철도 차량이다. 최초의 케이블카는 영국에서 등장했지만 일찍 사라졌고, 이 케이블카가 현존하는 가장 오래된 케이블카가 되었다.

이 케이블카는 1873년에 처음 운행을 시작했는데, 1947년에 버스가 그 기능을 완전하게 대체하기 전까지는 중요한 교통수단이었다. 지금은 3개 노선에 총 25㎞의 구간을 운행한다.

여행은 어디를 가든지 초행길이라 어려움이 많은데, 밤이 되면 운전이 더욱 부담스럽다. 다행히 내비게이션이라는 훌륭한 도우미가 잘 안내해 주지만, 자칫 잘못하면 차선을 이탈해서 엉뚱한 곳으로 빠지는 경우가 더러 있다. 샌프란시스코만을 건너는 다리 중 하나이면서 금문교보다 훨씬 큰 베이 브리지(2층 다리)를 건너면서부터 운전은 수월해졌다.

숙소인 데이즈 인 호텔에 들어가 체크인하고, 맡겨두었던 짐을 찾아서 객실에 들어오니 어느덧 밤 10시가 넘었다. 내일 아침 일찍 공항에 가야 하므로 짐 정리부터 하기 시작했다. 린과 예린이 1년 동안 유학하며 만들어진 짐을 캐리어 한 개당 23㎏가 넘지 않도록 분배하고 정리하는 것은 쉬운 일이 아니었다. 모든 정리가 끝나고 남은 캔 맥주를 마시자 편안함과 여독이 동시에 밀려왔다.

LINN&YERIN'S DIARY

2018년 6월 11일

　벌써 이번 여행의 마지막 날이다. 차를 타고 숙소로 가는 길에 피곤해서 잤다. 일어나보니 숙소에 도착해 있고 시간은 2시간 정도 지나 있었다. 샌프란시스코에 차량털이가 많이 일어나 우리 가족은 짐을 숙소에 보관했다. 그리고 아이홉에서 이른 점심을 먹고 소살리토에 갔다. 소살리토의 상점에 들어가니 재미있게 생긴 기념품들이 많았다. 크리스마스트리에 해골이 달려있기도 했다. 소살리토를 구경한 후 보니타 등대에 갔다. 등대 안에 들어가서 옛날 사진도 보고 금문교, 태평양 바다, 물개를 보았다. 그리고 금문교 전망대에 갔다가 금문교 위를 걸었다. 바람이 엄청 세게 불고 자살 방지 표지판(금문교는 자살을 많이 하는 다리로 알려져 있다)도 보였고 요트도 보였다. 그리고 샌프란시스코 시내가 잘 보이는 전망대인 트윈 피크스에 가다가 경찰한테 걸렸다. 알고 보니 아빠가 신호를 위반한 거였다. 아빠가 영어를 잘 못 알아들어 내가 해석해 줬다. 경찰이 조심하라고 하고 보내줬다. 그리고 페인티드 레이디스, 유니언 스퀘어, 차이나타운, 롬바드가를 차례대로 차로 다니며 구경하고 저녁을 먹으러 피셔맨스 워프에 갔다. 중국인이 운영하는 레스토랑에 들어가서 던지네스 게와 클램 챠우더를 주문했다. 게와 게살이 들어가 있는 수프가 맛있었다. 그리고 길거리 스프레이 페인터를 구경하고 기념으로 그림도 하나 샀다. 그리고 숙소에 가서 잤다.

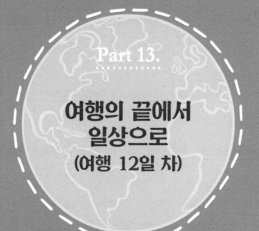

Part 13.

여행의 끝에서
일상으로
(여행 12일 차)

샌프란시스코의 아침 공기는 6월 중순임에도 제법 쌀쌀했다. 일어나자마자 차에 짐을 싣고 공항으로 향했다. 샌프란시스코로 들어가는 베이 브리지에 들어가기에 앞서 심한 교통체증이 시작되어 불안감이 밀려왔다. 알고 보니 샌프란시스코는 시내의 교통 혼잡을 막기 위해 모든 차량이 베이 브리지에 진입하기에 앞서 일정 시간 동안 대기하였다가 통행료를 정산한 후에 신호등에 파란 불이 들어오면 한 대씩 출발할 수 있는 시스템이었다. 이곳에서 30분 넘게 기다렸다가 베이 브리지에 진입하였다. 이때부터 모든 차량이 제 속도를 낼 수 있었다. 공항에 도착하고서 짐을 내린 후에 아내와 아이들은 공항에서 기다리도록 하였다. 혼자서 렌터카 회사로 가서 차를 반납하고 바트(공항 순환 트램)를 타고 공항으로 돌아와 가족을 다시 만났다. 린, 예린은 10시 반에 출발하는 유나이티드 항공의 비행기를 탈 예정이고, 우리 부부는 12시 반에 출발하는 대한항공의 비행기를 탈 예정이다. 여행 전부터 미성년자인 아이들만 타게 되는 비행편이 걱정되어 여러 가지 방법을 생각해 보았다. 항공권을 바꿀 생각도 하였으나 비용 문제가 너무 컸고, DM 서비스를 이용하는 방법을 고려하기도 하였다. 만일 동승하는 한국인이 있다면 같이 동행할 수 있도록 부탁하는 것도 하나의 방법으로 생각하고 있었다. 마침 티켓팅을 할 때 젊은 한국인 여행자들이 있어 그들에게 부탁하게 되었다. 그들은 흔쾌히 린과 예린을 인천공항까지 동행하면서 마중 나오는 처형 가족을 만날 때까지 보호자 역할을 해 주겠다고 하였다. 난감할 수 있었던 문제는 잘 해결되었고, 린과 예린은 보안 검사를 받고 먼저 떠났다. 우리 부부도 2시간 후에 떠나는 비행편을 타고 따라갔고 무사히 서울로 돌아왔다. 끝.

LINN&YERIN'S DIARY

2018년 6월 12일

아침 일찍 일어나 공항으로 갔다. 예린이와 나는 따로 비행기를 탔다. 우린 미성년자라 보호자가 필요했는데 한국인 누나들이 보호자 역할을 해 줘서 무사히 비행기에 탔다. 비행기를 따로 타게 되어서 엄마, 아빠가 걱정을 많이 하였다. 비행기에 타서 〈코코〉라는 영화를 보고 울었다. 그리고 인천공항에서 배웅하러 나온 이모, 이모부, 예인 누나를 만났다. 반가웠다.

Part 14.

부록 1:
미국 서부 자동차 여행
그랜드 서클 추천 루트

1. 렌터카 1박 2일 🚗

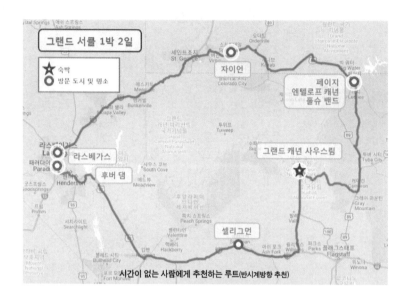

⊙ 1일 차: 라스베가스(오전 일찍 출발)→후버 댐 또는 셀리그먼(4시간 반 소요)→그랜드 캐니언 사우스 림(국립공원 내 숙박)

후버 댐은 보통 전망대 정도만 들리는 경우가 많으며, 투어를 하고 싶다면 가장 빠른 시간대로 하는 것이 좋다. 셀리그먼은 루트 66의 특이한 마을로서 잠시 들려 가볍게 간식을 먹거나 식사하기에 좋다. 그랜드 캐니언 사우스 림에 도착하여 빌리지 내 뷰 포인트를 보고, 마더 포인트에서 일몰을 보고 일정을 마무리한다. 서쪽 허밋츠 레스트로 연결되는 셔틀용 루트와 방문자 센터 인근의 포인트를 볼 수 있다.

숙소

⊙ 그랜드 캐니언 빌리지 내 숙소 추천. 투사안(Tusayan)도 괜찮다.

⊙ 2일 차: 그랜드 캐니언 일출→데저트 뷰(2시간 반)→페이지(앤털로프+ 호스 슈 밴드) (2시간 반)→자이언 국립공원(3시간)→라스베가스

그랜드 캐니언에서 일출을 보고, 동쪽으로 이동하면서 데저트 뷰와 같은 뷰 포인트를 들리면서 페이지로 이동하여 앤털로프 캐니언 투어와 호스 슈 밴드를 보게 된다.

자이언 국립공원으로 이동해서 서틀버스를 타고 밸리를 둘러보고, 짧은 하이킹을 원한다면 위핑 록(Weeping Rock), 뷰를 원하면 캐니언 오버룩이 좋다(1시간 이내 가능).

ㄴ. 렌터카 ㄴ박 3일(3박 4일)

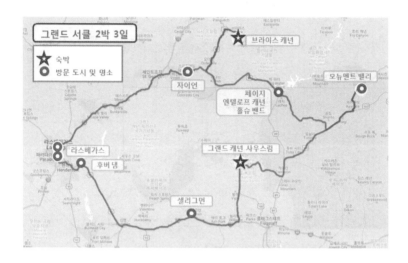

2박 3일 루트에는 모뉴먼트 밸리와 브라이스 캐니언 국립공원을 포함한다. 더 여유롭게 다니려면 3박 4일로 하는 것이 좋다.

2박 3일 이상 루트는 시간 관리상 시계방향으로 도는 것이 좋다.

⊙ 1일 차: 라스베가스(오전 일찍 출발)-(3시간)→자이언 국립공원-(1시간 반)→브라이스 캐니언 국립공원

네바다주와 애리조나주의 시차가 있으므로 새벽에 출발해야 한다.

자이언 국립공원은 셔틀버스를 이용해서 보고, 가볍게 트레일을 한 뒤에 브라이스 캐니언의 일몰 시각을 잘 계산해서 이동한다. 브라이스 캐니언에서 최소 4시간 투자하는 것을 추천한다. 3박 4일이면 자이언 국립공원과 브라이스 캐니언 국립공원에 각각 1일씩 투자하면 좋으나, 모뉴먼트 밸리에서 1박을 원할 경우 조율이 가능하다.

숙소

⊙ 동선과 가성비를 생각하면 카납(Kanab) 정도가 좋지만, 긴 운전과 하이킹을 감안하면 브라이스 캐니언 국립공원 앞에 위치한 숙소가 좋다.

⊙ **2일 차: 숙소→페이지(앤털로프 캐니언+호스 슈 밴드)-(2시간)→모뉴먼트 밸리→숙소(더 뷰 또는 그랜드 캐니언 빌리지)**

앤털로프 캐니언의 어퍼에 빛이 들어오는 황금 시간대(여름)는 오전 11시 전후이다.

점심 식사 후, 모뉴먼트 밸리로 이동(2시간)해서 모뉴먼트 밸리를 본다. 만약 그랜드 캐니언 국립공원에서 숙박한다면 일몰 3시간 전에는 출발해야만 데저트 뷰 포인트에서 일몰을 보고 숙소로 이동할 수 있다.

숙소

⊙ 그랜드 캐니언에서 일출과 일몰을 보고 싶다면 그랜드 캐니언 국립공원 내에 숙소를 잡아야 하고, 모뉴먼트 밸리의 일몰과 일출을 보려면 더 뷰 호텔(예약 어려움)이 좋다.

◉ 3일 차: 숙소→그랜드 캐니언 사우스림-(4시간 반)→라스베가스

그랜드 캐니언 빌리지에서 숙박하면 일출을 보는 것도 좋고, 모뉴먼트 밸리에 숙박하면 일출을 보고 빨리 출발하는 것이 좋다. 그랜드 캐니언에서는 여유 있게 트레일도 걸어보고, 여러 뷰 포인트를 둘러보면 좋다. 이후 시간이 된다면 셀리그먼 정도는 잠시 들렀다 가면 좋다.

3. 렌터카 4박 5일 🚗

◉ **1일 차: 라스베가스 오전 일찍 출발-(3시간)→자이언 국립공원→숙소**

TIP

숙소

◉ 자이언 롯지, 스프링데일 혹은 브라이스 캐니언 국립공원으로 이동하는 동선에 있는 숙소를 잡아도 된다.

◉ **2일 차: 숙소-(1시간 반)→브라이스 캐니언 국립공원-(4시간 반)→숙소**

브라이스 캐니언 국립공원에서 퀸즈가든/나바호 루프 트레일 (2~3시간 소요)을 따라 반듯이 하이킹하고, 레인보우 포인트까지 왕

복하면 좋다(퀸즈가든/나바호 루프 트레일+레인보우 포인트 왕복=약 5~6
시간 소요).

4시간 반 정도 이동하여 아치스 국립공원과 캐니언 랜즈 인근에
서 숙박한다.

만일 캐피톨리프 국립공원을 일정에 넣고 싶다면, 1일 차에 자이
언 일정을 마치고 브라이스 앞에서 숙박을 해야 동선이 꼬이지 않는
다. 오전은 브라이스 캐니언 국립공원, 오후는 캐피톨리프 국립공원
을 봐야 한다. 다만, 브라이스 캐니언 국립공원에서 하이킹 일정이
있다면 캐피톨리프 국립공원은 통과하는 것이 나을 수도 있다.

숙소

◉ 모압이 일정을 짜기에 가장 좋고 위치도 좋으나, 가격이 비싸다. 상대적으로 저렴한 그린
리버(Green River)에 숙소를 잡아도 무방하다.

◉ 3일 차: 숙소→아치스 국립공원→숙소

아치스 국립공원에서 델리케이트 아치와 데빌스 가든은 트래킹
을 한다. 윈도우 섹션까지 트레일을 하려면 거의 하루가 소요된다.

그랜드 캐니언 국립공원에서의 일정을 늘리고 싶다면 3일 차에
아치스 국립공원과 캐니언 랜즈를 보고, 4일 차에 모뉴먼트 밸리
와 페이지(앤틸로프 캐니언, 호스 슈 밴드)를 보고 나서 그랜드 캐니언
으로 가는 것이 좋다.

⊙ 4일 차: 숙소→캐니언 랜즈 국립공원-(3시간)→모뉴먼트 밸리→숙소

일반적으로 캐니언 랜즈 국립공원은 메사 아치와 그랜드뷰 포인트만을 보고 넘어간다. 캐니언 랜즈에서 점심 시간대까지 머무르다가 모뉴먼트 밸리를 보고 최종적으로 숙박지를 결정해야 한다. 일정상 페이지에서 숙박을 하는 것이 가장 좋다.

만일 전날에 캐니언 랜즈를 봤다면 아침 일찍 출발해서 모뉴먼트 밸리를 보고, 오후에 페이지의 두 명소를 보고 그랜드 캐니언까지 가는 것도 한 방법이다.

⊙ 5일 차: 숙소→그랜드 캐니언 사우스림→라스베가스

전날에 따라 일정이 달라지는데, 페이지에서 숙박을 했다면 오전 일찍 호스 슈 밴드와 로워 앤털로프 캐니언(오전 일찍)을 보고 그랜드 캐니언 사우스 림으로 이동하여 사우스 림을 보고 라스베가스로 이동한다.

4. 렌터카 10일 이상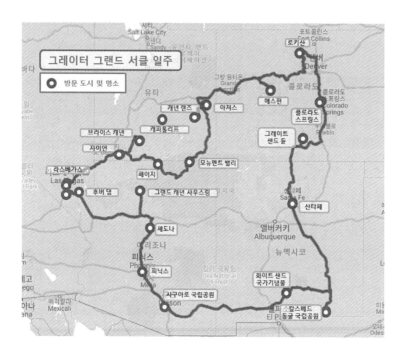

유타에서 애리조나로 이어지는 그랜드 서클은 많은 사람에게 알려져 있어 미국 서부 여행의 대명사가 되고 있다. 더 나아가 그레이터 그랜드 서클이라고 부르는 유타, 콜로라도, 뉴멕시코, 애리조나로 이어지는 루트는 최소 10일 이상 투자해 볼 만한 가치가 있다. 여름 시즌 여행이라면 솔트레이크시티 북쪽의 옐로스톤 국립공원과 그랜드티턴 국립공원을 일정에 넣어보는 것도 좋다.

그레이터 그랜드 서클 여행 계획을 잡는다면 추천 일정이 크게 의미가 없고, 방문할 수 있는 옵션이 다양하므로 원하는 대로 일정을 조율할 수 있다. 아래는 대표적으로 각 주에서 볼 수 있는 대표적인 장소들을 소개한다.

⊙ 네바다: 라스베가스, 후버 댐

네바다주의 라스베가스가 사실 그레이터 그랜드 서클의 출발지 역할을 한다.

⊙ 유타: 자이언 국립공원, 브라이스 캐니언 국립공원, 아치스 국립공원, 캐피톨리프 국립공원, 캐니언 랜즈 국립공원

위의 5개 국립공원 외 시더 브레이크 국립 기념물(Cedar Break National Monument), 내추럴 브리지 국립기념물(Natural Bridge National Monument), 구스넥스 주립공원(Goosenecks State Park), 고블린 밸리 주립공원(Goblin Valley State Park), 더 웨이브(The Wave), 지브라 슬롯(Zebra Slot) 등을 일정에 추가할 수 있다.

⊙ 콜로라도: 글렌우드 핫 스프링스, 콜로라도 모뉴먼트, 아스펜, 텔루라이드, 로키 마운틴 국립공원, 메사 베르데 국립공원, 신들의 정원, 그레이트 샌드듄 국립공원

겨울에 스키를 타러 오는 사람들로 붐비지만, 여름에도 수많은 고봉을 다니는 여행의 목적지로도 손색이 없다. 특히 여름의 가을 단풍이 콜로라도를 뒤덮는 시기도 그에 못지않게 아름답다.

⊙ 뉴멕시코: 앨버커키, 칼스바드 동굴 국립공원, 타오스, 화이트 샌드 국립기념물

어도비 양식을 볼 수 있는 산타페(Santa Fe)와 타오스(Taos)를 비롯해 주도 앨버커키의 열기구 축제까지 은근히 볼거리가 많다. 요즘에는 가는 사람이 드물지만, UFO의 마을로 알려진 로즈웰(Roswell)도 은근히 방문자들이 있다.

⊙ 애리조나: 호스 슈 밴드, 그랜드 캐니언 국립공원, 모뉴먼트 밸리, 사구아로 국립공원, 세도나, 앤털로프 캐니언

보통은 아주 크게 돌지 않는 이상 애리조나주에서는 세도나보다 남쪽으로 내려가는 일은 드물지만, 피닉스와 스캇데일, 그리고 투싼 인근으로도 은근히 볼거리들이 많다. 특히 다양한 선인장들을 볼 수 있는 사구아로 국립공원(Saguaro National Park)은 이국적인 사막 풍경을 경험할 수 있는데, 투싼까지 내려가지 않고 피닉스 인근의 사막 식물원(Desert Botanical Garden)에서도 다양한 식생을 만날 수 있다.

관심사와 여행 시즌에 따라 볼거리가 다양하기 때문에 사람마다 여행 일정이 천차만별이 된다. 어떻게 보면 장소는 추천할 수 있으나 루트를 추천하기에는 애매하다. 이 루트를 돌려면 긴 운전 시간을 감안해야 하고, 개인적으로 최소 10일이라고 했지만 2주는 있어야 어느 정도 둘러볼 수 있다.

(정보 제공: 드라이브 트래블)

Part 15.

부록 2:
한눈에 보는
여행 경비 지출 내역

항공권+보험	렌터카	부대비용	주유	숙박	입장료	사전비용	총합계
$1,781.70	$1,360.87	$1,141.12	$493.10	$1,365.00	$158.00		$6,299.79
₩1,880,000	₩1,496,957	₩1,255,232	₩542,410	₩1,501,500	₩173,800	₩500,000	₩6,849,899

일자	도시	사용처	금액	수량	합계
1일	시카고	렌트+린턴비 50만 원+보험	1360.87	1	1360.87
		항공료	854.5	2	1709
		여행자 보험	36.36	2	72.7
		물, 맥주	9.92		9.92
2일	덴버	맥도널드	7.47		7.47
		주유	33		33
		ROSS	100		100
		숙박	100		100
		주유	111.91	4회	111.91
		월마트	47.99		47.99
		숙박(모압)	130		130
4일	모압	주유	53	2회	53
		점심 식사(피자, 파스타)	41.65		41.65
		모압 슈퍼	121.63		121.63
	모뉴먼트 밸리	주유	26.44		26.44
		굴딩스 롯지	230		230

날짜	장소	항목	금액	인원	합계
5일	앤털로프 캐니언 (말굽 협곡)	주유	30		30
		켄스 투어	158	4명	158
	그랜드 캐니언(사 우스 림)	저녁 식사(피자)	22.5		22.5
		숙박	200		200
6일	발레	피자	22.5		22.5
		기념품	23.49		23.49
		주유	30		30
	세도나	숙박	140		140
		슈퍼	99.29		99.29
7일		기타(커피 등)	10		10
		주유	30		30
	해치	석식	51.37		51.37
		숙박	95		95
8일		주유	36.83		36.83
	라스베가스	아이홉(Ihop)	50		50
		숙박	130		130
		쉑쉑 버거	22.26		22.26
		선물 가게(코가콜라 스토어 포함)	275.21		275.21
9일	데스밸리	주유	25.58		25.58
		주유	21.34		21.34
		휴게소(빵, 음료)	7		7
	비숍	주유	30		30
		숙박	125		125
		주유(비숍)	30		30
10일		k 마트	29.09		29.09
	만테카	아이홉(만테카)	48.66		48.66
		숙박	95		95
		주유	35		35
11일	소살리토	아이홉	55.21		55.21
	샌프란시스코	피셔맨스 워프	85.88		85.88
	오클랜드	숙박	120		120
12일	손실	공항	10		10
	계		5,408.95		6,299.79

에필로그

며칠 전, 드라마로 만들어진 〈빨간 머리 앤〉을 보는데, 조세핀 할머니의 대사가 인상적으로 들렸다.

"인생은 짧고, 세상은 넓다."

세상의 수많은 볼거리와 호기심을 다 충족시키지 못하고 인생의 황혼을 맞이하는 그녀가 회한을 담고서 하는 말이기도 하지만, 앤과 친구들에게는 인생을 어떻게 살아야 할 것인지 삶의 방향을 생각하도록 하는 핵심을 담은 가르침이다.

세상이 넓다 한들 우리의 유년 시절엔 세세 여행은 상상 속의 이야기였다. 하지만, 나의 아버지께서는 상상력을 충족시켜 줄 새로운 세상을 생활에서 보여주셨다. 한국전쟁 끝 무렵, 대구 통신 학교에서 시작한 직업군인의 길을 서른 살 갓 넘은 나이에 그만두고 (아버지의) 형제들과 정미소(방앗간)를 시작한 아버지께서는 그곳에서 살다시피 하셨다. 나의 어린 시절 정미소는 놀이터이자 신기한 세계로 빨려 들어가는 블랙홀 같은 곳이었다. 발동기에서 나온 동력이 피대를 타고 높이 매달려 있는 철봉을 돌리면, 철봉에 달린 쇠바퀴 크기에 따라 적절한 회전 비율로 동력이 전달되어 여러 기계가 동시에 돌아가는 모습이 너무도 신기했다. 수많은 기계가 복

잡한 과정을 거쳐 제각각 규칙적으로 움직이는 정미소를 하나의 우주로 생각했다. 시골 정미소가 한창 호황기였던 1970년대 말, 쉬는 날 없이 돌아가는 기계는 고장으로 멈춰 설 때가 많았다. 그럴 때면 기술자로 변신한 아버지께서 일하는 모습을 보는 것이 나에겐 신기한 것들을 자세히 관찰할 수 있는 흥미로운 시간이었다. 아버지는 마치 맥가이버와 같았다. 발동기를 열고 기계를 고치다가 부속품이 없으면 몇 가지 연장을 이용하여 대체품을 만들어 고치는 것은 정말 멋진 일이었다. 나도 그런 일을 따라 하는 재미에 신이 났고, 그런 나를 보고 "재사리(좀스럽고 얄망궂은 손장난) 하지 마라!" 하셨지만, 나를 데리고 다니며 일하는 것이 좋으셨던지 흐뭇하게 웃으시며 바라볼 때가 더 많았다. 옆에 앉아서 일을 방해해 가며 재사리로 익힌 현장체험학습은 나의 수리 능력을 크게 발달시키는 바탕이 되었을 것으로 여겨진다. 이후 아버지는 건강에 문제가 생겨 나의 학창 시절에 넉넉한 경제적 지원을 해 주시진 못하였지만, 어렸을 때 아버지와 함께한 시간은 돈으로 시켜 주는 교육보다 훨씬 훌륭한 교육이 되었다. 그러고 보니 아버지께서 떠나신 지 15년이나 되었다. 내가 아버지의 나이를 처음 알았던 나이와 지금

내 나이가 비슷해서 그런지 이제는 추억이 된 아버지의 모습이 눈에 선하고 그립다.

　세월이 많이 흐른 지금은 시대가 바뀌었다. 시간과 돈이 많은 부자는 아니지만, 나의 가족여행 프로젝트는 항상 흥미롭고, 많은 추억과 감동을 남겨준다. 이렇게 함으로써 우리 부부는 삶의 에너지를 얻을 수 있었고, 부모로서 역할을 다하는 모습으로 비쳐지고 있으리라 생각한다.
　가족과 함께 세계의 자연과 문화유산을 탐방하고자 자동차로 떠나는 가족여행 세 번째 프로젝트는 린과 예린이 미국에서 유학하고 있는 이유로 북미 대륙이 되었다.

　언제부턴가 중학교에 자유학기제라는 제도가 시행되면서 학교는 다양한 프로그램으로 그 시간을 대신하고 있다. 물론 자유학기제라는 제도를 놓고 학교나 학부모들 간에 옳고 그름을 따지는 논란이 있는 것으로 알고 있다. 그렇지만, 그 논란이 어떠할지언정 중학생들은 틀에 박힌 학교의 수업에서 벗어나 자유로운 시간을 얻었다고 한다. 중학생들은 청소년기라 그 나이에 사춘기에 접어드는 데, 이때를 흔히 질풍노도의 시기, 방황의 시기, 제2의 성장기라고 말하며, 반항, 분노, 변덕 등의 증상이 나타난다고 배웠다. 어느덧 중학생이 된 린도 예외는 아닌 듯싶었다. 이 시기를 내가 성장하던 시간을 투영하여 보면 감정의 기복이 많은 시기였던 것 같다. 자유 학기제와 사춘기를 어떤 방향으로 풀어 가면 좋을까 하고 생각하 다가 영어권 문화에 들어가 영어와 문화를 배울 수 있는 최적의 장 소로 유학을 보내는 것이 좋겠다고 생각하여 아내와 충분한 논의 끝에 린에게 권유해 보았고, 덤으로 예린이도 함께 가 볼 것을 제 안하였다. 부모 없는 생활이 어떨지 모르는 아이들은 이 제안을 흔쾌히 받아들였다.

미국 유학을 떠났던 린과 예린은 좌충우돌하는 시간을 보내야 했지만, 그들에게는 전형적인 미국 가정생활을 경험하는 흥미로운 시간이었을 것이다. 덕분에 우리 부부는 짧은 방학마다 아이들을 만나러 미국행 비행기에 몸을 실었고, 미국에서 가장 가 볼 만한 지역을 골라 세 번(미국 동부, 플로리다, 미국 서부)의 여행도 할 수 있 었다. 온갖 우여곡절을 극복하고, 무사히 마친 세 번의 미국 여행은 좋은 추억으로 남을 것이다. 린과 예린이가 유학의 마지막 시간을 미국 서부 여행으로 마무리한 결과는 해피엔딩으로 끝났다. 이 경험들이 린과 예린이가 행복한 인생을 가꾸는 데 밑거름이 되길 바라는 마음으로 이 글을 맺고자 한다.

2019년 1월
새해 첫날 아침
김영